# Les Misérables Par Victor Hugo... - Primary Source Edition

Victor Hugo

VICTOR HUGO

Heath's Modern Language Series

# LES MISÉRABLES

PAR

## VICTOR HUGO

*ABRIDGED AND EDITED WITH INTRODUCTION,
NOTES, AND VOCABULARY*

BY

## O. B. SUPER

WHEN PROFESSOR OF ROMANCE LANGUAGES IN DICKINSON COLLEGE

D. C. HEATH & CO., PUBLISHERS

BOSTON    NEW YORK    CHICAGO

# INTRODUCTION

---

VICTOR-MARIE HUGO was born at Besançon, Feb. 28, 1802. His father was an officer in the French army. As the latter was frequently moved from place to place, his family usually accompanied him and thus the first ten years of Victor Hugo's life were spent in Italy, Corsica, Spain, and France. Nearly four years of this period were spent in Paris, the family living in the old convent of the Feuillantines which Hugo later described in *Les Misérables* as the house in the rue Plumet.

Victor Hugo was a precocious youth. When only fourteen years old, he wrote a tragedy called *Irtamène*, the theme of which is the downfall of Napoleon, disguised as Egyptian history. From this time to his death, May 22, 1885, his pen was constantly busy and his literary productions are so numerous that a mere list of them would comprise more than sixty separate titles. It has been well remarked that "to try to pass in brief critical review the works and character of Victor Hugo would be like attempting to carve a colossus on a cherry-stone." Therefore, nothing more will be attempted here than to put the student in possession of a few facts concerning *Les Misérables*.

The work was first published in 1862 and appeared simultaneously in Paris, Brussels, London, New York, Madrid, Berlin, Saint Petersburg and Turin, an honor, perhaps, never before accorded to a work of fiction. Its success was from the first very great and the impression it produced profound. Some good judges have classed it among the few great books in the world's literature, ranking not far below the masterpieces of Dante and Milton. The former sings of the soul's injury by sin, its purification and perfection; the latter shows us man's tragic career and that a *Paradise Found* may follow a *Paradise Lost*, while *Les Misérables* is "the first attempt in fiction to show that if sin dims the Divine Image, conscience disturbs the soul with sore discontent."

Hugo possessed a brilliancy of imagination that is almost without parallel in the history of literature, and nowhere does this appear to better advantage than in this work. There is a richness of coloring in its word-painting, a blaze of glory in its language which almost dazzles the reader. There is, besides, a loftiness of conception, a felicity in the use of language, an enchantment of poetic atmosphere, a skill in narrative that have rarely if ever been surpassed.

But the chief reason why this book has taken so strong a hold on the minds of readers of almost every class is that it appeals to the best instincts and emotions of humanity. While it is sometimes almost overwhelming in its tragic gloom, the author's heart was fired with an immense love for his kind, and his work, on this account, is free from that cynicism which disfigures so many modern French novels. There is no character in fiction, excepting Goethe's "Gretchen," that has taken such a powerful hold on the minds of men as has Jean Valjean, who is entirely the creature of the author's imagination, as are Javert and Gavroche. Some of the other prominent characters in the book, however, are drawn from life. Thus the bishop was Charles-François-Bienvenu de Miollis, bishop of Digne in 1815.

The baron Pontmercy, father of Marius, is, in many respects, like General Hugo, father of the novelist, while Marius is Hugo himself in his youth, or, rather, as he imagined himself to have been. Some of the love-scenes in "*l'Idylle Rue Plumet*" are also sketched from life.

In this edition of this great novel my purpose has been to give as completely as the limits of the work would permit, the story of Jean Valjean and incidentally that of Marius and Cosette. The notes are not numerous, because the book can not be used to advantage with elementary classes. Besides, I did not wish to deprive the earnest student of the pleasure of making discoveries and of conquering difficulties, nor the instructor of the necessity of supplementing the notes from his own knowledge.

My work was made easier by constant reference to Professor Rougemont's abridgement.

O. B. S.

DICKINSON COLLEGE, January, 1903.

# LES MISÉRABLES

# *PRÉFACE*

---

*Tant qu'il existera, par le fait des lois et des mœurs, une damnation sociale créant artificiellement, en pleine civilisation, des enfers, et compliquant d'une fatalité humaine la destinée qui est divine; tant que les trois problèmes du siècle, la dégradation de l'homme par le prolétariat, la déchéance de la femme par la faim, l'atrophie de l'enfant par la nuit,[1] ne seront pas résolus; tant que, dans de certaines régions, l'asphyxie sociale sera possible; en d'autres termes, et à un point de vue plus étendu encore, tant qu'il y aura sur la terre ignorance et misère, des livres de la nature de celui-ci pourront ne pas être inutiles.*

HAUTEVILLE-HOUSE,[2] 1862.

[1] Here " ignorance."
[2] On the island of Guernsey.  It was Hugo's home from 1855 to 1870.

# LES MISÉRABLES

## PREMIÈRE PARTIE

### FANTINE

### I

Dans les premiers jours du mois d'octobre 1815, une
heure environ avant le coucher du soleil, un homme qui
voyageait à pied entrait dans la petite ville de Digne.[1]
Les rares habitants qui se trouvaient, en ce moment, à
leurs fenêtres ou sur le seuil de leurs maisons, regardaient 5
ce voyageur avec une sorte d'inquiétude.  Il était difficile
de rencontrer un passant d'un aspect plus misérable.
C'était un homme de moyenne taille, trapu et robuste.
dans la force de l'âge.  Il pouvait avoir quarante-six ou
quarante-huit ans.  Une casquette à visière de cuir rabat- 10
tue cachait en partie son visage brûlé par le soleil et le
hâle et ruisselant de sueur.  Sa chemise de grosse toile
jaune, rattachée au col par une petite ancre d'argent, laissait voir sa poitrine velue ; il avait une cravate tordue en
corde, un pantalon de coutil bleu, usé et râpé, blanc à un 15
genou, troué à l'autre, une vieille blouse grise en haillons,
rapiécée à l'un des coudes d'un morceau de drap vert
cousu avec de la ficelle, sur le dos un sac de soldat fort
plein, bien bouclé et tout neuf, à la main un énorme bâton
noueux, les pieds sans bas dans des souliers ferrés, la tête 20
tondue et la barbe longue.

La sueur, la chaleur, le voyage à pied, la poussière, ajoutaient je ne sais quoi de sordide à cet ensemble délabré. Les cheveux étaient ras, et pourtant hérissés; car ils commençaient à pousser un peu et semblaient n'avoir 5 pas été coupés depuis quelque temps.

Arrivé au coin de la rue Poichevert, il tourna à gauche et se dirigea vers la mairie. Il y entra; puis sortit un quart d'heure après. Un gendarme était assis près de la porte sur le banc de pierre. L'homme ôta sa casquette 10 et salua humblement le gendarme.

Le gendarme, sans répondre à son salut, le regarda avec attention, le suivit quelque temps des yeux, puis entra dans la maison de ville.

Il y avait alors à Digne une belle auberge à l'enseigne 15 de *la Croix-de-Colbas*. Cette auberge avait pour hôtelier un nommé Jacquin Labarre, homme considéré dans la ville. L'homme se dirigea vers cette auberge, qui était la meilleure du pays. Il entra dans la cuisine, laquelle s'ouvrait de plain-pied sur la rue. Tous les fourneaux étaient 20 allumés; un grand feu flambait gaiement dans la cheminée. L'hôte, qui était en même temps le chef, allait de l'âtre aux casseroles, fort occupé et surveillant un excellent dîner destiné à des rouliers qu'on entendait rire et parler à grand bruit dans une salle voisine.

25 L'hôte, entendant la porte s'ouvrir et entrer un nouveau venu, dit sans lever les yeux de ses fourneaux:

— Que veut monsieur?

— Manger et coucher, dit l'homme.

— Rien de plus facile, reprit l'hôte. En ce moment il 30 tourna la tête, embrassa d'un coup d'œil tout l'ensemble du voyageur, et ajouta: En payant.

L'homme tira une grosse bourse de cuir de la poche de sa blouse et répondit:

— J'ai de l'argent.

— En ce cas on est à vous, dit l'hôte.

Cependant, tout en allant et venant, l'hôte considérait le voyageur.

— Dîne-t-on bientôt? dit l'homme.

— Tout à l'heure dit l'hôte.

Pendant que le nouveau venu se chauffait, le dos tourné, le digne aubergiste Jacquin Labarre tira un crayon de sa poche, puis il déchira le coin d'un vieux journal qui traînait sur une petite table près de la fenêtre. Sur la marge blanche il écrivit une ligne ou deux, plia sans cacheter et remit ce chiffon de papier à un enfant qui paraissait lui servir tout à la fois de marmiton et de laquais. L'aubergiste dit un mot à l'oreille du marmiton, et l'enfant partit en courant dans la direction de la mairie.

Le voyageur n'avait rien vu de tout cela.

Il demanda encore une fois : — Dîne-t-on bientôt?

— Tout à l'heure, dit l'hôte.

L'enfant revint. Il rapportait le papier. L'hôte le déplia avec empressement, comme quelqu'un qui attend une réponse. Il parut lire attentivement, puis hocha la tête et resta un moment pensif. Enfin, il fit un pas vers le voyageur qui semblait plongé dans des réflexions peu sereines.

— Monsieur, dit-il, je ne puis vous recevoir.

L'homme se dressa à demi sur son séant.

— Comment! avez-vous peur que je ne paye pas? voulez-vous que je paye d'avance? J'ai de l'argent, vous dis-je.

— Ce n'est pas cela.

— Quoi donc?

— Vous avez de l'argent . . .

—Oui, dit l'homme.

—Et moi, dit l'hôte, je n'ai pas de chambre.

L'homme reprit tranquillement: — Mettez-moi à l'écurie.

5 —Je ne puis.

—Pourquoi?

—Les chevaux prennent toute la place.

—Eh bien! repartit l'homme, un coin dans le grenier. Une botte de paille. Nous verrons cela après dîner.

10 —Je ne puis vous donner à dîner.

Cette déclaration, faite d'un ton mesuré, mais ferme, parut grave à l'étranger. Il se leva.

—Ah bah! mais je meurs de faim, moi. J'ai marché dès le soleil levé. J'ai fait douze lieues. Je paye. Je 15 veux manger.

—Je n'ai rien, dit l'hôte.

L'homme éclata de rire et se tourna vers la cheminée et les fourneaux: — Rien! et tout cela?

—Tout cela m'est retenu.

20 —Par qui?

—Par ces messieurs les rouliers.

—Combien sont-ils?

—Douze.

—Il y a là à manger pour vingt.

25 —Ils ont tout retenu et tout payé d'avance.

L'homme se rassit et dit sans hausser la voix: — Je suis à l'auberge, j'ai faim, et je reste.

L'hôte alors se pencha à son oreille, et lui dit d'un accent qui le fit tressaillir: — Allez-vous-en. Voulez-vous 30 que je vous dise votre nom? Vous vous appelez Jean Valjean. Maintenant voulez-vous que je vous dise qui vous êtes? En vous voyant entrer, je me suis douté de quelque chose, j'ai envoyé à la mairie, et voici ce qu'on m'a répondu. Savez-vous lire ?

En parlant ainsi il tendait à l'étranger, tout déplié, le papier qui venait de voyager à la mairie et de la mairie à l'auberge. L'homme y jeta un regard. L'aubergiste re- 5 prit après un silence :

— J'ai l'habitude d'être poli avec tout le monde. Allez-vous-en.

L'homme baissa la tête, ramassa le sac qu'il avait déposé à terre, et s'en alla. Il prit la grande rue. Il mar- 10 chait devant lui au hasard, rasant de près les maisons, comme un homme humilié et triste. Il ne se retourna pas une seule fois.

Il chemina ainsi quelque temps, marchant toujours, allant à l'aventure par des rues qu'il ne connaissait pas, 15 oubliant la fatigue, comme cela arrive dans la tristesse. Tout à coup il sentit vivement la faim. La nuit approchait. Il regarda autour de lui pour voir s'il ne découvrirait pas quelque gîte.

La belle hôtellerie s'était fermée pour lui ; il cherchait 20 quelque cabaret bien humble, quelque bouge bien pauvre. Précisément une lumière s'allumait au bout de la rue ; une branche de pin, pendue à une potence en fer, se dessinait sur le ciel blanc du crépuscule. Il y alla.

C'était en effet un cabaret. L'hôte se chauffait. La 25 flamme faisait bruire une marmite de fer accrochée à une crémaillère.

On entre dans ce cabaret, qui est aussi une espèce d'auberge, par deux portes. L'une donne sur la rue, l'autre s'ouvre sur une petite cour. Le voyageur n'osa pas entrer 30 par la porte de la rue. Il se glissa dans la cour, s'arrêta encore, puis leva timidement le loquet et poussa la porte.

— Qui va là ? dit le maître.

— Quelqu'un qui voudrait souper et coucher.

— C'est bon.  Ici on soupe et on couche.

Il entra.  Tous les gens qui buvaient se retournèrent.
5 La lampe l'éclairait d'un côté, le feu de l'autre.

L'hôte lui dit : — Voilà du feu.  Le souper cuit dans la
marmite.  Venez vous chauffer, camarade.

Il alla s'asseoir près de l'âtre.  Il allongea devant le feu
ses pieds meurtris par la fatigue : une bonne odeur sortait
10 de la marmite.  Tout ce qu'on pouvait distinguer de son
visage sous sa casquette baissée prit une vague apparence
de bien-être mêlée à cet autre aspect si poignant que donne
l'habitude de la souffrance.

Cependant un des hommes attablés était un poissonnier
15 qui faisait partie, une demi-heure auparavant, du groupe
qui entourait Jacquin Labarre, et lui-même avait raconté
sa désagréable rencontre du matin aux gens de *la Croix-
de-Colbas*.  Il fit de sa place au cabaretier un signe imperceptible.  Le cabaretier vint à lui.  Ils échangèrent quel-
20 ques paroles à voix basse.  L'homme était retombé dans
ses réflexions.

Le cabaretier revint à la cheminée, posa brusquement sa
main sur l'épaule de l'homme et lui dit :

— Tu vas t'en aller d'ici.

25    L'étranger se retourna et répondit avec douceur : — Ah!
vous savez ? . . .

— Oui.

— Où voulez-vous que j'aille ?

— Ailleurs.

30    L'homme prit son bâton et son sac, et s'en alla.

Comme il sortait, quelques enfants qui l'avaient suivi
depuis *la Croix-de-Colbas* et qui semblaient l'attendre, lui

jetèrent des pierres. Il revint sur ses pas avec colère et les menaça de son bâton ; les enfants se dispersèrent comme une volée d'oiseaux. Il passa devant la prison. A la porte pendait une chaîne de fer attachée à une cloche. Il sonna. Un guichet s'ouvrit.

— Monsieur le guichetier, dit-il en ôtant respectueusement sa casquette, voudriez-vous bien m'ouvrir et me loger pour cette nuit ?

Une voix répondit :

— Une prison n'est pas une auberge. Faites-vous arrêter, on vous ouvrira.

Le guichet se referma.

Il entra dans une petite rue où il y a beaucoup de jardins. Quelques-uns ne sont enclos que de haies, ce qui égaye la rue. Parmi ces jardins et ces haies, il vit une petite maison d'un seul étage dont la fenêtre était éclairée. Il regarda par cette vitre comme il avait fait pour le cabaret. C'était une grande chambre blanchie à la chaux, avec un lit drapé d'indienne imprimée et un berceau dans un coin, quelques chaises de bois et un fusil à deux coups accroché au mur. Une table était servie au milieu de la chambre.

L'étranger resta un moment rêveur devant ce spectacle doux et calmant. Que se passait-il en lui ? Lui seul eût pu le dire. Il est probable qu'il pensa que cette maison joyeuse serait hospitalière, et que là où il voyait tant de bonheur, il trouverait peut-être un peu de pitié.

Il frappa au carreau un petit coup très faible.

On n'entendit pas.

Il frappa un second coup.

Il entendit la femme qui disait : — Mon homme, il me semble qu'on frappe.

— Non, répondit le mari.

Il frappa un troisième coup.

Le mari se leva, prit la lampe et alla à la porte qu'il ouvrit.

— Monsieur, dit le voyageur, pardon. En payant, pourriez-vous me donner une assiettée de soupe et un coin pour dormir dans ce hangar qui est là dans le jardin? Dites, pourriez-vous? en payant?

— Qui êtes-vous? demanda le maître du logis.

L'homme répondit: — J'arrive du Puy-Moisson. J'ai marché toute la journée. J'ai fait douze lieues. Pourriez-vous? en payant?

— Je ne refuserais pas, dit le paysan, de loger quelqu'un de bien qui payerait. Mais pourquoi n'allez-vous pas à l'auberge?

— Il n'y a pas de place.

— Bah! pas possible. Ce n'est pas jour de foire ni de marché. Êtes-vous allé chez Labarre?

— Oui.

— Eh bien?

Le voyageur répondit avec embarras: — Je ne sais pas, il ne m'a pas reçu.

Le visage du paysan prit une expression de défiance, il regarda le nouveau venu de la tête aux pieds, et tout à coup il s'écria avec une sorte de frémissement:

— Est-ce que vous seriez l'homme?...

Il jeta un nouveau coup d'œil sur l'étranger, fit trois pas en arrière, posa la lampe sur la table et décrocha son fusil du mur. Après avoir examiné quelques instants l'homme comme on examine une vipère, le maître du logis revint à la porte et dit:

— Va-t'en.

— Par grâce, reprit l'homme, un verre d'eau.

— Un coup de fusil ! dit le paysan.

Puis il referma la porte violemment, et l'homme l'entendit tirer deux gros verrous. Un moment après, la fenêtre se ferma au volet, et un bruit de barre de fer qu'on posait parvint au dehors. 5

La nuit continuait de tomber. Le vent froid des Alpes soufflait. A la lueur du jour expirant, l'étranger aperçut dans un des jardins qui bordent la rue une sorte de hutte qui lui parut maçonnée en mottes de gazon. Il franchit résolument une barrière de bois et se trouva dans le jardin. 10 Il s'approcha de la hutte ; il souffrait du froid et de la faim ; il s'était résigné à la faim, mais c'était du moins là un abri contre le froid. Il se coucha à plat ventre et se glissa dans la hutte. Il y faisait chaud, et il y trouva un assez bon lit de paille. Il resta un moment étendu sur ce 15 lit, sans pouvoir faire un mouvement tant il était fatigué. Puis, comme son sac sur son dos le gênait et que c'était d'ailleurs un oreiller tout trouvé, il se mit à déboucler une des courroies. En ce moment, un grondement farouche se fit entendre. Il leva les yeux. La tête d'un dogue énorme 20 se dessinait dans l'ombre à l'ouverture de la hutte.

C'était la niche d'un chien.

Il était lui-même vigoureux et redoutable ; il s'arma de son bâton, il se fit de son sac un bouclier, et sortit de la niche comme il put, non sans élargir les déchirures de ses 25 haillons. Quand il eut, non sans peine, repassé la barrière et qu'il se retrouva dans la rue, seul, sans gîte, sans toit, sans abri, chassé même de ce lit de paille et de cette niche misérable, il se laissa tomber plutôt qu'il ne s'assit sur une pierre, et il paraît qu'un passant qui traversait 30 la rue l'entendit s'écrier : — Je ne suis pas même un chien !

Bientôt il se releva et se remit à marcher. Il sortit de

la ville, espérant trouver quelque arbre ou quelque meule
dans les champs, et s'y abriter.

Il chemina quelque temps, la tête toujours baissée.
Quand il se sentit loin de toute habitation humaine, il
5 leva les yeux et chercha autour de lui. Il était dans un
champ, il avait devant lui une de ces collines basses couvertes de chaume coupé ras, qui après la moisson ressemblent à des têtes tondues. Rien dans le champ ni sur
la colline qu'un arbre difforme qui se tordait en frisson-
10 nant à quelques pas du voyageur.

Il revint sur ses pas. Les portes de Digne étaient
fermées. Il passa par une brèche et rentra dans la
ville.

Il pouvait être huit heures du soir. Comme il ne con-
15 naissait pas les rues, il recommença sa promenade à
l'aventure. En passant sur la place de la cathédrale, il
montra le poing à l'église.

Il y a au coin de cette place une imprimerie. Épuisé
de fatigue et n'espérant plus rien, il se coucha sur le banc
20 de pierre qui est à la porte de cette imprimerie.

Une vieille femme sortait de l'église en ce moment.
Elle vit cet homme étendu dans l'ombre. — Que faites-
vous là, mon ami? lui dit-elle.

Il répondit durement et avec colère: — Vous le voyez,
25 bonne femme, je me couche.

— Sur ce banc? reprit-elle.

— J'ai eu pendant dix-neuf ans un matelas de bois, dit
l'homme; j'ai aujourd'hui un matelas de pierre.

— Vous avez été soldat?

30 — Oui, bonne femme. Soldat.

— Pourquoi n'allez-vous pas à l'auberge?

— Parce que je n'ai pas d'argent.

—Hélas ! dit-elle, je n'ai dans ma bourse que quatre sous.

—Donnez toujours.

L'homme prit les quatre sous. La femme continua : —Vous ne pouvez vous loger avec si peu dans une auberge. Avez-vous essayé pourtant ? Il est impossible que vous passiez ainsi la nuit. Vous avez sans doute froid et faim. On aurait pu vous loger par charité.

—J'ai frappé à toutes les portes.

—Eh bien ?

—Partout on m'a chassé.

La « bonne femme » toucha le bras de l'homme et lui montra de l'autre côté de la place une petite maison basse à côté de l'évêché.

—Vous avez, reprit-elle, frappé à toutes les portes ?

—Oui.

—Avez-vous frappé à celle-là ?

—Non.

—Frappez-y.

Cette petite maison était occupée par l'évêque, Monseigneur Bienvenu Myriel Il y vivait avec sa sœur Mlle Baptistine et une seule servante appelée madame Magloire.

## II

Ce soir-là, M. l'évêque de Digne, après sa promenade en ville, était resté assez tard enfermé dans sa chambre. Il travaillait encore à huit heures quand madame Magloire entra, selon son habitude, pour prendre l'argenterie dans le placard près du lit. Un moment après, l'évêque, sentant que le couvert était mis et que sa sœur l'attendait peut-être, ferma son livre, se leva de sa table, et entra dans la salle à manger.

Au moment où M. l'évêque entra, madame Magloire parlait avec quelque vivacité. Elle entretenait *mademoiselle* d'un sujet qui lui était familier et auquel l'évêque était accoutumé. Il s'agissait du loquet de la porte d'en-
5 trée. Il paraît que, tout en allant faire quelques provisions pour le souper, madame Magloire avait entendu dire des choses en divers lieux. On parlait d'un rôdeur de mauvaise mine ; qu'un vagabond suspect serait arrivé, qu'il devait être quelque part dans la ville, que la police
10 était bien mal faite du reste, attendu que M. le préfet et M. le maire ne s'aimaient pas, et cherchaient à se nuire en faisant arriver des événements. Que c'était donc aux gens sages à faire la police eux-mêmes et à se bien garder, et qu'il faudrait *bien fermer ses portes.*

15 Madame Magloire appuya sur ce dernier mot ; mais l'évêque venait de sa chambre, où il avait eu assez froid, il s'était assis devant la cheminée et se chauffait, et puis il pensait à autre chose. Il ne releva pas le mot à effet [1] que madame Magloire venait de laisser tomber. Elle le
20 répéta. Alors, mademoiselle Baptistine, voulant satisfaire madame Magloire sans déplaire à son frère, se hasarda à dire timidement :

— Mon frère, entendez-vous ce que dit madame Magloire ?

25 — J'en ai entendu vaguement quelque chose, répondit l'évêque. Qu'y a-t-il ? qu'y a-t-il ? nous sommes donc dans quelque gros danger ?

Alors madame Magloire recommença toute l'histoire, en l'exagérant quelque peu, sans s'en douter. Il paraî-
30 trait qu'un bohémien, un va-nu-pieds, une espèce de mendiant dangereux serait en ce moment dans la ville. Un homme de sac et de corde [2] avec une figure terrible.

—Vraiment! dit l'évêque.

—Oui, monseigneur. C'est comme cela. Il y aura quelque malheur cette nuit dans la ville. Tout le monde le dit. Et je dis, monseigneur, et mademoiselle que voilà dit comme moi . . .

— Moi, interrompit la sœur, je ne dis rien. Ce que mon frère fait est bien fait.

Madame Magloire continua comme s'il n'y avait pas eu de protestation :

— Nous disons que cette maison-ci n'est pas sûre du tout ; que si monseigneur le permet, je vais aller dire au serrurier, qu'il vienne remettre les anciens verrous de la porte ; on les a là, c'est une minute ; et je dis qu'il faut des verrous, monseigneur, ne serait-ce que pour cette nuit ; car je dis qu'une porte qui s'ouvre du dehors avec un loquet, par le premier passant venu, rien n'est plus terrible ; avec cela que monseigneur a l'habitude de toujours dire d'entrer, et que d'ailleurs, même au milieu de la nuit on n'a pas besoin d'en demander la permission. . . .

En ce moment, on frappa à la porte un coup assez violent.

— Entrez, dit l'évêque.

La porte s'ouvrit. Un homme entra. Cet homme, nous le connaissons déjà. C'est le voyageur que nous avons vu tout à l'heure errer cherchant un gîte.

Madame Magloire n'eut pas même la force de jeter un cri. Elle tressaillit, et resta béante. Mademoiselle Baptistine se retourna, aperçut l'homme qui entrait et se dressa à demi d'effarement, puis ramenant peu à peu sa tête vers la cheminée, elle se mit à regarder son frère, et son visage redevint profondément calme et serein.

L'évêque fixait sur l'homme un œil tranquille. Comme

il ouvrait la bouche, sans doute pour demander au nouveau
venu ce qu'il désirait, l'homme promena ses yeux tour à
tour sur le vieillard et les femmes, et dit d'une voix haute :

   —Voici. Je m'appelle Jean Valjean. Je suis un galé-
5 rien. J'ai passé dix-neuf ans au bagne. Je suis libéré
depuis quatre jours et en route pour Pontarlier¹ qui est ma
destination. Ce soir, en arrivant dans ce pays, j'ai été
dans une auberge, on m'a renvoyé à cause de mon passeport jaune.² J'ai été à une autre auberge. On m'a dit :
10 Va-t'en ! Chez l'un, chez l'autre. Personne n'a voulu de
moi. J'ai été à la prison, le guichetier ne m'a pas ouvert.
J'ai été dans la niche d'un chien. Ce chien m'a mordu et
m'a chassé, comme s'il avait été un homme. Je m'en suis
allé dans les champs pour coucher à la belle étoile. J'ai
15 pensé qu'il pleuvrait et je suis rentré dans la ville pour y
trouver le renfoncement d'une porte. Là, dans cette
place, j'allais me coucher sur une pierre, une bonne femme
m'a montré votre maison et m'a dit : Frappe là. J'ai
frappé. Qu'est-ce que c'est ici ? êtes-vous une auberge ?
20 J'ai de l'argent, ma masse.³ Cent neuf francs quinze sous
que j'ai gagnés au bagne par mon travail en dix-neuf ans.
Je payerai. Voulez-vous que je reste ?

   —Madame Magloire, dit l'évêque, vous mettrez un
couvert de plus.

25    L'homme fit trois pas et s'approcha de la lampe qui
était sur la table :— Tenez, reprit-il, comme s'il n'avait
pas bien compris, ce n'est pas ça.⁴ Avez-vous entendu ?
Je suis un galérien. Un forçat. Je viens des galères. —
Il tira de sa poche une grande feuille de papier jaune qu'il
30 déplia. — Voilà mon passeport. Jaune, comme vous
voyez. Tenez, voilà ce qu'on a mis sur le passeport :
«Jean Valjean, forçat libéré, natif de ... cela vous est

égal. . . . —est resté dix-neuf ans au bagne. Cinq ans pour vol avec effraction. Quatorze ans pour avoir tenté de s'évader quatre fois. Cet homme est dangereux.»

— Madame Magloire, dit l'évêque, vous mettrez des 5 draps blancs au lit de l'alcôve.

Madame Magloire sortit pour exécuter ces ordres.

L'évêque se tourna vers l'homme :

Monsieur, asseyez-vous et chauffez-vous. Nous allons souper dans un instant, et l'on fera votre lit pendant que 10 vous souperez.

Ici l'homme comprit tout à fait. L'expression de son visage, jusqu'alors sombre et dure, s'empreignit de stupéfaction, de doute, de joie, et devint extraordinaire. Il se mit à balbutier comme un homme fou : 15

—Vrai? quoi! vous me gardez? vous ne me chassez pas? un forçat! Je croyais bien que vous me chasseriez. Aussi j'avais dit tout de suite qui je suis. Pardon, monsieur l'aubergiste, comment vous appelez-vous? je payerai tout ce qu'on voudra. Vous êtes un brave homme. Vous 20 êtes aubergiste, n'est-ce pas?

—Je suis, dit l'évêque, un prêtre qui demeure ici.

—Un prêtre! reprit l'homme. Oh! un brave homme de prêtre! C'est bien bon un bon prêtre. Alors vous n'avez pas besoin que je paye? 25

—Non, dit l'évêque, gardez votre argent. Combien avez-vous? ne m'avez-vous pas dit cent neuf francs?

—Quinze sous, ajouta l'homme.

—Cent neuf francs quinze sous. Et combien de temps avez-vous mis à gagner cela? 30

—Dix-neuf ans.

—Dix-neuf ans!

L'évêque soupira profondément.

L'homme poursuivit : — J'ai encore tout mon argent. Puisque vous êtes abbé, je vais vous dire, nous avions un aumônier au bagne.   Et puis un jour j'ai vu un évêque. 5 Il a dit la messe au milieu du bagne, sur un autel, il avait une chose pointue, en or, sur la tête.   Il a parlé, mais il était trop au fond, nous n'entendions pas.   Voilà ce que c'est qu'un évêque.

Pendant qu'il parlait, l'évêque était allé pousser la porte 10 qui était restée toute grande ouverte.   Madame Magloire rentra.   Elle apportait un couvert qu'elle mit sur la table.

— Madame Magloire, dit l'évêque, mettez ce couvert le plus près possible du feu. — Et se tournant vers son hôte : — Le vent de nuit est dur dans les Alpes.   Vous devez 15 avoir froid, monsieur ?

Chaque fois qu'il disait ce mot *monsieur*, avec sa voix doucement grave et de si bonne compagnie,[1] le visage de l'homme s'illuminait.

— Voici, reprit l'évêque, une lampe qui éclaire bien mal. 20 Madame Magloire comprit, et alla chercher sur la cheminée de la chambre à coucher de monseigneur les deux chandeliers d'argent qu'elle posa sur la table tout allumés.

— Monsieur le curé, dit l'homme, vous êtes bon, vous ne me méprisez pas.   Vous me recevez chez vous.   Je 25 ne vous ai pourtant pas caché d'où je viens et que je suis un homme malheureux.

L'évêque le regarda et lui dit :

— Vous avez bien souffert ?

— Oh ! la casaque rouge,[2] le boulet au pied, une planche 30 pour dormir, le chaud, le froid, le travail, la chiourme,[3] les coups de bâton, la double chaîne[4] pour rien, le cachot pour un mot, même malade au lit, la chaîne.   Les chiens, les chiens sont plus heureux! Dix-neuf ans! j'en ai quarante-six. A présent le passeport jaune. Voilà.

— Oui, reprit l'évêque, vous sortez d'un lieu de tristesse. Écoutez. Il y aura plus de joie au ciel pour le visage en larmes d'un pécheur repentant que pour la robe blanche de cent justes. Si vous sortez de ce lieu douloureux avec des pensées de haine et de colère contre les hommes, vous êtes digne de pitié; si vous en sortez avec des pensées de bienveillance, de douceur et de paix, vous valez mieux qu'aucun de nous.

Cependant madame Magloire avait servi le souper.

Le visage de l'évêque prit tout à coup cette expression de gaieté propre aux natures hospitalières: — A table! dit-il vivement. Comme il en avait coutume lorsque quelque étranger soupait avec lui, il fit asseoir l'homme à sa droite. Mademoiselle Baptistine, parfaitement paisible et naturelle, prit place à sa gauche. L'évêque dit le bénédicité, puis servit lui-même la soupe, selon son habitude. L'homme se mit à manger avidement.

Après le souper, monseigneur Bienvenu prit sur la table un des deux flambeaux d'argent, remit l'autre à son hôte, et lui dit:

— Monsieur, je vais vous conduire à votre chambre.

L'homme le suivit.

Le logis était distribué de telle sorte que, pour passer dans l'oratoire où était l'alcôve, ou pour en sortir, il fallait traverser la chambre à coucher de l'évêque.

Au moment où il traversait cette chambre, madame Magloire serrait l'argenterie dans le placard qui était au chevet du lit. C'était le dernier soin qu'elle prenait chaque soir avant de s'aller coucher. L'évêque installa son hôte dans l'alcôve. Un lit blanc et frais y était dressé. L'homme posa le flambeau sur une petite table.

—Allons, dit l'évêque, faites une bonne nuit. Demain matin, avant de partir, vous boirez une tasse de lait de nos vaches, tout chaud.

—Merci, monsieur l'abbé, dit l'homme.

5 A peine eut-il prononcé ces paroles pleines de paix, que, tout à coup et sans transition, il eut un mouvement étrange et qui eût glacé d'épouvante les deux saintes filles, si elles en eussent été témoins. Il se tourna brusquement vers le vieillard, croisa les bras, et, fixant sur son hôte un 10 regard sauvage, il s'écria d'une voix rauque :

—Ah ! ça, décidément ! vous me logez chez vous, près de vous, comme cela !

Il s'interrompit et ajouta avec un rire où il y avait quelque chose de monstrueux :

15 —Avez-vous bien fait toutes vos réflexions ? Qui est-ce qui vous dit que je n'ai pas assassiné ?

L'évêque répondit :

—Cela regarde le bon Dieu.

Puis gravement et remuant les lèvres comme quelqu'un 20 qui prie ou qui se parle à lui-même, il dressa les deux doigts de sa main droite et bénit l'homme qui ne se courba pas, et, sans tourner la tête, et sans regarder derrière lui, il rentra dans sa chambre. Un moment après, il était dans son jardin, marchant, rêvant, contemplant, l'âme et 25 la pensée tout entières à ces grandes choses mystérieuses que Dieu montre la nuit aux yeux qui restent ouverts. Quant à l'homme, il était vraiment si fatigué qu'il n'avait même pas profité de ces bons draps blancs. Il avait soufflé sa bougie et s'était laissé tomber tout habillé sur 30 le lit, où il s'était tout de suite profondément endormi.

Minuit sonnait comme l'évêque rentrait de son jardin dans son appartement. Quelques minutes après, tout dormait dans la petite maison.

## III

Vers le milieu de la nuit Jean Valjean se réveilla.
Jean Valjean était d'une pauvre famille de paysans de la
Brie.[1]  Dans son enfance, il n'avait pas appris à lire.
Quand il eut l'âge d'homme, il était émondeur à Fa-
verolles.                                                        5

Jean Valjean était d'un caractère pensif sans être triste,
ce qui est le propre des natures affectueuses.  Il avait
perdu en très bas âge son père et sa mère.  Il n'était
resté à Jean Valjean qu'une sœur plus âgée que lui,
veuve, avec sept enfants, filles et garçons.  Cette sœur  10
avait élevé Jean Valjean, et tant qu'elle eut son mari elle
logea et nourrit son jeune frère.  Le mari mourut.  L'aîné
des sept enfants avait huit ans, le dernier un an.  Jean
Valjean venait d'atteindre, lui, sa vingt-cinquième année.
Il remplaça le père, et soutint à son tour sa sœur qui  15
l'avait élevé.  Cela se fit simplement, comme un devoir,
même avec quelque chose de bourru de la part de Jean
Valjean.  Sa jeunesse se dépensait ainsi dans un travail
rude et mal payé.

Le soir il rentrait fatigué et mangeait sa soupe, sans  20
dire un mot.  Sa sœur, mère Jeanne, pendant qu'il mangeait, lui prenait souvent dans son écuelle le meilleur de
son repas, le morceau de viande, la tranche de lard, le
cœur de chou, pour le donner à quelqu'un de ses enfants;
lui, mangeant toujours, penché sur la table presque la  25
tête dans sa soupe, ses longs cheveux tombant autour de
son écuelle et cachant ses yeux, avait l'air de ne rien voir
et laissait faire.  Il y avait à Faverolles, pas loin de la
chaumière Valjean, de l'autre côté de la ruelle, une fermière appelée Marie-Claude; les enfants Valjean, habitu-  30

ellement affamés, allaient quelquefois emprunter au nom de leur mère une pinte de lait à Marie-Claude, qu'ils buvaient derrière une haie ou dans quelque coin d'allée. La mère, si elle eût su cette maraude, eût sévèrement
5 corrigé les délinquants. Jean Valjean, brusque et bougon, payait, en arrière de [1] la mère, la pinte de lait à Marie-Claude, et les enfants n'étaient pas punis.

Il gagnait dans la saison de l'émondage dix-huit sous par jour, puis il se louait comme moissonneur, comme
10 manœuvre, comme homme de peine.[2] Il faisait ce qu'il pouvait. Sa sœur travaillait de son côté, mais que faire avec sept petits enfants? Il arriva qu'un hiver fut rude. Jean n'eut pas d'ouvrage. La famille n'eut pas de pain. Pas de pain! A la lettre.[3] Sept enfants!

15 Un dimanche soir, Maubert Isabeau, boulanger sur la place de l'Église, à Faverolles, se disposait à se coucher, lorsqu'il entendit un coup violent dans la devanture de sa boutique. Il arriva à temps pour voir un bras passé à travers un trou fait d'un coup de poing dans la grille et
20 dans la vitre. Le bras saisit un pain et l'emporta. Isabeau sortit en hâte; le voleur s'enfuyait à toutes jambes, Isabeau courut après lui et l'arrêta. C'était Jean Valjean.

Ceci se passait en 1795. Jean Valjean fut traduit devant les tribunaux du temps « pour vol avec effraction la
25 nuit dans une maison habitée.» Il fut déclaré coupable. Les termes du Code[4] étaient formels. Il y a dans notre civilisation des heures redoutables; ce sont les moments où la pénalité prononce un naufrage. Quelle minute funèbre que celle où la société s'éloigne et consomme
30 l'irréparable abandon d'un être pensant! Jean Valjean fut condamné à cinq ans de galères.

Le 22 avril 1796, on cria dans Paris la victoire de

Montenotte [1] remportée par le général en chef de l'armée
d'Italie ; ce même jour, une grande chaîne fut ferrée à
Bicêtre.[2] Jean Valjean fit partie de cette chaîne. Il
était assis à terre comme tous les autres. Il paraissait ne
rien comprendre à sa position, sinon qu'elle était horrible. 5
Pendant qu'on rivait à grands coups de marteau derrière
sa tête le boulon de son carcan, il pleurait, les larmes
l'étouffaient, elles l'empêchaient de parler, il parvenait
seulement à dire de temps en temps : *J'étais émondeur à
Faverolles.* Puis, tout en sanglotant, il élevait sa main 10
droite et l'abaissait graduellement sept fois comme s'il
touchait successivement sept têtes inégales, et à ce geste
on devinait que la chose quelconque qu'il avait faite, il
l'avait faite pour vêtir et nourrir sept petits enfants.

Il partit pour Toulon.[3] Il y arriva après un voyage de 15
vingt-sept jours sur une charrette, la chaîne au cou. A
Toulon, il fut revêtu de la casaque rouge. Tout s'effaça
de ce qui avait été sa vie, jusqu'à son nom ; il ne fut
même plus Jean Valjean ; il fut le numéro 24601.

Vers la fin de la quatrième année, le tour d'évasion de 20
Jean Valjean arriva. Ses camarades l'aidèrent, comme
cela se fait dans ce triste lieu. Il s'évada. Il erra deux
jours en liberté dans les champs ; si c'est être libre que
d'être traqué ; de tourner la tête à chaque instant ; de
tressaillir au moindre bruit ; d'avoir peur de tout, du toit 25
qui fume, de l'homme qui passe, du chien qui aboie, du
cheval qui galope, de l'heure qui sonne, du jour parce
qu'on voit, de la nuit parce qu'on ne voit pas, de la route,
du sentier, du buisson, du sommeil. Le soir du second
jour il fut repris. Il n'avait ni mangé ni dormi depuis 30
trente-six heures. Le tribunal maritime le condamna pour
ce délit à une prolongation de trois ans, ce qui lui fit huit

ans. La sixième année, ce fut encore son tour de s'é-
vader; il en usa, mais il ne put consommer sa fuite. Il
avait manqué à l'appel. On tira le coup de canon, et à
la nuit les gens de ronde le trouvèrent caché sous la quille
5 d'un vaisseau en construction; il résista aux gardes-
chiourme[1] qui le sàisirent. Évasion et rébellion. Ce
fait, prévu par le code spécial, fut puni d'une aggravation
de cinq ans, dont deux ans de double chaîne. Treize
ans. La dixième année, son tour revint, il en profita en-
10 core. Il ne réussit pas mieux. Trois ans pour cette nouvelle tentative. Seize ans. Enfin, ce fut, je crois, pendant
la treizième année qu'il essaya une dernière fois et ne réussit qu'à se faire reprendre après quatre heures d'absence.
Trois ans pour ces quatre heures. Dix-neuf ans. En
15 octobre 1815, il fut libéré; il était entré là en 1796 pour
avoir cassé un carreau et pris un pain.

Jean Valjean était entré au bagne sanglotant et frémissant; il en sortit impassible. Il y était entré désespéré;
il en sortit sombre.

20 Un détail que nous ne devons pas omettre, c'est qu'il
était d'une force physique dont n'approchait pas un des
habitants du bagne. A la fatigue, pour filer un câble,
pour tirer un cabestan, Jean Valjean valait quatre hommes.
Sa souplesse dépassait encore sa vigueur. Certains forçats,
25 rêveurs perpétuels d'évasions, finissent par faire de la
force et de l'adresse combinées une véritable science.
C'est la science des muscles. Gravir une verticale, et
trouver des points d'appui là où l'on voit à peine une
saillie, était un jeu pour Jean Valjean. Étant donné un
30 angle de mur, avec la tension de son dos et de ses jarrets,
avec ses coudes et ses talons emboîtés dans les aspérités
de la pierre, il se hissait comme magiquement à un troi-

sième étage.   Quelquefois il montait ainsi jusqu'au toit du bagne.

Il parlait peu.   Il ne riait pas.   Il fallait quelque émotion extrême pour lui arracher, une ou deux fois l'an, ce lugubre rire du forçat qui est comme un écho du rire du 5 démon.

Quand vint l'heure de la sortie du bagne, quand Jean Valjean entendit à son oreille ce mot étrange : *Tu es libre !* le moment fut invraisemblable et inouï, un rayon de vive lumière, un rayon de la vraie lumière des vivants, 10 pénétra subitement en lui.   Mais ce rayon ne tarda point à pâlir.   Jean Valjean avait été ébloui de l'idée de la liberté.   Il avait cru à une vie nouvelle.   Il vit bien vite ce que c'était qu'une liberté à laquelle on donne un passeport jaune. 15

Le lendemain de sa libération, à Grasse,[1] il vit devant la porte d'une distillerie de fleurs d'orangers des hommes qui déchargeaient des ballots.   Il offrit ses services.   La besogne pressait, on les accepta.   Il se mit à l'ouvrage. Il était intelligent, robuste et adroit ; il faisait de son 20 mieux ; le maître paraissait content.   Pendant qu'il travaillait, un gendarme passa, le remarqua, et lui demanda ses papiers.   Il fallut montrer le passeport jaune.   Cela fait, Jean Valjean reprit son travail.   Un peu auparavant, il avait questionné l'un des ouvriers sur ce qu'ils gagnaient 25 à cette besogne par jour, on lui avait répondu : *trente sous.* Le soir venu, comme il était forcé de repartir le lendemain matin, il se présenta devant le maître de la distillerie et le pria de le payer.   Le maître ne proféra pas une parole, et lui remit quinze sous.   Il réclama.   On lui ré- 30 pondit : *Cela est assez bon pour toi.*   Il insista.   Le maître le regarda entre les deux yeux et lui dit : *Gare le bloc !*[2]

Là encore il se considéra comme volé. La société, l'État, en lui diminuant sa masse, l'avait volé en grand. Maintenant c'était le tour de l'individu qui le volait en petit.

## IV

5 Donc, comme deux heures du matin sonnaient à l'horloge de la cathédrale, Jean Valjean se réveilla. Ce qui le ré- veilla, c'est que le lit était trop bon. Il y avait vingt ans bientôt qu'il n'avait couché dans un lit, et, quoiqu'il ne se fût pas déshabillé, la sensation était trop nouvelle pour ne 10 pas troubler son sommeil.

Il avait dormi plus de quatre heures. Sa fatigue était passée. Il était accoutumé à ne pas donner beaucoup d'heures au repos. Il ouvrit les yeux, et regarda un moment dans l'obscurité autour de lui, puis il les referma pour se 15 rendormir.

Quand beaucoup de sensations diverses ont agité la journée, quand des choses préoccupent l'esprit, on s'endort, mais on ne se rendort pas. Le sommeil vient plus aisément qu'il ne revient. C'est ce qui arriva à Jean Valjean. Il 20 ne put se rendormir, et il se mit à penser. Il était dans un de ces moments où les idées qu'on a dans l'esprit sont troubles. Il avait une sorte de va-et-vient obscur dans le cerveau. Beaucoup de pensées lui venaient, mais il y en avait une qui se représentait continuellement et qui chassait 25 toutes les autres. Il avait remarqué les six couverts d'ar- gent et la grande cuiller que madame Magloire avait posés sur la table. Ils étaient là. — A quelques pas. — A l'instant où il avait traversé la chambre d'à côté pour venir dans celle où il était, la vieille servante les mettait dans un petit 30 placard à la tête du lit. — Il avait bien remarqué ce pla-

card. — A droite, en entrant par la salle à manger. — Ils
étaient massifs. — Et de vieille argenterie. — Avec la grande
cuiller, on en tirerait au moins deux cents francs. — Le
double de ce qu'il avait gagné en dix-neuf ans. — Il est
vrai qu'il eût gagné davantage si «*l'administration* ne l'avait 5
pas *volé.*»

Son esprit oscilla toute une grande heure dans des fluc-
tuations auxquelles se mêlait bien quelque lutte. Trois
heures sonnèrent. Il rouvrit les yeux, se dressa brusquement sur son séant, étendit le bras et tâta son havre-sac 10
qu'il avait jeté dans le coin de l'alcôve, puis il laissa pendre
ses jambes et poser ses pieds à terre, et se trouva presque
sans savoir comment, assis sur son lit.

Il demeurait dans cette situation, et y fût peut-être resté
indéfiniment jusqu'au lever du jour, si l'horloge n'eût sonné 15
un coup, — le quart ou la demie. Il sembla que ce coup
lui eût dit : Allons !

Il se leva debout, hésita encore un moment, et écouta ;
tout se taisait dans la maison ; alors il marcha droit et à
petits pas vers la fenêtre qu'il entrevoyait. La nuit n'était 20
pas très obscure ; c'était une pleine lune sur laquelle couraient de larges nuées chassées par le vent. Arrivé à la
fenêtre, Jean Valjean l'examina. Elle était sans barreaux,
donnait sur le jardin et n'était fermée, selon la mode du
pays, que d'une petite clavette.[1] Il l'ouvrit, mais comme 25
un air froid et vif entra brusquement dans la chambre, il la
referma tout de suite. Il regarda le jardin de ce regard
attentif qui étudie plus qu'il ne regarde. Le jardin était
enclos d'un mur blanc assez bas, facile à escalader. Au
fond, au delà, il distingua des têtes d'arbres également es- 30
pacées, ce qui indiquait que ce mur séparait le jardin d'une
avenue ou d'une ruelle plantée.

Ce coup d'œil jeté, il fit le mouvement d'un homme déterminé, marcha à son alcôve, prit son havre-sac, l'ouvrit, le fouilla, en tira quelque chose qui ressemblait à une barre de fer courte, aiguisée comme un épieu à l'une de
5 ses extrémités.  Au jour on eût pu reconnaître que ce n'était autre chose qu'un chandelier de mineur.  On employait alors quelquefois les forçats à extraire de la roche des hautes collines qui environnent Toulon, et il n'était pas rare qu'ils eussent à leur disposition des outils de mineur.
10 Les chandeliers des mineurs sont en fer massif, terminés à leur extrémité inférieure par une pointe au moyen de laquelle on les enfonce dans le rocher.

Il prit le chandelier dans sa main droite, et retenant son haleine, assourdissant son pas, il se dirigea vers la
15 porte de la chambre voisine, celle de l'évêque.  Arrivé à cette porte, il la trouva entre-bâillée.  L'évêque ne l'avait point fermée.

Jean Valjean écouta.  Aucun bruit.

Il poussa la porte.  La porte céda à cette pression et fit
20 un mouvement imperceptible et silencieux qui élargit un peu l'ouverture.  Il attendit un moment, puis poussa la porte une seconde fois, plus hardiment.  Elle continua de céder en silence.  L'ouverture était assez grande maintenant pour qu'il pût passer.  Mais il y avait près de la porte
25 une petite table qui faisait avec elle un angle gênant et qui barrait l'entrée.

Il prit son parti [1] et poussa une troisième fois la porte, plus énergiquement que les deux premières.  Cette fois il y eut un gond mal huilé qui jeta tout à coup dans cette
30 obscurité un cri rauque et prolongé.  Jean Valjean tressaillit.  Le bruit de ce gond sonna dans son oreille avec quelque chose d'éclatant et de formidable comme le clairon du jugement dernier.

Il s'arrêta, frissonnant, éperdu, et retomba de la pointe
du pied sur le talon.   Il entendit ses artères battre dans
ses tempes comme deux marteaux de forge, et il lui semblait
que son souffle sortait de sa poitrine avec le bruit du vent
qui sort d'une caverne.   Il lui paraissait impossible que 5
l'horrible clameur de ce gond irrité n'eût pas ébranlé toute
la maison comme une secousse de tremblement de terre ;
la porte, poussée par lui, avait pris l'alarme et avait appelé ;
le vieillard allait se lever, les deux vieilles femmes allaient
crier, on viendrait à l'aide ;  avant un quart d'heure, la 10
ville serait en rumeur et la gendarmerie sur pied.   Un
moment il se crut perdu.   Il demeura où il était, n'osant
faire un mouvement.   Quelques minutes s'écoulèrent.   La
porte s'était ouverte toute grande.   Il se hasarda à regarder
dans la chambre.   Rien n'y avait bougé.   Il ne songea 15
plus qu'à finir vite.   Il fit un pas et entra dans la chambre.
    Cette chambre était dans un calme parfait.   Jean Val-
jean avança avec précaution en évitant de se heurter aux
meubles.   Il entendait au fond de la chambre la respiration
égale et tranquille de l'évêque endormi.   Il s'arrêta tout à 20
coup.   Il était près du lit.   Il y était arrivé plus tôt qu'il
n'aurait cru.   Depuis près d'une demi-heure un grand nuage
couvrait le ciel.   Au moment où Jean Valjean s'arrêta en
face du lit, ce nuage se déchira, comme s'il l'eût fait exprès,
et un rayon de lune, traversant la longue fenêtre, vint éclai- 25
rer subitement le visage pâle de l'évêque.   Toute sa face
s'illuminait d'une vague expression de satisfaction, d'espérance et de béatitude.   C'était plus qu'un sourire et presque
un rayonnement.
    Jean Valjean, lui, était dans l'ombre, son chandelier de 30
fer à la main, debout, immobile, effaré de ce vieillard lumineux.   Jamais il n'avait rien vu de pareil.   Cette con-

fiance l'épouvantait. Le monde moral n'a pas de plus grand spectacle que celui-là : une conscience troublée et inquiète, parvenue au bord d'une mauvaise action, et contemplant le sommeil d'un juste.

Ce sommeil, dans cet isolement, et avec un voisin tel que lui, avait quelque chose de sublime qu'il sentait vaguement, mais impérieusement.

Son œil ne se détachait pas du vieillard. La seule chose qui se dégageât clairement de son attitude et de sa physionomie, c'était une étrange indécision. On eût dit qu'il hésitait entre les deux abîmes, celui où l'on se perd et celui où l'on se sauve. Il semblait prêt à briser ce crâne ou à baiser cette main.

Au bout de quelques instants, son bras gauche se leva lentement vers son front, et il ôta sa casquette, puis son bras retomba avec le même lenteur, et Jean Valjean rentra dans sa contemplation, sa casquette dans la main gauche, sa massue dans la main droite, ses cheveux hérissés sur sa tête farouche.

Tout à coup il remit sa casquette sur son front, puis marcha rapidement le long du lit, sans regarder l'évêque, droit au placard qu'il entrevoyait près du chevet ; il l'ouvrit ; la première chose qui lui apparut fut le panier d'argenterie ; il le prit, traversa la chambre à grands pas, ouvrit la fenêtre, enjamba l'appui du rez-de-chaussée,[1] mit l'argenterie dans son sac, jeta le panier, franchit le jardin, sauta par-dessus le mur comme un tigre, et s'enfuit.

Le lendemain, au soleil levant, monseigneur Bienvenu se promenait dans son jardin. Madame Magloire accourut vers lui toute bouleversée.

— Monseigneur, monseigneur, cria-t-elle, votre grandeur sait-elle où est le panier d'argenterie ?

— Oui, dit l'évêque.

— Dieu soit béni ! reprit-elle. Je ne savais ce qu'il était devenu.

L'évêque venait de ramasser le panier dans une plate-bande. Il le présenta à Madame Magloire.                    5

— Le voilà.

— Eh bien ! dit-elle. Rien dedans ! et l'argenterie ?

— Ah ! repartit l'évêque. C'est donc l'argenterie qui vous occupe ? Je ne sais où elle est.

— Grand bon Dieu ! elle est volée ! c'est l'homme 10 d'hier soir qui l'a volée.

Tout en poussant cette exclamation, ses yeux tombaient sur un angle du jardin où on voyait des traces d'escalade. Le chevron du mur avait été arraché.

— Tenez ! c'est par là qu'il s'en est allé. Ah ! l'abo- 15 mination ! il nous a volé notre argenterie.

L'évêque resta un moment silencieux, puis leva son œil sérieux, et dit à madame Magloire avec douceur :

— Et d'abord, cette argenterie était-elle à nous ?

Madame Magloire resta interdite. Il y eut encore un 20 silence, puis l'évêque continua :

— Madame Magloire, je détenais à tort et depuis long-temps cette argenterie. Elle était aux pauvres. Qui était-ce que cet homme ? Un pauvre évidemment.

Quelques instants après, il déjeunait à cette même table 25 où Jean Valjean s'était assis la veille. Tout en déjeu-nant, monseigneur Bienvenu faisait gaiement remarquer à sa sœur qui ne disait rien, et à madame Magloire qui grommelait sourdement, qu'il n'est nullement besoin d'une cuiller ni d'une fourchette, même en bois, pour tremper 30 un morceau de pain dans une tasse de lait.

Comme le frère et la sœur allaient se lever de table, on frappa à la porte.

— Entrez, dit l'évêque.

La porte s'ouvrit. Un groupe étrange et violent apparut sur le seuil. Trois hommes en tenaient un quatrième au collet. Les trois hommes étaient des gendarmes ; l'autre était Jean Valjean.

Un brigadier de gendarmerie, qui semblait conduire le groupe, était près de la porte. Il entra et s'avança vers l'évêque en faisant le salut militaire.

Cependant monseigneur Bienvenu s'était approché aussi vivement que son grand âge le lui permettait.

— Ah ! vous voilà ! s'écria-t-il en regardant Jean Valjean. Je suis aise de vous voir. Eh bien, mais ! je vous avais donné les chandeliers aussi, qui sont en argent comme le reste et dont vous pourrez bien avoir deux cents francs. Pourquoi ne les avez-vous pas emportés avec vos couverts ?

Jean Valjean ouvrit les yeux et regarda le vénérable évêque avec une expression qu'aucune langue humaine ne pourrait rendre.

— Monseigneur, dit le brigadier de gendarmerie, ce que cet homme disait était donc vrai ? Nous l'avons rencontré. Il avait cette argenterie . . .

— Et il vous a dit, interrompit l'évêque en souriant, qu'elle lui avait été donnée par un vieux bonhomme de prêtre chez lequel il avait passé la nuit ? Je vois la chose. Et vous l'avez ramené ici ? c'est une méprise.

— Comme cela, reprit le brigadier, nous pouvons le laisser aller ?

— Sans doute, répondit l'évêque.

Les gendarmes lâchèrent Jean Valjean, qui recula.

— Est-ce que c'est vrai qu'on me laisse ? dit-il d'une voix presque inarticulée et comme s'il parlait dans le sommeil.

—Mon ami, reprit l'évêque, avant de vous en aller, voici vos chandeliers. Prenez-les.

Il alla à la cheminée, prit les deux flambeaux d'argent et les apporta à Jean Valjean qui tremblait de tous ses membres. Il prit les deux chandeliers machinalement et d'un air égaré.

—Maintenant, dit l'évêque, allez en paix.

Puis se tournant vers la gendarmerie :

—Messieurs, vous pouvez vous retirer.

Les gendarmes s'éloignèrent.

Jean Valjean était comme un homme qui va s'évanouir.

L'évêque s'approcha de lui, et lui dit à voix basse :

—N'oubliez pas, n'oubliez jamais que vous m'avez promis d'employer cet argent à devenir honnête homme.

Jean Valjean, qui n'avait aucun souvenir d'avoir rien promis, resta interdit. L'évêque avait appuyé sur ces paroles en les prononçant. Il reprit avec solennité :

—Jean Valjean, mon frère, vous n'appartenez plus au mal, mais au bien. C'est votre âme que je vous achète ; je la retire aux pensées noires et à l'esprit de perdition, et je la donne à Dieu.

Jean Valjean sortit de la ville comme s'il s'échappait. Il se mit à marcher en toute hâte dans les champs, prenant les chemins et les sentiers qui se présentaient sans s'apercevoir qu'il revenait à chaque instant sur ses pas. Il erra ainsi toute la matinée, n'ayant pas mangé et n'ayant pas faim. Il était en proie à une foule de sensations nouvelles.

Comme le soleil déclinait au couchant, allongeant sur le sol l'ombre du moindre caillou, Jean Valjean était assis derrière un buisson dans une grande plaine rousse absolument déserte. Il n'y avait à l'horizon que les Alpes. Pas même le clocher d'un village lointain.

Au milieu de cette méditation qui n'eût pas peu con-
tribué à rendre ses haillons effrayants pour quelqu'un qui
l'eût rencontré, il entendit un bruit joyeux.

Il tourna la tête, et vit venir par le sentier un petit
5 Savoyard d'une dizaine d'années qui chantait, sa vielle au
flanc et sa boîte à marmotte sur le dos.   Tout en chantant,
l'enfant interrompait de temps en temps sa marche et
jouait aux osselets avec quelques pièces de monnaie qu'il
avait dans sa main, toute sa fortune probablement.   Parmi
10 cette monnaie, il y avait une pièce de quarante sous.

L'enfant s'arrêta à côté du buisson sans voir Jean Valjean et fit sauter sa poignée de sous, que jusque-là il avait
reçue avec assez d'adresse tout entière sur le dos de sa
main.   Cette fois la pièce de quarante sous lui échappa,
15 et vint rouler vers la broussaille jusqu'à Jean Valjean.

Jean Valjean posa le pied dessus.   Cependant l'enfant
avait suivi sa pièce du regard, et l'avait vu.

Il ne s'étonna point et marcha droit à l'homme.

— Monsieur, dit le petit Savoyard, avec cette confiance
20 de l'enfance qui se compose d'ignorance et d'innocence, —
ma pièce.

— Comment t'appelles-tu ? dit Jean Valjean.

— Petit-Gervais, monsieur.

— Va-t'en, dit Jean Valjean.

25 — Ma pièce ! cria l'enfant, ma pièce blanche ! mon
argent !

Il semblait que Jean Valjean n'entendît point.   L'enfant le prit au collet de sa blouse et le secoua.   Et en
même temps il faisait effort pour déranger le gros soulier
30 ferré posé sur son trésor.

— Je veux ma pièce ! ma pièce de quarante sous !

L'enfant pleurait.   La tête de Jean Valjean se releva.

Il était toujours assis. Ses yeux étaient troubles. Il considéra l'enfant avec une sorte d'étonnement, puis il étendit la main vers son bâton, et cria d'une voix terrible : — Qui est là ?

— Moi, monsieur, répondit l'enfant. Petit-Gervais ! 5 moi ! moi ! Rendez-moi mes quarante sous, s'il vous plaît ! ôtez votre pied, monsieur, s'il vous plaît !

— Ah ! c'est encore toi ! dit Jean Valjean, et, se dressant brusquement tout debout, le pied toujours sur la pièce d'argent, il ajouta : 10

— Veux-tu bien te sauver !

L'enfant effaré le regarda, puis commença à trembler de la tête aux pieds, et, après quelques secondes de stupeur, se mit à s'enfuir en courant de toutes ses forces sans oser tourner le cou ni jeter un cri. 15

Le soleil s'était couché. L'ombre se faisait autour de Jean Valjean. Il n'avait pas mangé de la journée ; il est probable qu'il avait la fièvre. Tout à coup il tressaillit ; il venait de sentir le froid du soir.

Il raffermit sa casquette sur son front, chercha machi- 20 nalement à croiser et à boutonner sa blouse, fit un pas, et se baissa pour reprendre à terre son bâton. En ce moment, il aperçut la pièce de quarante sous que son pied avait à demi enfoncée dans la terre et qui brillait parmi les cailloux. Ce fut comme une commotion galvanique. — 25 Qu'est-ce que c'est que ça ? dit-il entre ses dents.

Au bout de quelques minutes, il s'élança convulsivement vers la pièce d'argent, la saisit et, se redressant, se mit à regarder au loin dans la plaine, jetant à la fois ses yeux vers tous les points de l'horizon, debout et frissonnant 30 comme une bête fauve effarée qui cherche un asile. Il ne vit rien. La nuit tombait, la plaine était froide et vague, de grandes brumes violettes montaient dans la clarté crépusculaire.

Il dit : Ah ! et se mit à marcher rapidement dans une certaine direction, du côté où l'enfant avait disparu. Après une trentaine de pas, il s'arrêta, regarda et ne vit rien. Alors il cria de toute sa force :

— Petit-Gervais !    Petit-Gervais !

Il se tut, et attendit.    Rien ne répondit.

Jean Valjean se mit à courir dans la direction qu'il avait d'abord prise. Enfin, à un endroit où trois sentiers se croisaient, il s'arrêta. La lune s'était levée. Il promena sa vue au loin et appela une dernière fois : «Petit-Gervais ! Petit-Gervais ! Petit-Gervais !» Son cri s'éteignit dans la brume, sans même éveiller un écho. Il murmura encore : «Petit-Gervais !» mais d'une voix faible et presque inarticulée. Ce fut là son dernier effort ; ses jarrets fléchirent brusquement sous lui comme si une puissance invisible l'accablait tout à coup du poids de sa mauvaise conscience ; il tomba épuisé sur une grosse pierre, les poings dans ses cheveux et le visage dans ses genoux, et il cria : «Je suis un misérable !»

Alors son cœur creva et il se mit à pleurer. C'était la première fois qu'il pleurait depuis dix-neuf ans.

Pendant qu'il pleurait, le jour se faisait de plus en plus dans son cerveau, un jour extraordinaire, un jour ravissant et terrible à la fois. Sa vie passée, sa première faute, sa longue expiation, son abrutissement extérieur, son endurcissement intérieur, sa mise en liberté réjouie par tant de plans de vengeance, ce qui lui était arrivé chez l'évêque, la dernière chose qu'il avait faite, ce vol de quarante sous à un enfant, crime d'autant plus lâche et d'autant plus monstrueux qu'il venait après le pardon de l'évêque, tout cela lui revint et lui apparut clairement, mais dans une clarté qu'il n'avait jamais vue jusque-là. Il regarda sa vie, et elle lui parut horrible ; son âme, et elle lui parut affreuse.

Combien d'heures pleura-t-il ainsi ? que fit-il après avoir 5 pleuré ? où alla-t-il ? on ne l'a jamais su. Il paraît seulement avéré que, dans cette même nuit, le voiturier qui faisait à cette époque le service de Grenoble[1] et qui arrivait à Digne vers trois heures du matin, vit en traversant la rue de l'évêché un homme dans l'attitude de la prière, 10 à genoux sur le pavé, dans l'ombre, devant la porte de monseigneur Bienvenu.

## V

[Une jeune ouvrière nommée Fantine est allée s'établir à Paris où elle est abandonnée par l'homme qui devait l'épouser. Tombée dans la misère elle retourne à Montreuil-sur-Mer,[2] sa ville natale, laissant 15 sa fille Cosette à Montfermeil[3] chez un aubergiste nommé Thénardier qui a deux filles presque du même âge que Cosette. Pendant trois ans, Fantine envoie de l'argent à Thénardier pour payer la pension de Cosette qu'on appelle l'Alouette. Les Thénardier se trouvent être des gens infâmes qui maltraitent terriblement Cosette.] 20

Cette mère cependant qui, au dire des gens de Montfermeil, semblait avoir abandonné son enfant, que devenait-elle ? où était-elle ! que faisait-elle ?

Après avoir laissé sa petite Cosette aux Thénardier, elle avait continué son chemin et était arrivée à Montreuil- 25 sur-Mer. C'était, on se le rappelle, en 1818.

Fantine avait quitté sa province depuis une dizaine d'années. Montreuil-sur-Mer avait changé d'aspect. Tandis que Fantine descendait lentement de misère en misère, sa ville natale avait prospéré. Depuis deux ans 30 environ, il s'y était accompli un de ces faits industriels qui sont les grands événements des petits pays.

De temps immémorial Montreuil-sur-Mer avait pour industrie spéciale l'imitation des jais anglais et des verro-
teries noires d'Allemagne. Au moment où Fantine revint
à Montreuil-sur-Mer, une transformation inouïe s'était
5 opérée dans cette production des «articles noirs.» Vers
la fin de 1815, un homme, un inconnu, était venu s'établir
dans la ville et avait eu l'idée de substituer, dans cette
fabrication, la gomme laque à la résine, et, pour les brace-
lets en particulier, les coulants en tôle simplement rap-
10 prochée aux coulants en tôle soudée.

Ce tout petit changement avait prodigieusement réduit
le prix de la matière première, ce qui avait permis, pre-
mièrement, d'élever le prix de la main-d'œuvre, bienfait
pour le pays; deuxièmement d'améliorer la fabrication,
15 avantage pour le consommateur; troisièmement de vendre
à meilleur marché, tout en triplant le bénéfice, profit pour
le manufacturier. En moins de trois ans, l'auteur de ce
procédé était devenu riche, ce qui est bien, et avait tout
fait riche autour de lui, ce qui est mieux. Il était étranger
20 au département. De son origine, on ne savait rien. On
contait qu'il était venu dans la ville avec fort peu d'argent,
quelques centaines de francs tout au plus.

Il paraît que, le jour même où il faisait obscurément
son entrée dans la petite ville de Montreuil-sur-Mer, à la
25 tombée d'un soir de décembre, le sac au dos et le bâton
d'épine à la main, un gros incendie venait d'éclater à la
maison commune. Cet homme s'était jeté dans le feu, et
avait sauvé, au péril de sa vie, deux enfants qui se trouvaient être ceux du capitaine de gendarmerie; ce qui fait
30 qu'on n'avait pas songé à lui demander son passeport.
Depuis lors, on avait su son nom. Il s'appelait le *père
Madeleine.*

C'était un homme d'environ cinquante ans, qui avait l'air préoccupé et qui était bon.  Voilà tout ce qu'on en pouvait dire.

Grâce aux progrès rapides de cette industrie qu'il avait si admirablement remaniée, Montreuil-sur-Mer était de- venu un centre d'affaires considérable.  Les bénéfices du père Madeleine étaient tels que, dès la deuxième année, il avait pu bâtir une grande fabrique, dans laquelle il y avait deux vastes ateliers, l'un pour les hommes, l'autre pour les femmes.  Quiconque avait faim pouvait s'y pré- senter, et était sûr de trouver là de l'emploi et du pain. Avant l'arrivée du père Madeleine, tout languissait dans le pays ; maintenant tout y vivait de la vie saine du tra- vail.  Une forte circulation échauffait tout et pénétrait partout.  Le chômage et la misère étaient inconnus.  Il n'y avait pas de poche si obscure où il n'y eût un peu d'argent, pas de logis si pauvre où il n'y eût un peu de joie.  Le père Madeleine employait tout le monde.  Il n'exigeait qu'une chose : Soyez honnête homme !  Soyez honnête fille !

Comme nous l'avons dit, au milieu de cette activité dont il était la cause et le pivot, le père Madeleine faisait sa fortune ; mais, chose assez singulière dans un simple homme de commerce, il ne paraissait point que ce fût là son principal souci.  Il semblait qu'il songeât beaucoup aux autres et peu à lui.  En 1820, on lui connaissait une somme de six cent trente mille francs placée à son nom chez Laffitte[1] ; mais, avant de se réserver ces six cent trente mille francs, il avait dépensé plus d'un million pour la ville et pour les pauvres.

Dans les premiers temps, quand on le vit commencer, les bonnes âmes dirent : C'est un gaillard qui veut s'enri-

chir.    Quand on le vit enrichir le pays avant de s'enrichir
lui-même, les mêmes bonnes âmes dirent: C'est un ambitieux.  Cela semblait d'autant plus probable que cet
homme était religieux, et même pratiquait[1] dans une cer-
5 taine mesure, chose fort bien vue à cette époque.    Il
allait régulièrement entendre une basse messe tous les
dimanches.

Cependant, en 1819, le bruit se répandit un matin dans
la ville que, sur la présentation de M. le préfet, et en
10 considération des services rendus au pays, le père Madeleine allait être nommé par le roi maire de Montreuil-
sur-Mer.    Ceux qui avaient déclaré ce nouveau venu un
«ambitieux» saisirent avec transport cette occasion, que
tous les hommes souhaitent, de s'écrier: Là! qu'est-ce
15 que nous avions dit?  Tout Montreuil-sur-Mer fut en
rumeur.    Le bruit était fondé.    Quelques jours après,
la nomination parut dans le *Moniteur.*[2]    Le lendemain, le
père Madeleine refusa.

On l'a vu, le pays lui devait beaucoup, les pauvres lui
20 devaient tout; il était si utile qu'il avait bien fallu qu'on
finît par l'honorer, et il était si doux qu'il avait bien fallu
qu'on finît par l'aimer; ses ouvriers en particulier l'ado-
raient, et il portait cette adoration avec une sorte de
gravité mélancolique.    Quand il fut constaté riche, «les
25 personnes de la société» le saluèrent, et on l'appela dans
la ville: monsieur Madeleine; ses ouvriers et les enfants
continuaient de l'appeler le *père Madeleine,* et c'était la
chose qui le faisait le mieux sourire.    A mesure qu'il montait, les invitations pleuvaient sur lui.    «La société» le
30 réclamait.    On lui fit mille avances.    Il refusa.

Cette fois encore les bonnes âmes ne furent point em-
pêchées. — C'est un homme ignorant et de basse éduca-

tion. On ne sait d'où cela sort. Il ne saurait pas se tenir dans le monde. Il n'est pas du tout prouvé qu'il sache lire.

Quand on l'avait vu gagner de l'argent, on avait dit : c'est un marchand. Quand on l'avait vu semer son argent, on avait dit : c'est un ambitieux. Quand on l'avait vu repousser les honneurs, on avait dit : c'est un aventurier. Quand on le vit repousser le monde, on dit : c'est une brute.

En 1820, cinq ans après son arrivée à Montreuil-sur-Mer, les services qu'il avait rendus au pays étaient si éclatants, le vœu de toute la contrée fut tellement unanime, que le roi le nomma de nouveau maire de la ville. Il refusa encore, mais le préfet résista à son refus, tous les notables vinrent le prier, le peuple en pleine rue le suppliait, l'insistance fut si vive qu'il finit par accepter.

Ce fut là la troisième phase de son ascension. Le père Madeleine était devenu monsieur Madeleine, monsieur Madeleine devint monsieur le maire.

Du reste, il était demeuré aussi simple que le premier jour. Il avait les cheveux gris, l'œil sérieux, le teint hâlé d'un ouvrier, le visage pensif d'un philosophe. Il portait habituellement un chapeau à bords larges et une longue redingote de gros drap, boutonnée jusqu'au menton. Il remplissait ses fonctions de maire, mais, hors de là, il vivait solitaire. Il prenait ses repas toujours seul, avec un livre ouvert devant lui où il lisait. Il avait une petite bibliothèque bien faite. Il aimait les livres ; les livres sont des amis froids et sûrs. A mesure que le loisir lui venait avec la fortune, il semblait qu'il en profitât pour cultiver son esprit. Depuis qu'il était à Montreuil-sur-Mer, on remarquait que d'année en année son langage devenait plus poli, plus choisi et plus doux.

Quoiqu'il ne fût plus jeune, on contait qu'il était d'une force prodigieuse. Il offrait un coup de main à qui en avait besoin, relevait un cheval, poussait à une roue embourbée, arrêtait par les cornes un taureau échappé. Il
5 avait toujours ses poches pleines de monnaie en sortant et vides en rentrant.

Il faisait une foule de bonnes actions en se cachant comme on se cache pour les mauvaises. Il pénétrait à la dérobée, le soir, dans les maisons; il montait furtivement des esca-
10 liers. Un pauvre diable, en rentrant dans son galetas, trouvait que sa porte avait été ouverte, quelquefois même forcée, dans son absence. Le pauvre homme se récriait: quelque malfaiteur est venu! Il entrait, et la première chose qu'il voyait, c'était une pièce d'or oubliée sur un
15 meuble. Le «malfaiteur» qui était venu, c'était le père Madeleine.

Quelques-uns prétendaient que c'était un personnage mystérieux et affirmaient qu'on n'entrait jamais dans sa chambre, laquelle était une vraie cellule d'anachorète.
20 Cela se disait beaucoup, si bien que quelques jeunes femmes élégantes et malignes de Montreuil-sur-Mer vinrent chez lui un jour, et lui demandèrent: — Monsieur le maire, montrez-nous donc votre chambre. On dit que c'est une grotte. — Il sourit, et les introduisit sur-le-champ dans cette
25 «grotte.» Elles furent bien punies de leur curiosité. C'était une chambre garnie tout bonnement de meubles d'acajou assez laids, comme tous les meubles de ce genre, et tapissée de papier à douze sous. Elles n'y purent rien remarquer que deux flambeaux de forme vieillie qui étaient
30 sur la cheminée et qui avaient l'air d'être en argent.

On se chuchotait aussi qu'il avait des sommes «immenses» déposées chez Laffitte, avec cette particularité qu'elles étaient toujours à sa disposition immédiate, de telle sorte, ajoutait-on, que M. Madeleine pourrait arriver un matin chez Laffitte, signer un reçu et emporter ses deux ou trois millions en dix minutes. Dans la réalité, «ces deux ou trois millions» se réduisaient, nous l'avons dit, à six cent 5 trente ou quarante mille francs.

Au commencement de 1821, les journaux annoncèrent la mort de M. Myriel, évêque de Digne, surnommé *«monseigneur Bienvenu,»* et trépassé en odeur de sainteté à l'âge de quatre-vingt-deux ans. 10

L'annonce de sa mort fut reproduite par le journal local de Montreuil-sur-Mer. M. Madeleine parut le lendemain tout en noir avec un crêpe à son chapeau.

On remarqua dans la ville ce deuil, et l'on jasa. Cela parut une lueur sur l'origine de M. Madeleine. On en 15 conclut qu'il avait quelque alliance avec le vénérable évêque. *Il drape pour l'évêque de Digne,* dirent les salons ; cela rehaussa fort M. Madeleine, et lui donna subitement et d'emblée une certaine considération dans le monde noble de Montreuil-sur-Mer. 20

Une remarque qu'on faisait encore, c'est que chaque fois qu'il passait dans la ville un jeune Savoyard courant le pays et cherchant des cheminées à ramoner, M. le maire le faisait appeler, lui demandait son nom, et lui donnait de l'argent. Les petits Savoyards se le disaient et il en passait 25 beaucoup.

## VI

Peu à peu, et avec le temps, toutes les oppositions étaient tombées. Il y avait eu d'abord contre M. Madeleine, sorte de loi que subissent toujours ceux qui s'élèvent, des noirceurs et des calomnies, puis ce ne fut plus que des méchan- 30

cetés, puis ce ne fut plus que des malices, puis cela s'éva-
nouit tout à fait. On venait de dix lieues à la ronde consulter
M. Madeleine.   Il terminait les différends, il empêchait les
procès, il réconciliait les ennemis.   Chacun le prenait pour
juge de son bon droit. Il semblait qu'il eût pour âme le livre
de la loi naturelle.   Ce fut comme une contagion de vénération qui, en six ou sept ans et de proche en proche
gagna tout le pays.

Un seul homme, dans la ville et dans l'arrondissement,
se déroba absolument à cette contagion, et, quoi que fît le
père Madeleine, y demeura rebelle, comme si une sorte
d'instinct, incorruptible et imperturbable, l'éveillait et l'in-
quiétait.   Souvent, quand M. Madeleine passait dans une
rue, calme, affectueux, entouré des bénédictions de tous, il
arrivait qu'un homme de haute taille, vêtu d'une redingote
gris de fer, armé d'une grosse canne et coiffé d'un chapeau rabattu, se retournait brusquement derrière lui et se
disait : Mais qu'est-ce que c'est que cet homme-là ? — Pour
sûr, je l'ai vu quelque part. — En tout cas, je ne suis toujours pas sa dupe.

Il se nommait Javert, et il était de la police. Il remplissait à Montreuil-sur-Mer les fonctions pénibles, mais
utiles, d'inspecteur.   Il n'avait pas vu les commencements
de Madeleine.   Quand Javert était arrivé à Montreuil-sur-
Mer, la fortune du grand manufacturier était déjà faite, et
le père Madeleine était devenu monsieur Madeleine.

On comprendra sans peine que Javert était l'effroi des
*gens sans aveu*. Le nom de Javert prononcé les mettait
en déroute ; la face de Javert apparaissant les pétrifiait.

Javert était comme un œil toujours fixé sur M. Madeleine. Œil plein de soupçon et de conjecture. M. Madeleine avait fini par s'en apercevoir, mais il sembla que

cela fût insignifiant pour lui. Il traitait Javert comme
tout le monde, avec aisance et bonté.

Javert était évidemment quelque peu déconcerté par le
complet naturel et la tranquillité de M. Madeleine.

Un jour pourtant son étrange manière parut faire im- 5
pression sur M. Madeleine. Voici à quelle occasion.

M. Madeleine passait un matin dans une ruelle non
pavée de Montreuil-sur-Mer ; il entendit du bruit et vit un
groupe à quelque distance. Il y alla. Un vieux homme,
nommé le père Fauchelevent, venait de tomber sous sa 10
charette dont le cheval s'était abattu. Ce Fauchelevent
était un des rares ennemis qu'eût encore M. Madeleine à
cette époque. Lorsque Madeleine était arrivé dans le
pays, Fauchelevent avait un commerce qui commençait à
aller mal. Fauchelevent avait vu ce simple ouvrier qui 15
s'enrichissait, tandis que lui, maître, se ruinait. Cela
l'avait rempli de jalousie, et il avait fait ce qu'il avait pu
en toute occasion pour nuire à Madeleine. Puis la faillite
était venue, et, vieux, n'ayant plus à lui qu'une charrette
et un cheval pour vivre il s'était fait charretier. 20

Le cheval avait les deux cuisses cassées et ne pouvait
se relever. Le vieillard était engagé entre les roues. La
chute avait été tellement malheureuse, que toute la voiture
pesait sur sa poitrine. Le père Fauchelevent poussait des
râles lamentables. On avait essayé de le tirer, mais en 25
vain. Il était impossible de le dégager autrement qu'en
soulevant la voiture par-dessous. Javert, qui était survenu au moment de l'accident, avait envoyé chercher un
cric.

M. Madeleine arriva. On s'écarta avec respect. Il se 30
tourna vers les assistants :

– A-t-on un cric ?

—On en est allé quérir un, répondit un paysan.

—Dans combien de temps l'aura-t-on ?

—On est allé au plus près, mais il faudra bien un bon quart d'heure.

5 Un quart d'heure ! s'écria Madeleine.

Il avait plu la veille, le sol était détrempé, la charrette s'enfonçait dans la terre à chaque instant et comprimait de plus en plus la poitrine du vieux charretier.

—Il est impossible d'attendre un quart d'heure, dit
10 Madeleine aux paysans qui regardaient.

—Il faut bien !

—Écoutez, reprit Madeleine, il y a encore assez de place sous la voiture pour qu'un homme s'y glisse et la soulève avec son dos. Y a-t-il ici quelqu'un qui ait des
15 reins et du cœur ? Cinq louis d'or à gagner !

Personne ne bougea dans le groupe.

—Dix louis, dit Madeleine.

Les assistants baissaient les yeux.

—Allons, recommença Madeleine, vingt louis !
20 Même silence.

—Ce n'est pas la bonne volonté qui leur manque, dit une voix, c'est la force.

M. Madeleine se retourna, et reconnut Javert. Il ne l'avait pas aperçu en arrivant.
25 Javert continua :

—Monsieur Madeleine, je n'ai connu qu'un seul homme capable de faire ce que vous demandez là.

Madeleine tressaillit.

Javert ajouta avec un air d'indifférence, mais sans quit-
30 ter des yeux Madeleine :

—C'était un forçat.

—Ah ! dit Madeleine.

— Du bagne de Toulon.

Madeleine devint pâle.

Cependant la charrette continuait à s'enfoncer lentement. Le père Fauchelevent râlait et hurlait :

— J'étouffe ! Ça me brise les côtes ! un cric ! quelque
chose ! ah !

Madeleine regarda autour de lui :

— Il n'y a donc personne qui veuille gagner vingt louis
et sauver la vie à ce pauvre vieux ?

Aucun des assistants ne remua. Javert reprit :

— Je n'ai jamais connu qu'un homme qui pût remplacer un cric, c'était ce forçat.

— Ah ! voilà que ça m'écrase ! cria le vieillard.

Madeleine leva la tête, rencontra l'œil de faucon de
Javert toujours attaché sur lui, regarda les paysans immobiles, et sourit tristement. Puis, sans dire une parole, il
tomba à genoux, et, avant même que ·la foule eût eu le
temps de jeter un cri, il était sous la voiture. Il y eut un
affreux moment d'attente et de silence. Les assistants
haletaient. Les roues avaient continué de s'enfoncer, et
il était déjà devenu presque impossible que Madeleine sor-
tît de dessous la voiture.

Tout à coup on vit l'énorme masse s'ébranler, la charrette se soulevait lentement, les roues sortaient à demi de
l'ornière. On entendit une voix étouffée qui criait :
«Dépêchez-vous ! aidez !» C'était Madeleine qui venait
de faire un dernier effort.

Ils se précipitèrent. Le dévouement d'un seul avait
donné de la force et du courage à tous. La charrette fut
enlevée par vingt bras. Le vieux Fauchelevent était sauvé,
mais il s'était démis la rotule dans sa chute. Le père
Madeleine le fit transporter dans une infirmerie qu'il avait

établie pour ses ouvriers dans le bâtiment même de sa fabrique et qui était desservie par deux sœurs de charité. Le lendemain matin, le vieillard trouva un billet de mille francs sur sa table de nuit, avec ce mot de la main du

5 père Madeleine : *Je vous achète votre charrette et votre cheval.* La charrette était brisée et le cheval était mort. Fauchelevent guérit, mais son genou resta ankylosé. M. Madeleine, par les recommandations des sœurs de charité et de son curé, fit placer le bonhomme comme jardinier

10 dans un couvent de femmes du quartier Saint-Antoine à Paris.

Quelque temps après, M. Madeleine fut nommé maire. La première fois que Javert vit Madeleine revêtu de l'écharpe qui lui donnait toute autorité sur la ville, il

15 éprouva cette sorte de frémissement qu'éprouverait un dogue qui flairerait un loup sous les habits de son maître. A partir de ce moment, il l'évita le plus qu'il put. Quand les besoins du service l'exigeaient impérieusement et qu'il ne pouvait faire autrement que de se trouver avec M. le

20 maire, il lui parlait avec un respect profond.


## VII

[Fantine, arrêtée par Javert, est mise en liberté par l'intervention du maire, Jean Valjean, à cause de quoi Javert lui garde rancune.]

Un matin, M. Madeleine était dans son cabinet, occupé à régler d'avance quelques affaires pressantes de la mairie

25 lorsqu'on vint lui dire que l'inspecteur de la police Javert demandait à lui parler.

— Faites entrer, dit-il.

Javert entra. Il salua respectueusement M. le maire qui lui tournait le dos. M. le maire ne le regarda pas et continua d'écrire.   Javert fit deux ou trois pas dans le cabinet, et s'arrêta sans rompre le silence.

Enfin M. le maire posa sa plume et se tourna à demi :

— Eh bien ! qu'est-ce ? qu'y a-t-il, Javert ?

— Il y a, monsieur le maire, qu'un acte coupable a été commis.

— Quel acte ?

— Un agent inférieur de l'autorité a manqué de respect à un magistrat de la façon la plus grave.   Je viens, comme c'est mon devoir, porter le fait à votre connaissance.

— Quel est cet agent ? demanda M. Madeleine.

— Moi, dit Javert.

— Vous ?

— Moi.

— Et quel est le magistrat qui aurait à se plaindre de l'agent ?

— Vous, monsieur le maire.

M. Madeleine se dressa sur son fauteuil.   Javert poursuivit, l'air sévère et les yeux toujours baissés :

— Monsieur le maire, je viens vous prier de vouloir bien provoquer près de l'autorité ma destitution.

M. Madeleine stupéfait ouvrit la bouche.   Javert l'interrompit.

— Vous direz, j'aurais pu donner ma démission, mais cela ne suffit pas.   Donner sa démission, c'est honorable. J'ai failli, je dois être puni.   Il faut que je sois chassé.

Et après une pause, il ajouta :

— Monsieur le maire, vous avez été sévère pour moi l'autre jour injustement.   Soyez-le aujourd'hui justement.

Javert soupira du fond de sa poitrine et reprit toujours froidement et tristement :

— Monsieur le maire, il y a six semaines, à la suite de

cette scène pour cette fille, j'étais furieux, je vous ai dénoncé.

— Dénoncé !

— A la préfecture de police de Paris.

5    M. Madeleine, qui ne riait pas beaucoup plus souvent
que Javert, se mit à rire :

— Comme maire ayant empiété sur la police ?

— Comme ancien forçat !

Le maire devint livide.

10    Javert, qui n'avait pas levé les yeux continua :

— Je le croyais.  Depuis longtemps j'avais des idées.
Une ressemblance, votre force des reins, l'aventure du
vieux Fauchelevent, votre jambe qui traîne un peu, est-ce
que je sais, moi? des bêtises ! mais enfin je vous prenais
15 pour un nommé Jean Valjean.

— Un nommé ? . . . Comment dites-vous ce nom-là ?

— Jean Valjean.  C'est un forçat que j'avais vu il y a
vingt ans quand j'étais adjudant-garde-chiourme [1] à Toulon.  En sortant du bagne, ce Jean Valjean avait, à ce
20 qu'il paraît, volé chez un évêque, puis il avait commis un
autre vol à main armée dans un chemin public sur un petit Savoyard.  Depuis huit ans il s'était dérobé, on ne sait
comment, et on le cherchait.  Moi je m'étais figuré . . .

— Enfin, j'ai fait cette chose !  La colère m'a décidé, je
25 vous ai dénoncé à la préfecture.

M. Madeleine reprit avec un accent de parfaite indifférence :

— Et que vous a-t-on répondu ?

— Que j'étais fou.

30    — Eh bien?

— Et bien ! on avait raison.

— C'est heureux que vous le reconnaissiez !

—Il faut bien, puisque le véritable Jean Valjean est trouvé.

La feuille que tenait M. Madeleine lui échappa des mains, il leva la tête, regarda fixement Javert, et dit avec un accent inexprimable :

5

—Ah !

Javert poursuivit :

—Voilà ce que c'est, monsieur le maire. Il paraît qu'il y avait dans le pays une espèce de bonhomme qu'on appelait le père Champmathieu. Dernièrement, cet au- 10 tomne, le père Champmathieu a été arrêté pour un vol. On coffre le drôle. Jusqu'ici, ce n'est pas beaucoup plus qu'une affaire correctionnelle. Mais voici qui est de la providence. La geôle étant en mauvais état, M. le juge d'instruction trouve à propos de faire transférer Champ- 15 mathieu à Arras ¹ où est la prison départementale. Dans cette prison d'Arras, il y a un ancien forçat nommé Brevet qui est détenu pour je ne sais quoi et qu'on a fait guiche- tier de chambrée parce qu'il se conduit bien. Monsieur le maire, Champmathieu n'est pas plus tôt débarqué que 20 voilà Brevet qui s'écrie : —Eh ! mais ! je connais cet homme-là. Regardez-moi donc, bonhomme ! Vous êtes Jean Valjean ! —Jean Valjean ! qui ça Jean Valjean ? Le Champmathieu joue l'étonné.—Ne fais donc pas le *sinvre*,² dit Brevet. Tu es Jean Valjean ! Tu as été au bagne de 25 Toulon. Il y a vingt ans. Nous y étions ensemble.— On s'informe à Toulon. Avec Brevet, il n'y a plus que deux forçats qui aient vu Jean Valjean. Ce sont les con- damnés à vie Cochepaille et Chenildieu. On les extrait du bagne et on les fait venir. On les confronte au pré- 30 tendu Champmathieu. Ils n'hésitent pas. Pour eux comme pour Brevet, c'est Jean Valjean. Même âge, il a

cinquante-quatre ans, même taille, même air, même homme enfin, c'est lui. C'est en ce moment-là même que j'envoyais ma dénonciation à la préfecture de Paris. On me répond que je perds l'esprit et que Jean Valjean est à
5 Arras au pouvoir de la justice. Vous concevez si cela m'étonne, moi qui croyais tenir ici ce même Jean Valjean! J'écris à M. le juge d'instruction. Il me fait venir, on m'amène le Champmathieu . . .

— Eh bien? interrompit M. Madeleine.

10 Javert répondit avec son visage incorruptible et triste:

— Monsieur le maire, la vérité est la vérité. J'en suis fâché, mais c'est cet homme-là qui est Jean Valjean. Moi aussi je l'ai reconnu.

M. Madeleine s'était remis à son bureau, lisant et écri-
15 vant tour à tour comme un homme affairé. Il se tourna vers Javert:

— Assez, Javert. Au fait, tous ces détails m'intéressent fort peu. Nous perdons notre temps et nous avons des affaires pressées. Ne m'avez-vous pas dit que vous alliez
20 à Arras pour témoigner dans cette affaire de Champmathieu dans huit ou dix jours! . . .

— Plus tôt que cela, monsieur le maire.

— Quel jour donc?

— Mais je croyais avoir dit à monsieur le maire que
25 cela se jugeait demain et que je partais par la diligence cette nuit.

M. Madeleine fit un mouvement imperceptible.

— Et combien de temps durera l'affaire?

— Un jour tout au plus. L'arrêt sera prononcé au plus
30 tard demain dans la nuit. Mais je n'attendrai pas l'arrêt qui ne peut manquer; sitôt ma déposition faite, je reviendrai ici.

— C'est bon, dit M. Madeleine.

Et il congédia Javert d'un signe de main.

Javert ne s'en alla pas.

— Pardon, monsieur le maire, dit-il.

— Qu'est-ce encore ? demanda M. Madeleine.

— Monsieur le maire, il me reste une chose à **vous** rappeler.

— Laquelle ?

— C'est que je dois être destitué.

M. Madeleine se leva.

— Javert, vous êtes un homme d'honneur, et je vous estime. Vous vous exagérez votre faute. Ceci d'ailleurs est encore une offense qui me concerne. Javert, vous êtes digne de monter et non de descendre. J'entends que vous gardiez votre place.

Javert regarda M. Madeleine avec sa prunelle candide au fond de laquelle il semblait qu'on vît cette conscience peu éclairée, mais rigide et chaste, et il dit d'une voix tranquille :

— Monsieur le maire, je ne puis vous accorder cela.

— Je vous répète, répliqua M. Madeleine, que la chose me regarde.

Mais Javert, attentif à sa seule pensée continua :

— Quant à exagérer, je n'exagère point. Voici comment je raisonne. Je vous ai soupçonné injustement. Cela, ce n'est rien. C'est notre droit à nous autres de soupçonner, quoiqu'il y ait pourtant abus à soupçonner au-dessus de soi. Mais, sans preuves, dans un accès de colère, dans le but de me venger, je vous ai dénoncé comme forçat, vous, un homme respectable, un maire, un magistrat ! ceci est grave, très grave. J'ai offensé l'autorité dans votre personne, moi, agent de l'autorité ! Si l'un de mes subor-

donnés avait fait ce que j'ai fait, je l'aurais déclaré indigne
du service et chassé. Eh bien?—Tenez, monsieur le
maire, encore un mot. J'ai souvent été sévère dans ma
vie. Pour les autres. C'était juste. Je faisais bien.
5 Maintenant, si je n'étais pas sévère pour moi, tout ce que
j'ai fait de juste deviendrait injuste. Est-ce que je dois
m'épargner plus que les autres? Non. Quoi! je n'aurais
été bon qu'à châtier autrui et pas moi! mais je serais un
misérable! mais ceux qui disent: Ce gueux de Javert!
10 auraient raison! Monsieur le maire, je ne souhaite pas
que vous me traitiez avec bonté, votre bonté m'a fait faire
assez de mauvais sang quand elle était pour les autres, je
n'en veux pas pour moi. Monsieur le maire, le bien du
service veut un exemple. Je demande simplement la
15 destitution de l'inspecteur Javert.

Tout cela était prononcé d'un accent humble, fier, désespéré et convaincu, qui donnait je ne sais quelle grandeur
bizarre à cet étrange honnête homme.

— Nous verrons, fit M. Madeleine.
20 Et il lui tendit la main.

Javert recula, et dit d'un ton farouche :

— Pardon, monsieur le maire, mais cela ne doit pas être.
Un maire ne donne pas la main à un mouchard.

Il ajouta entre ses dents :
25 — Mouchard, oui; du moment où j'ai mésusé de la
police, je ne suis plus qu'un mouchard.

Puis il salua profondément, et se dirigea vers la porte.

Là il se retourna, et les yeux toujours baissés :

— Monsieur le maire, dit-il, je continuerai le service
30 jusqu'à ce que je sois remplacé.

Il sortit. M. Madeleine resta rêveur, écoutant ce pas
ferme et assuré qui s'éloignait sur le pavé du corridor.

[Le lecteur a sans doute deviné que M. Madeleine n'est autre que Jean Valjean qui, après une nuit passée dans une lutte épouvantable, décide qu'il doit aller à Arras se faire connaître pour sauver un innocent.   Il arrive au moment où le malheureux, qu'on prend pour un ancien forçat, va être condamné.   Brevet, Chenildieu et Coche- 5 paille, qu'on a fait venir de Toulon pour témoigner, ont identifié Champmathieu.   En sa qualité de maire, Jean Valjean entre par une porte de derrière et s'assied dans la place réservée aux officiers de la cour.   Le président va résumer, mais il est évident que l'accusé est perdu.] 10

En ce moment, un mouvement se fit tout à côté du président.   On entendit une voix qui criait :

— Brevet, Chenildieu, Cochepaille ! regardez de ce côté-ci.

Tous ceux qui entendirent cette voix se sentirent glacés, 15 tant elle était lamentable et terrible.   Les yeux se tournèrent vers le point d'où elle venait.   Un homme, placé parmi les spectateurs privilégiés, qui étaient assis derrière la cour, venait de se lever, avait poussé la porte à hauteur d'appui qui séparait le tribunal du prétoire, et était debout 20 au milieu de la salle.   Le président, l'avocat général, vingt personnes, le reconnurent, et s'écrièrent à la fois :

— Monsieur Madeleine !

C'était lui en effet.   La lampe du greffier éclairait son visage.   Il tenait son chapeau à la main ; il n'y avait au- 25 cun désordre dans ses vêtements, sa redingote était boutonnée avec soin.   Il était très pâle et il tremblait légèrement.   Ses cheveux, gris encore au moment de son arrivée à Arras, étaient maintenant tout à fait blancs.   Ils avaient blanchi depuis une heure qu'il était là.   Toutes 30 les têtes se dressèrent.   La sensation fut indescriptible. Il y eut dans l'auditoire un instant d'hésitation.   La voix avait été si poignante, l'homme qui était là paraissait si

calme, qu'au premier abord on ne comprit pas. Cette indécision ne dura que quelques secondes. Avant même
que le président et l'avocat général eussent pu dire un
mot, avant que les gendarmes et les huissiers eussent pu
5 faire un geste, l'homme, que tous appelaient en ce moment
M. Madeleine, s'était avancé vers les témoins Cochepaille,
Brevet et Chenildieu.

— Vous ne me reconnaissez pas ? dit-il.

Tous trois demeurèrent interdits et indiquèrent par un
10 signe de tête qu'ils ne le connaissaient point. M. Madeleine se tourna vers les jurés et vers la cour et dit d'une
voix douce :

— Messieurs les jurés, faites relâcher l'accusé. Monsieur le président, faites-moi arrêter. L'homme que vous
15 cherchez, ce n'est pas lui, c'est moi. Je suis Jean Valjean.

Pas une bouche ne respirait. A la première commotion de l'étonnement avait succédé un silence de sépulcre.
On sentait dans la salle cette espèce de terreur religieuse
qui saisit la foule lorsque quelque chose de grand s'ac-
20 complit. Cependant le visage du président s'était empreint de sympathie et de tristesse ; il avait échangé un
signe rapide avec l'avocat général et quelques paroles à
voix basse avec les conseillers assesseurs. Il s'adressa
au public et demanda avec un accent qui fut compris de
25 tous :

— Y a-t-il un médecin ici ?

L'avocat général prit la parole :

— Messieurs les jurés, l'incident si étrange et si inattendu qui trouble l'audience ne nous inspire, ainsi qu'à
30 vous, qu'un sentiment que nous n'avons pas besoin d'exprimer. Vous connaissez tous, au moins de réputation,
l'honorable M. Madeleine, maire de Montreuil-sur-Mer.

S'il y a un médecin dans l'auditoire, nous nous joignons à
M. le président pour le prier de vouloir bien assister M.
Madeleine et le reconduire à sa demeure.

M. Madeleine ne laissa point achever l'avocat général.

Il l'interrompit d'un accent plein de mansuétude et 5
d'autorité. Voici les paroles qu'il prononça.

— Je vous remercie, monsieur l'avocat général, mais je
ne suis pas fou. Vous allez voir. Vous étiez sur le point
de commettre une grande erreur, lâchez cet homme, j'ac-
complis un devoir, je suis ce malheureux condamné. Je 10
suis le seul qui voie clair ici, et je vous dis la vérité. Ce
que je fais en ce moment, Dieu, qui est là-haut, le regarde,
et cela suffit. Vous pouvez me prendre, puisque me voilà.
J'avais pourtant fait de mon mieux. Je me suis caché
sous un nom ; je suis devenu riche, je suis devenu maire ; 15
j'ai voulu rentrer parmi les honnêtes gens. Il paraît que
cela ne se peut pas. Enfin, il y a bien des choses que je
ne puis pas dire, je ne vais pas vous raconter ma vie, un
jour on saura. J'ai volé monseigneur l'évêque, cela est
vrai : j'ai volé Petit-Gervais, cela est vrai. On a eu raison 20
de vous dire que Jean Valjean était un malheureux très
méchant. Toute la faute n'est peut-être pas à lui. Les
galères font le galérien. Recueillez cela, si vous voulez.
Avant le bagne, j'étais un pauvre paysan, très peu intelligent, une espèce d'idiot ; le bagne m'a changé. J'étais 25
stupide, je suis devenu méchant ; j'étais bûche, je suis
devenu tison. Plus tard l'indulgence et la bonté m'ont
sauvé, comme la sévérité m'avait perdu. Je n'ai plus rien
à ajouter. Prenez-moi.

Rien ne pourrait rendre ce qu'il y avait de mélancolie 30
bienveillante et sombre dans l'accent qui accompagnait
ces paroles.

Il se tourna vers les trois forçats :

— Eh bien, je vous reconnais, moi ! — Brevet ! vous rappelez-vous ? . . .

Il s'interrompit, hésita un moment, et dit :

5 — . . . Te rappelles-tu ces bretelles en tricot à damier que tu avais au bagne ?

Brevet eut comme une secousse de surprise et le regarda de la tête aux pieds d'un air effrayé. Lui continua :

— Chenildieu, qui te surnommais toi-même, Je-nie-
10 Dieu, tu as toute l'épaule droite brûlée profondément, parce que tu t'es couché un jour l'épaule sur un réchaud plein de braise, pour effacer les trois lettres T. F. P.¹ qu'on y voit toujours cependant. Réponds, est-ce vrai ?

— C'est vrai, dit Chenildieu.

15 Il s'adressa à Cochepaille :

— Cochepaille, tu as près de la saignée² du bras gauche une date gravée en lettres bleues avec de la poudre brûlée. Cette date, c'est celle du débarquement de l'empereur à Cannes,³ 1ᵉʳ *mars* 1815. Relève ta
20 manche.

Cochepaille releva sa manche, tous les regards se penchèrent autour de lui sur son bras nu. Un gendarme approcha une lampe ; la date y était.

Le malheureux homme se tourna vers l'auditoire et vers
25 les juges avec un sourire dont ceux qui l'ont vu sont encore navrés lorsqu'ils y songent. C'était le sourire du triomphe, c'était aussi le sourire du désespoir.

— Vous voyez bien, dit-il, que je suis Jean Valjean.

Il n'y avait plus dans cette enceinte ni juges, ni ac-
30 cusateurs, ni gendarmes ; il n'y avait que des yeux fixes et des cœurs émus. Personne ne se rappelait plus le rôle que chacun pouvait avoir à jouer ; l'avocat général ou-

bliait qu'il était là pour requérir, le président qu'il était là pour présider, le défenseur qu'il était là pour défendre. Chose frappante, aucune question ne fut faite, aucune autorité n'intervint.

Il était évident qu'on avait sous les yeux Jean Valjean. 5 Sans qu'il fût besoin d'aucune explication désormais, toute cette foule, comme par une sorte de révélation électrique, comprit tout de suite et d'un seul coup d'œil cette simple et magnifique histoire d'un homme qui se livrait pour qu'un autre homme ne fût pas condamné à sa place. 10

— Je ne veux pas déranger davantage l'audience, reprit Jean Valjean. Je m'en vais, puisqu'on ne m'arrête pas. J'ai plusieurs choses à faire. M. l'avocat général sait qui je suis, il sait où je vais, il me fera arrêter quand il voudra. 15

Il se dirigea vers la porte de sortie. Pas une voix ne s'éleva, pas un bras ne s'étendit pour l'empêcher. Il traversa la foule à pas lents. On n'a jamais su qui ouvrit la porte, mais il est certain que la porte se trouva ouverte lorsqu'il y parvint. Arrivé là, il se retourna et dit : 20

— Monsieur l'avocat général, je reste à votre disposition.

Puis il s'adressa à l'auditoire :

— Vous tous, tous ceux qui sont ici, vous me trouvez digne de pitié, n'est-ce pas ? Mon Dieu ! quand je pense 25 à ce que j'ai été sur le point de faire, je me trouve digne d'envie. Cependant j'aurais mieux aimé que tout ceci n'arrivât pas.

Il sortit, et la porte se referma comme elle avait été ouverte. Moins d'une heure après, le verdict du jury dé- 30 chargeait de toute accusation Champmathieu.

## VIII

[Jean Valjean avait promis à Fantine qu'il lui chercherait son enfant.   Elle est malade à l'hôpital et l'attend.]

Le jour commençait à poindre.   Fantine avait eu une nuit de fièvre et d'insomnie, pleine d'ailleurs d'images
5 heureuses; au matin, elle s'endormit.   Tout à coup la sœur Simplice qui l'avait veillée tourna la tête et fit un léger cri.   M. Madeleine était devant elle.   Il venait d'entrer silencieusement.

—C'est vous, monsieur le maire ! s'écria-t-elle.

10   Il répondit, à voix basse :

—Comment va cette pauvre femme ?

—Pas mal en ce moment.   Mais nous avons été bien inquiets, allez[1] !

Elle lui expliqua ce qui s'était passé, que Fantine était
15 bien mal la veille et que maintenant elle était mieux, parce qu'elle croyait que monsieur le maire était allé chercher son enfant à Monfermeil.   La sœur n'osa pas interroger monsieur le maire ; mais elle vit bien à son air que ce n'était point de là qu'il venait.

20   —Tout cela est bien, dit-il, vous avez eu raison de ne pas la détromper.

—Oui, reprit la sœur, mais maintenant, monsieur le maire, qu'elle va vous voir et qu'elle ne verra pas son enfant, que lui dirons-nous ?

25   Il resta un moment rêveur.

—Dieu nous inspirera, dit-il.   Alors il demanda : Puis-je la voir ?

—Est-ce que monsieur le maire ne lui fera pas revenir son enfant ? dit la sœur, osant à peine hasarder une ques-
30 tion.

— Sans doute, mais il faut au moins deux ou trois jours.

— Si elle ne voyait pas monsieur le maire d'ici là, reprit timidement la sœur, elle ne saurait pas que monsieur le maire est de retour, il serait aisé de lui faire prendre patience, et quand l'enfant arriverait, elle penserait tout naturellement que monsieur le maire est arrivé avec l'enfant. On n'aurait pas de mensonge à faire.

M. Madeleine parut réfléchir quelques instants, puis il dit avec sa gravité calme :

— Non, ma sœur, il faut que je la voie. Je suis peutêtre pressé.

La religieuse ne sembla pas remarquer ce mot «peutêtre,» qui donnait un sens obscur et singulier aux paroles de monsieur le maire. Elle répondit en baissant les yeux et la voix respectueusement :

— En ce cas monsieur le maire peut entrer.

Il fit quelques observations sur une porte qui fermait mal, et dont le bruit pouvait réveiller la malade, puis il entra dans la chambre de Fantine, s'approcha du lit et entr'ouvrit les rideaux. Elle dormait. Sa pâleur était devenue de la blancheur; ses joues étaient vermeilles. Ses longs cils blonds, la seule beauté qui lui fût restée de sa virginité et de sa jeunesse, palpitaient tout en demeurant clos et baissés.

M. Madeleine resta quelque temps immobile près de ce lit, regardant tour à tour la malade et le crucifix, comme il faisait deux mois auparavant, le jour où il était venu pour la première fois la voir dans cet asile. Ils étaient encore là tous les deux dans la même attitude; elle dormant, lui priant; seulement maintenant, depuis ces deux mois écoulés, elle avait des cheveux gris et lui des cheveux blancs.

La sœur n'était pas entrée avec lui. Il se tenait près de ce lit, debout, le doigt sur la bouche, comme s'il y eût dans la chambre quelqu'un à faire taire. Elle ouvrit les yeux, le vit, et dit paisiblement, avec un sourire :

5 — Et Cosette ?

Elle n'eut pas un mouvement de surprise, ni un mouvement de joie ; elle était la joie même. Cette simple question : — Et Cosette ? fut faite avec une foi si profonde, avec tant de certitude, avec une absence si complète d'in-
10 quiétude et de doute, qu'il ne trouva pas une parole. Elle continua :

— Je savais que vous étiez là, je dormais, mais je vous voyais. Il y a longtemps que je vous vois, je vous ai suivi des yeux toute la nuit.

15 Il leva son regard vers le crucifix.

— Mais, reprit-elle, dites-moi donc où est Cosette ?

Il répondit machinalement quelque chose qu'il n'a jamais pu se rappeler plus tard. Heureusement le médecin, averti, était survenu. Il vint en aide à M. Madeleine.

20 — Mon enfant, dit le médecin, calmez-vous. Votre enfant est là.

Les yeux de Fantine s'illuminèrent et couvrirent de clarté tout son visage. Elle joignit les mains avec une expression qui contenait tout ce que la prière peut avoir à
25 la fois de plus violent et de plus doux.

— Oh ! s'écria-t-elle, apportez-la-moi !

Touchante illusion de mère ! Cosette était toujours pour elle le petit enfant qu'on apporte.

— Pas encore, reprit le médecin, pas en ce moment.
30 Vous avez un reste de fièvre. La vue de votre enfant vous agiterait et vous ferait du mal.

Elle l'interrompit impétueusement :

— Mais je suis guérie! je vous dis que je suis guérie!

—Vous voyez, dit le médecin, comme vous vous emportez. Tant que vous serez ainsi, je m'opposerai à ce que vous ayez votre enfant. Quand vous serez raisonnable, je vous l'amènerai moi-même. 5

La pauvre mère courba la tête.

— Je vous demande pardon, je vous demande vraiment bien pardon. Quand monsieur le médecin voudra, il m'apportera ma Cosette. Je n'ai plus de fièvre, puisque je suis guérie; je sens bien que je n'ai plus rien du tout; 10 mais je vais faire comme si j'étais malade et ne pas bouger pour faire plaisir aux dames d'ici. Quand on verra que je suis bien tranquille, on dira: il faut lui donner son enfant.

M. Madeleine s'était assis sur une chaise qui était à 15 côté du lit. Elle se tourna vers lui; elle faisait visiblement effort pour paraître calme et «bien sage,» comme elle disait dans cet affaiblissement de la maladie qui ressemble à l'enfance, afin que, la voyant si paisible, on ne fît pas difficulté de lui amener Cosette. Cependant, tout 20 en se contenant, elle ne pouvait s'empêcher d'adresser à M. Madeleine mille questions.

— Avez-vous fait un bon voyage, monsieur le maire? Oh! comme vous êtes bon d'avoir été me la chercher! Hélas! elle ne me reconnaîtra pas! Depuis le temps, elle 25 m'a oubliée! Les enfants, cela n'a pas de mémoire. C'est comme des oiseaux. Aujourd'hui cela voit une chose et demain une autre, et cela ne pense plus à rien. Est-ce qu'on ne pourrait pas l'amener rien qu'un petit moment? On la remporterait tout de suite après. Dites! 30 vous qui êtes le maître, si vous vouliez!

Il lui prit la main:—Cosette se porte bien, vous la

verrez bientôt, mais apaisez-vous. Vous parlez trop vivement, et puis vous sortez vos bras du lit, et cela vous fait tousser.

En effet, des quintes de toux interrompaient Fantine presque à chaque mot.

Fantine ne murmura pas, elle craignit d'avoir compromis par quelques plaintes trop passionnées la confiance qu'elle voulait inspirer. M. Madeleine lui tenait toujours la main, il la considérait avec anxiété ; il était évident qu'il était venu pour lui dire des choses devant lesquelles sa pensée hésitait maintenant. Le médecin, sa visite faite, s'était retiré. La sœur Simplice était seule restée auprès d'eux.

Cependant, au milieu de ce silence, Fantine s'écria :

— Je l'entends, mon Dieu ! je l'entends !

Elle étendit le bras pour qu'on se tût autour d'elle, retint son souffle, et se mit à écouter avec ravissement.

Il y avait un enfant qui jouait dans la cour ; l'enfant de la portière ou d'une ouvrière quelconque. L'enfant — c'était une petite fille — allait, venait, courait pour se réchauffer, riait et chantait à haute voix. C'était cette petite fille que Fantine entendait chanter.

— Oh ! reprit-elle, c'est ma Cosette ! je reconnais sa voix !

L'enfant s'éloigna comme il était venu, la voix s'éteignit. Fantine écouta encore quelque temps, puis son visage s'assombrit, et M. Madeleine l'entendit qui disait à voix basse : — Comme ce médecin est méchant de ne pas me laisser voir ma fille !

Cependant le fond riant de ses idées revint. Elle continua de se parler à elle-même, la tête sur l'oreiller : — Comme nous allons être heureuses ! Nous aurons un petit jardin, d'abord ! M. Madeleine me l'a promis. Ma fille jouera dans le jardin. Elle doit savoir ses lettres maintenant. Je la ferai épeler. Elle courra dans l'herbe après les papillons. Je la regarderai.

Et elle se mit à rire.

Il avait quitté la main de Fantine. Il écoutait ces paroles comme on écoute un vent qui souffle, les yeux à terre, l'esprit plongé dans des réflexions sans fond. Tout à coup elle cessa de parler, cela lui fit lever machinalement la tête. Fantine était devenue effrayante. Elle ne parlait plus, elle ne respirait plus ; elle s'était soulevée à demi sur son séant ; son visage, radieux le moment d'auparavant, était blême, et elle paraissait fixer sur quelque chose de formidable, devant elle, à l'autre extrémité de la chambre, son œil agrandi par la terreur.

— Mon Dieu! s'écria-t-il. Qu'avez-vous, Fantine?

Elle ne répondit pas, elle ne quitta point des yeux l'objet quelconque qu'elle semblait voir ; elle lui quitta le bras d'une main, et de l'autre lui fit signe de regarder derrière lui.

Il se retourna, et vit Javert.

La Fantine n'avait point vu Javert depuis le jour où M. le maire l'avait arrachée à cet homme. Son cerveau malade ne se rendit compte de rien, seulement elle ne douta pas qu'il ne revînt la chercher. Elle ne put supporter cette figure affreuse et elle cacha son visage de ses deux mains et cria avec angoisse :

— Monsieur Madeleine, sauvez-moi !

Jean Valjean, — nous ne le nommerons plus désormais autrement, — s'était levé. Il dit à Fantine de sa voix la plus douce et la plus calme :

— Soyez tranquille. Ce n'est pas pour vous qu'il vient.

Puis il s'adressa à Javert et lui dit :

— Je sais ce que vous voulez.

Javert répondit:

— Allons vite!

Il y eut dans l'inflexion qui accompagna ces deux mots
je ne sais quoi de fauve¹ et de frénétique.   Aucune orthographe ne pourrait rendre l'accent dont cela fut prononcé;
ce n'était plus une parole humaine: c'était un rugissement.

Au cri de Javert, Fantine avait rouvert les yeux.   Mais
M. le maire était là, que pouvait-elle craindre?

Javert avança au milieu de la chambre et cria:

— Ah çà! viendras-tu?

La malheureuse regarda autour d'elle.   Alors elle vit
une chose inouïe, tellement inouïe que jamais rien de pareil
ne lui était apparu dans les plus noirs délires de la fièvre.
Elle vit le mouchard Javert saisir au collet M. le maire;
elle vit M. le maire courber la tête.   Il lui sembla que le
monde s'évanouissait.

Javert, en effet, avait pris Jean Valjean au collet.

— Monsieur le maire! cria Fantine.

Javert éclata de rire, de cet affreux rire qui lui déchaus-
sait toutes les dents.

—Il n'y a plus de monsieur le maire ici!

Jean Valjean n'essaya pas de déranger la main qui tenait le col de sa redingote.   Il dit:

— Javert. . . .

Javert l'interrompit:— Appelle-moi monsieur l'inspecteur.

— Monsieur, reprit Jean Valjean, je voudrais vous dire
un mot en particulier.

— Tout haut! parle tout haut, répondit Javert: on me
parle tout haut à moi!

Jean Valjean continua en baissant la voix:

— C'est une prière que j'ai à vous faire. . . .

— Je te dis de parler tout haut.

— Mais cela ne doit être entendu que de vous seul. . . .

— Qu'est-ce que cela me fait ? je n'écoute pas !

Jean Valjean se tourna vers lui et lui dit rapidement et 5 très bas :

— Accordez-moi trois jours ! Trois jours pour aller chercher l'enfant de cette malheureuse femme. Je payerai ce qu'il faudra. Vous m'accompagnerez si vous voulez.

— Tu veux rire ! cria Javert. Ah çà, je ne te croyais 10 pas bête ! Tu me demandes trois jours pour t'en aller ! Tu dis que c'est pour aller chercher l'enfant de cette fille ! Ah ! ah ! c'est bon ! voilà qui est bon !

Fantine eut un tremblement.

— Mon enfant ! s'écria-t-elle, allez chercher mon en- 15 fant ! Elle n'est donc pas ici ! Ma sœur, répondez-moi, où est Cosette ? je veux mon enfant ! monsieur Madeleine, monsieur le maire !

Javert frappa du pied.

— Voilà l'autre, à présent ! Te tairas-tu, drôlesse ? 20

Il regarda fixement Fantine et ajouta, en reprenant à poignée la cravate, la chemise et le collet de Jean Val- jean :

— Je te dis qu'il n'y a point de monsieur Madeleine et qu'il n'y a point de monsieur le maire. Il y a un voleur, 25 il y a un brigand, il y a un forçat appelé Jean Valjean ! c'est lui que je tiens ! voilà ce qu'il y a !

Fantine se dressa en sursaut, appuyée sur ses bras roides et sur ses deux mains ; elle regarda Jean Valjean, elle regarda Javert, elle regarda la religieuse, elle ouvrit la 30 bouche comme pour parler, un râle sortit du fond de sa gorge, ses dents claquèrent ; elle étendit les bras avec angoisse, ouvrant convulsivement les mains, et cherchant autour d'elle comme quelqu'un qui se noie, puis elle s'affaissa subitement sur l'oreiller.

Elle était morte.

5    Jean Valjean posa sa main sur la main de Javert qui le tenait, et l'ouvrit comme il eût ouvert la main d'un enfant, puis il dit à Javert :

—Vous avez tué cette femme.

—Finirons-nous ! cria Javert furieux, je ne suis pas ici 10 pour entendre des raisons.

Il y avait dans un coin de la chambre un vieux lit en assez mauvais état. Jean Valjean alla à ce lit, disloqua en un clin d'œil le chevet déjà fort délabré, saisit à poigne-main¹ la maîtresse tringle,² et considéra Javert. Javert 15 recula vers la porte.

Jean Valjean, sa barre de fer au poing, marcha lentement vers le lit de Fantine. Quand il y fut parvenu, il se retourna et dit à Javert d'une voix qu'on entendait à peine :

20    —Je ne vous conseille pas de me déranger en ce moment.

Ce qui est certain, c'est que Javert tremblait. Il eut l'idée d'aller appeler la garde, mais Jean Valjean pouvait profiter de cette minute pour s'évader. Il resta donc, saisit sa canne par le petit bout, et s'adossa au chambranle 25 de la porte sans quitter du regard Jean Valjean.

Jean Valjean posa son coude sur la pomme du chevet du lit et son front sur sa main, et se mit à contempler Fantine immobile et étendue. Il demeura ainsi absorbé, muet, et ne songeant évidemment plus à aucune chose de 30 cette vie. Il n'y avait plus rien sur son visage et dans son attitude qu'une inexprimable pitié. Après quelques instants de cette rêverie, il prit dans ses deux mains la tête de Fantine et l'arrangea sur l'oreiller comme une mère eût fait pour son enfant. Cela fait, il lui ferma les yeux.

La face de Fantine en cet instant semblait étrangement éclairée.

La mort, c'est l'entrée dans la grande lueur. 5

La main de Fantine pendait hors du lit. Jean Valjean s'agenouilla devant cette main, la souleva doucement et la baisa. Puis il se redressa et se tournant vers Javert:

— Maintenant, dit-il, je suis à vous.

Javert déposa Jean Valjean à la prison de la ville. 10 L'arrestation de M. Madeleine produisit à Montreuil-sur-Mer une sensation, ou pour mieux dire une commotion extraordinaire. Nous sommes triste de ne pouvoir dissimuler que sur ce seul mot : *C'était un galérien*, tout le monde à peu près l'abandonna. Trois ou quatre person- 15 nes seulement dans toute la ville restèrent fidèles à cette mémoire. La vieille portière qui l'avait servi fut du nombre.

Le soir de ce même jour, cette digne vieille était assise dans sa loge, encore tout effarée et réfléchissant triste- 20 ment. Il n'y avait dans la maison que les deux religieuses, sœur Perpétue et sœur Simplice, qui veillaient près du corps de Fantine. Vers l'heure où M. Madeleine avait coutume de rentrer, la brave portière se leva machinalement, prit la clef de la chambre de M. Madeleine 25 dans un tiroir et le bougeoir dont il se servait tous les soirs pour monter chez lui, puis elle accrocha la clef au clou où il la prenait d'habitude et plaça le bougeoir à côté, comme si elle l'attendait. Ensuite elle se rassit sur sa chaise et se remit à songer. Ce ne fut qu'au bout de plus 30 de deux heures qu'elle sortit de sa rêverie et s'écria: Tiens ! moi qui ai mis sa clef au clou !

En ce moment, la vitre de la loge s'ouvrit, une main passa par l'ouverture, saisit la clef et le bougeoir, et alluma la bougie à la chandelle qui brûlait.

La portière leva les yeux et resta béante, avec un cri dans le gosier qu'elle retint. Elle connaissait cette main, ce bras, cette manche. C'était M. Madeleine.

Elle fut quelques secondes avant de pouvoir parler.

— Mon Dieu, monsieur le maire, s'écria-t-elle enfin, je vous croyais . . .

Elle s'arrêta, la fin de la phrase eût manqué de respect au commencement. Jean Valjean était toujours pour elle monsieur le maire. Il acheva sa pensée.

— En prison, dit-il. J'y étais, j'ai brisé un barreau d'une fenêtre, je me suis laissé tomber du haut d'un toit, et me voici. Je monte à ma chambre, allez me chercher la sœur Simplice.

La vieille obéit en toute hâte.

Il monta l'escalier qui conduisait à sa chambre. Arrivé en haut, il laissa son bougeoir sur les dernières marches de l'escalier, ouvrit sa porte avec peu de bruit, et alla fermer à tâtons sa fenêtre et son volet, puis il revint prendre sa bougie et rentra dans sa chambre.

Il jeta un coup d'œil autour de lui, sur sa table, sur sa chaise, sur son lit qui n'avait pas été défait depuis trois jours. Seulement la portière avait ramassé dans les cendres et posé proprement sur la table les deux bouts du bâton ferré et la pièce de quarante sous noircie par le feu.

Il prit une feuille de papier sur laquelle il écrivit: *Voici les deux bouts de mon bâton ferré et la pièce de quarante sous volée à Petit-Gervais dont j'ai parlé à la cour d'assises,* et il posa sur cette feuille la pièce d'argent et les deux morceaux de fer, de façon que ce fût la première chose qu'on aperçût en entrant dans la chambre. Il tira d'une armoire une vieille chemise à lui qu'il déchira. Cela fit quelques morceaux de toile dans lesquels il emballa les deux flambeaux d'argent. Du reste, il n'avait ni hâte ni agitation. 5

On frappa deux petits coups à la porte.

— Entrez, dit-il.

C'était la sœur Simplice. Elle était pâle, elle avait les yeux rouges, la chandelle qu'elle tenait vacillait dans sa main. 10

Jean Valjean venait d'écrire quelques lignes sur un papier qu'il tendit à la religieuse en disant : — Ma sœur, vous remettrez ceci à M. le curé.

Le papier était déplié. Elle y jeta les yeux.

— Vous pouvez lire, dit-il. 15

Elle lut :

«Je prie monsieur le curé de veiller sur tout ce que je laisse ici. Il voudra bien payer là-dessus les frais de mon procès et l'enterrement de la femme qui est morte aujourd'hui. Le reste sera aux pauvres.» 20

La sœur voulut parler, mais elle put à peine balbutier quelques sons inarticulés. Elle parvint cependant à dire :

— Est-ce que monsieur le maire ne désire pas revoir une dernière fois cette pauvre malheureuse ?

— Non, dit-il, on est à ma poursuite. 25

Il achevait à peine qu'un grand bruit se fit dans l'escalier. Ils entendirent un tumulte de pas qui montaient, et la vieille portière qui disait de sa voix la plus haute et la plus perçante :

— Mon bon monsieur, je vous jure le bon Dieu qu'il 30 n'est entré personne ici de toute la journée, de toute la soirée, que même je n'ai pas quitté ma porte !

Un homme répondit:

— Cependant il y a de la lumière dans cette chambre.

Ils reconnurent la voix de Javert.

La chambre était disposée de façon que la porte en s'ouvrant masquait l'angle du mur à droite. Jean Valjean souffla la bougie et se mit dans cet angle.

La sœur Simplice tomba à genoux près de la table.

La porte s'ouvrit. Javert entra.

La religieuse ne leva pas les yeux. Elle priait. La chandelle était sur la cheminée et ne donnait que peu de clarté. Javert aperçut la sœur et s'arrêta interdit.

On se rappelle que le fond même de Javert, son élément, son milieu respirable, c'était la vénération de toute autorité. Pour lui, bien entendu, l'autorité ecclésiastique était la première de toutes; il était religieux, superficiel et correct sur ce point comme sur tous. A ses yeux, un prêtre était un esprit qui ne se trompe pas, une religieuse était une créature qui ne pèche pas.

En apercevant la sœur, son premier mouvement fut de se retirer. Cependant il y avait aussi un autre devoir qui le tenait, et qui le poussait impérieusement en sens inverse. Son second mouvement fut de rester, et de hasarder au moins une question. C'était cette sœur Simplice qui n'avait menti de sa vie. Javert le savait, et la vénérait particulièrement à cause de cela.

— Ma sœur, dit-il, êtes-vous seule dans cette chambre?

Il y eut un moment affreux pendant lequel la pauvre portière se sentit défaillir.

La sœur leva les yeux et répondit:

— Oui.

— Ainsi, reprit Javert, excusez-moi si j'insiste, c'est mon devoir, vous n'avez pas vu ce soir une personne, un homme, il s'est évadé, nous le cherchons, — ce nommé Jean Valjean, vous ne l'avez pas vu?

La sœur répondit : — Non.

Elle mentit. Elle mentit deux fois de suite, coup sur coup, sans hésiter, rapidement, comme on se dévoue. 5

— Pardon, dit Javert, et il se retira en saluant profondément.

O sainte fille! vous n'êtes plus de ce monde depuis beaucoup d'années ; vous avez rejoint dans la lumière vos sœurs les vierges et vos frères les anges ; que ce men- 10 songe vous soit compté dans le paradis!

L'affirmation de la sœur fut pour Javert quelque chose de si décisif, qu'il ne remarqua même pas la singularité de cette bougie qu'on venait de souffler et qui fumait sur la table. Une heure après, un homme, marchant à travers 15 les arbres et les brumes, s'éloignait rapidement de Montreuil-sur-Mer dans la direction de Paris. Cet homme était Jean Valjean.

# DEUXIÈME PARTIE

## COSETTE

### I

[Jean Valjean a été repris et ramené à Toulon.]

Vers la fin d'octobre de cette même année 1823, les habitants de Toulon virent rentrer dans leur port, à la suite d'un gros temps et pour réparer quelques avaries, le
5 vaisseau l'*Orion*. Ce bâtiment, tout écloppé qu'il était, car la mer l'avait malmené, fit de l'effet en entrant dans la rade.

Tous les jours donc, du matin au soir, les quais, les musoirs [1] et les jetées du port de Toulon étaient couverts
10 d'une quantité d'oisifs et de badauds, comme on dit à Paris, ayant pour affaire de regarder l'*Orion*.

Un matin, la foule qui le contemplait fut témoin d'un accident. L'équipage était occupé à enverguer les voiles. Le gabier chargé de prendre l'empointure [2] du grand hu-
15 nier tribord perdit l'équilibre. On le vit chanceler, la multitude amassée sur le quai de l'Arsenal jeta un cri, la tête emporta le corps, l'homme tourna autour de la vergue, les mains étendues vers l'abîme; il saisit, au passage, le marchepied d'une main d'abord, puis de l'autre, et il y
20 resta suspendu. La mer était au-dessous de lui à une profondeur vertigineuse. La secousse de sa chute avait imprimé au marchepied un violent mouvement d'escarpolette. L'homme allait et venait au bout de cette corde comme la pierre d'une fronde.

Aller à son secours, c'était courir un risque effrayant.
Aucun des matelots, tous pêcheurs de la côte nouvellement levés pour le service, n'osait s'y aventurer. Cependant le malheureux gabier se fatiguait; on ne pouvait voir
son angoisse sur son visage, mais on distinguait dans tous 5
ses membres son épuisement. Ses bras se tordaient dans
un tiraillement horrible. Chaque effort qu'il faisait pour
remonter ne servait qu'à augmenter les oscillations du
marchepied.

Tout à coup, on aperçut un homme qui grimpait dans 10
le gréement avec l'agilité d'un chat-tigre. Cet homme
était vêtu de rouge, c'était un forçat; il avait un bonnet
vert, c'était un forçat à vie. Arrivé à la hauteur de la
hune, un coup de vent emporta son bonnet et laissa voir
une tête toute blanche; ce n'était pas un jeune homme. 15

Un forçat, en effet, employé à bord avec une corvée du
bagne,¹ avait dès le premier moment couru à l'officier de
quart et avait demandé à l'officier la permission de risquer
sa vie pour sauver le gabier. Sur un signe affirmatif de
l'officer, il avait pris une corde, et il s'était élancé dans 20
les haubans. En un clin d'œil il fut sur la vergue. Il
s'arrêta quelques secondes et parut la mesurer du regard.
Ces secondes, pendant lesquelles le vent balançait le
gabier à l'extrémité d'un fil, semblèrent des siècles à ceux
qui regardaient. Enfin le forçat leva les yeux au ciel et 25
fit un pas en avant. La foule respira. On le vit parcourir la vergue en courant. Parvenu à la pointe, il y
attacha un bout de la corde qu'il avait apportée et laissa
pendre l'autre bout, puis il se mit à descendre avec les
mains le long de cette corde, et alors, ce fut une inexpri- 30
mable angoisse, au lieu d'un homme suspendu sur le gouffre,
on en vit deux.

Cependant le forçat était parvenu à s'affaler près du matelot. Il était temps ; une minute de plus, l'homme, épuisé et désespéré, se laissait tomber dans l'abîme ; le forçat l'avait amarré solidement avec la corde à laquelle il se tenait d'une main pendant qu'il travaillait de l'autre. Enfin on le vit remonter sur la vergue et y haler le matelot ; il le soutint là un instant pour lui laisser reprendre ses forces, puis il le saisit dans ses bras et le porta en marchant sur la vergue jusqu'au chouquet, et de là dans la hune où il le laissa dans les mains de ses camarades.

Lui, cependant, s'était mis en devoir de redescendre immédiatement pour rejoindre sa corvée. Pour être plus promptement arrivé, il se laissa glisser dans le gréement et se mit à courir sur une basse vergue. Tous les yeux le suivaient. A un certain moment, on eut peur ; soit qu'il fût fatigué, soit que la tête lui tournât, on crut le voir hésiter et chanceler. Tout à coup la foule poussa un grand cri, le forçat venait de tomber à la mer. La chute était périlleuse. La frégate l'*Algésiras* était mouillée auprès de l'*Orion*, et le pauvre galérien était tombé entre les deux navires. Il était à craindre qu'il ne glissât sous l'un ou sous l'autre. Quatre hommes se jetèrent en hâte dans une embarcation. La foule les encourageait, l'anxiété était de nouveau dans toutes les âmes. L'homme n'était pas remonté à la surface. On chercha jusqu'au soir ; on ne retrouva pas même le corps.

Le lendemain, le journal de Toulon imprimait ces quelques lignes :

— «17 novembre 1823. Hier, un forçat, de corvée à «bord de l'*Orion*, en revenant de porter secours à un «matelot, est tombé à la mer et s'est noyé. On n'a pu «retrouver son cadavre. On présume qu'il se sera engagé «sous les pilotis de la pointe de l'Arsenal. Cet homme «était écroué sous le n° 9430 et se nommait Jean Val-«jean.»

## II.

Montfermeil est aujourd'hui un assez gros bourg orné, toute l'année, de villas en plâtre, et, le dimanche, de 5 bourgeois épanouis. En 1823, il n'y avait à Montfermeil ni tant de maisons blanches ni tant de bourgeois satisfaits; ce n'était qu'un village dans les bois. C'était un endroit paisible et charmant; on y vivait à bon marché de cette vie paysanne si abondante et si facile. Seulement l'eau y 10 était rare à cause de l'élévation du plateau.

Il fallait aller la chercher assez loin. C'était donc une assez rude besogne pour chaque ménage que cet approvisionnement de l'eau. Les grosses maisons, l'aristocratie, la gargote Thénardier en faisait partie, payaient un liard 15 par seau d'eau à un bonhomme dont c'était l'état et qui gagnait à cette entreprise des eaux de Montfermeil environ huit sous par jour; mais ce bonhomme ne travaillait que jusqu'à sept heures du soir l'été et jusqu'à cinq heures l'hiver, et une fois la nuit venue, qui n'avait pas d'eau à 20 boire en allait chercher ou s'en passait.

C'était là la terreur de la pauvre petite Cosette. Cosette était utile aux Thénardier de deux manières, ils se faisaient payer par la mère et ils se faisaient servir par l'enfant. Elle leur remplaçait une servante. En cette qualité c'était 25 elle qui courait chercher de l'eau quand il en fallait. Aussi l'enfant, fort épouvantée de l'idée d'aller à la source la nuit, avait-elle grand soin que l'eau ne manquât jamais à la maison.

La Noël de l'année 1823 fut particulièrement brillante 30

à Montfermeil.  Le commencement de l'hiver avait été
doux, il n'avait encore ni gelé ni neigé.  Des bateleurs
venus de Paris avaient obtenu de M. le maire la permission de dresser leurs baraques dans la grande rue du
village, et une bande de marchands ambulants avait, sous
la même tolérance, construit ses échoppes sur la place de
l'Église et jusque dans la ruelle où était située la gargote
des Thénardier.  Cela emplissait les auberges et les caba-
rets, et donnait à ce petit pays tranquille une vie bruyante
et joyeuse.

Dans la soirée même de Noël, plusieurs hommes, rouliers et colporteurs, étaient attablés et buvaient autour de
quatre ou cinq chandelles dans la salle basse de l'auberge
Thénardier.  Cosette était à sa place ordinaire, assise sur
la traverse de la table de cuisine près de la cheminée ;
elle était en haillons ; elle avait ses pieds nus dans des
sabots, et elle tricotait, à la lueur du feu, des bas de laine
destinés aux petites Thénardier.

Il était arrivé quatre nouveaux voyageurs.

Cosette songeait tristement ; car, quoiqu'elle n'eût que
huit ans, elle avait déjà tant souffert qu'elle rêvait avec
l'air lugubre d'une vieille femme.  Elle pensait donc qu'il
était nuit, très nuit, qu'il avait fallu remplir à l'improviste
les pots et les carafes dans les chambres des voyageurs
survenus, et qu'il n'y avait plus d'eau dans la fontaine.
Ce qui la rassurait un peu, c'est qu'on ne buvait pas beaucoup d'eau dans la maison Thénardier.  Il ne manquait
pas là de gens qui avaient soif ; mais c'était de cette soif
qui s'adresse plus volontiers au broc qu'à la cruche.  Qui
eût demandé un verre d'eau parmi ces verres de vin eût
semblé un sauvage à tous ces hommes.

De temps en temps, un des buveurs regardait dans la

rue et s'exclamait : — Il fait noir comme dans un four ! —
ou : — Il faut être chat pour aller dans la rue sans lanterne
à cette heure-ci ! — Et Cosette tressaillait.

Tout à coup, un des marchands colporteurs logés dans
l'auberge entra, et dit d'une voix dure :                          5

— On n'a pas donné à boire à mon cheval.

— Si fait,¹ vraiment, dit la Thénardier.

— Je vous dis que non, la mère, reprit le marchand.

Cosette était sortie de dessous la table.

— Oh ! si ! monsieur ! dit-elle, le cheval a bu, il a bu  10
dans le seau, plein le seau, et même que c'est moi qui lui
ai porté à boire, et je lui ai parlé.

Ce n'était pas vrai, Cosette mentait.

— Allons, reprit le marchand avec colère, ce n'est pas tout
ça ; qu'on donne à boire à mon cheval, et que cela finisse !  15

Cosette rentra sous la table.

— Au fait ! c'est juste, dit la Thénardier, si cette bête
n'a pas bu, il faut qu'elle boive.

Puis, regardant autour d'elle :

— Eh bien ! où est donc cette autre ?                          20

Elle se pencha et découvrit Cosette blottie à l'autre bout
de la table, presque sous les pieds des buveurs.

— Vas-tu venir ? cria la Thénardier.

Cosette sortit de l'espèce de trou où elle s'était cachée.
La Thénardier reprit :                                          25

— Va porter boire à ce cheval.

— Mais, madame, dit Cosette faiblement, c'est qu'il n'y
a pas d'eau.

La Thénardier ouvrit toute grande la porte de la rue :

— Eh bien, va en chercher !                                    30

Puis elle fouilla dans un tiroir où il y avait des sous, du
poivre et des échalotes.

— Tiens, mamselle Crapaud, ajouta-t-elle, en revenant
tu prendras un gros pain chez le boulanger.   Voilà une
pièce de quinze sous.

Cosette avait une petite poche de côté à son tablier ;
5 elle prit la pièce sans dire un mot, et la mit dans cette
poche.   Puis elle resta immobile le seau à la main, la
porte ouverte devant elle.

— Va donc ! cria la Thénardier.

Cosette sortit.   La porte se referma.

10   Cosette traversa le labyrinthe de rues tortueuses et désertes qui termine le village de Montfermeil.   Tant qu'elle
eut des maisons et même seulement des murs des deux
côtés de son chemin, elle alla assez hardiment.   De temps
en temps, elle voyait le rayonnement d'une chandelle à
15 travers la fente d'un volet, c'était de la lumière et de la
vie, il y avait là des gens, cela la rassurait.   Cependant,
à mesure qu'elle avançait, sa marche se ralentissait comme machinalement.   Quand elle eut passé l'angle de la
dernière maison, Cosette s'arrêta.   Aller au delà de la
20 dernière boutique avait été difficile ; aller plus loin que
la dernière maison, cela devenait impossible. — Bah ! dit-
elle, je lui dirai qu'il n'y avait plus d'eau ! — Et elle rentra
résolument dans Montfermeil.

A peine eut-elle fait cent pas qu'elle s'arrêta encore.
25 Maintenant, c'était la Thénardier qui lui apparaissait ; la
Thénardier, hideuse avec sa bouche d'hyène et la colère
flamboyante dans les yeux.   L'enfant jeta un regard
lamentable en avant et en arrière.   Que faire ? que devenir ? où aller ? Devant elle le spectre de la Thénardier ;
30 derrière elle tous les fantômes de la nuit et des bois.   Ce
fut devant la Thénardier qu'elle recula.   Elle reprit le
chemin de la source et se mit à courir.   Tout en courant,

elle avait envie de pleurer.    Le frémissement nocturne de
la forêt l'enveloppait tout entière.

Il n'y avait que sept ou huit minutes de la lisière du
bois à la source.    Cosette connaissait le chemin pour
l'avoir fait plusieurs fois le jour.    Elle ne jetait les yeux 5
ni à droite ni à gauche, de crainte de voir des choses dans
les branches et dans les broussailles.    Elle arriva ainsi à
la source.

Cosette ne prit pas le temps de respirer.    Il faisait très
noir, mais elle avait l'habitude de venir à cette fontaine. 10
Elle chercha de la main gauche dans l'obscurité un jeune
chêne incliné sur la source qui lui servait ordinairement
de point d'appui, rencontra une branche, s'y suspendit, se
pencha et plongea le seau dans l'eau.    Pendant qu'elle
était ainsi penchée, elle ne fit pas attention que la poche 15
de son tablier se vidait dans la source.    La pièce de
quinze sous tomba dans l'eau.    Cosette ne la vit ni ne
l'entendit tomber.    Elle retira le seau presque plein et le
posa sur l'herbe.    Cela fait, elle s'aperçut qu'elle était
épuisée de lassitude.    Elle fut bien forcée de s'asseoir. 20
Elle se laissa tomber sur l'herbe et y demeura accroupie.
Elle ferma les yeux, puis elle les rouvrit, sans savoir pourquoi, mais ne pouvant faire autrement.

Alors, par une sorte d'instinct, pour sortir de cet état
singulier qu'elle ne comprenait pas, mais qui l'effrayait, 25
elle se mit à compter à haute voix un, deux, trois, quatre,
jusqu'à dix, et quand elle eut fini, elle recommença.    Cela
lui rendit la perception vraie des choses qui l'entouraient.
Elle sentit le froid à ses mains qu'elle avait mouillées en
puisant de l'eau.    Elle se leva.    Son regard tomba sur le 30
seau qui était devant elle.    Elle saisit l'anse à deux mains.
Elle eut de la peine à soulever le seau.

Elle fit ainsi une douzaine de pas, mais le seau était plein, il était lourd, elle fut forcée de le reposer à terre. Elle respira un instant, puis elle enleva l'anse de nouveau, et se remit à marcher, cette fois un peu plus longtemps.
5 Mais il fallut s'arrêter encore. Après quelques secondes de repos, elle repartit. Cependant de temps en temps elle était forcée de s'arrêter, et, chaque fois qu'elle s'arrêtait, l'eau froide qui débordait du seau tombait sur ses jambes nues. Cela se passait au fond d'un bois, la nuit,
10 en hiver, loin de tout regard humain; c'était un enfant de huit ans; il n'y avait que Dieu en ce moment qui voyait cette chose triste.

Cependant elle ne pouvait pas faire beaucoup de chemin de la sorte, et elle allait bien lentement. Elle avait
15 beau diminuer la durée des stations et marcher entre chaque le plus longtemps possible, elle pensait avec angoisse qu'il lui faudrait plus d'une heure pour retourner ainsi à Montfermeil et que la Thénardier la battrait. Cette angoisse se mêlait à son épouvante d'être seule dans
20 le bois la nuit. Elle était harassée de fatigue et n'était pas encore sortie de la forêt. Parvenue près d'un vieux châtaignier qu'elle connaissait, elle fit une dernière halte plus longue que les autres pour se bien reposer, puis elle rassembla toutes ses forces, reprit le seau et se remit à
25 marcher courageusement.

En ce moment, elle sentit tout à coup que le seau ne pesait plus rien. Une main, qui lui parut énorme, venait de saisir l'anse et la soulevait vigoureusement. Elle leva la tête. Une grande forme noire, droite et debout, mar-
30 chait auprès d'elle dans l'obscurité. C'était un homme qui était arrivé derrière elle et qu'elle n'avait pas entendu venir. Cet homme, sans dire un mot, avait empoigné l'anse du seau qu'elle portait.

Il y a des instincts pour toutes les rencontres de la vie. L'enfant n'eut pas peur.

L'homme lui adressa la parole. Il parlait d'une voix grave et presque basse.

— Mon enfant, c'est bien lourd pour vous ce que vous portez là.

Cosette leva la tête et répondit :

— Oui, monsieur.

— Donnez, reprit l'homme, je vais vous le porter.

Cosette lâcha le seau. L'homme se mit à cheminer près d'elle.

— C'est très lourd, en effet, dit-il entre ses dents. Puis il ajouta :

— Petite, quel âge as-tu ?

— Huit ans, monsieur.

L'homme resta un moment sans parler, puis il dit brusquement :

— Tu n'as donc pas de mère ?

— Je ne sais pas, répondit l'enfant.

Avant que l'homme eût eu le temps de reprendre la parole, elle ajouta :

— Je ne crois pas. Les autres en ont. Moi, je n'en ai pas.

Et après un silence, elle reprit :

— Je crois que je n'en ai jamais eu.

L'homme s'arrêta, il posa le seau à terre, se pencha et mit ses deux mains sur les deux épaules de l'enfant, faisant effort pour la regarder et voir son visage dans l'obscurité.

— Comment t'appelles-tu ? dit l'homme.

— Cosette.

L'homme eut comme une secousse électrique. Il la regarda encore, puis il saisit le seau, et se remit à marcher

Au bout d'un instant, il demanda :

— Petite, où demeures-tu ?

— A Montfermeil si vous connaissez.

5    Il fit encore une pause, puis il recommença :

— Qui est-ce donc qui t'a envoyée à cette heure chercher de l'eau dans le bois ?

— C'est madame Thénardier.

— Qu'est-ce qu'elle fait, ta madame Thénardier ?

10    — C'est ma bourgeoise, dit l'enfant.  Elle tient l'auberge.

— L'auberge ? dit l'homme.  Eh bien, je vais y loger cette nuit.  Conduis-moi.

— Nous y allons, dit l'enfant.

15    L'homme marchait assez vite.  Cosette le suivait sans peine.  Elle ne sentait plus la fatigue.  De temps en temps, elle levait les yeux vers cet homme avec une sorte de tranquillité et d'abandon inexprimable.

Quelques minutes s'écoulèrent.  L'homme reprit :

20    — Est-ce qu'il n'y a pas de servante chez madame Thénardier?

— Non, monsieur.

— Est-ce que tu es seule?

— Oui, monsieur.

25    Il y eut encore une interruption.  Cosette éleva la voix.

— C'est-à-dire il y a deux petites filles de madame Thénardier.

— Et que font-elles, celles-là ?

Oh ! dit l'enfant, elles ont de belles poupées.  Elles

30 jouent, elles s'amusent.

— Et toi ?

— Moi, je travaille.

— Toute la journée ?

L'enfant leva ses grands yeux où il y avait une larme, qu'on ne voyait pas à cause de la nuit, et répondit doucement :

— Oui, monsieur.

Elle poursuivit, après un intervalle de silence :

— Des fois, quand j'ai fini l'ouvrage et qu'on veut bien, je m'amuse aussi.

— Comment t'amuses-tu ?

— Comme je peux. On me laisse. Mais je n'ai pas beaucoup de joujoux. Je n'ai qu'un petit sabre en plomb, pas plus long que ça.

L'enfant montrait son petit doigt.

Ils atteignirent le village ; Cosette guida l'étranger dans les rues. Ils passèrent devant la boulangerie, mais Cosette ne songea pas au pain qu'elle devait rapporter.

Comme ils approchaient de l'auberge, Cosette lui toucha le bras timidement :

— Monsieur ?

— Quoi, mon enfant ?

— Nous voilà tout près de la maison.

Un instant après, ils étaient à la porte de la gargote.

Cosette ne put s'empêcher de jeter un regard de côté à la grande poupée étalée chez le bimbelotier, puis elle frappa. La porte s'ouvrit. La Thénardier parut une chandelle à la main.

— Ah ! c'est toi, petite gueuse ! Tu y as mis le temps ! elle se sera amusée, la drôlesse !

— Madame, dit Cosette toute tremblante, voilà un monsieur qui vient loger.

La Thénardier remplaça bien vite sa mine bourrue par sa grimace aimable et chercha avidement des yeux le nouveau venu.

— C'est monsieur, dit-elle.

— Oui, madame, répondit l'homme en portant la main à son chapeau.

Les voyageurs riches ne sont pas si polis. Ce geste et
5 l'inspection du costume et du bagage de l'étranger que la Thénardier passa en revue d'un coup d'œil firent évanouir la grimace aimable et reparaître la mine bourrue. Elle répondit sèchement :

— Entrez, bonhomme.

10 Le «bonhomme» entra. La Thénardier lui jeta un second coup d'œil, examina particulièrement sa redingote en gros drap jaune d'ocre qui était absolument râpée et son chapeau qui était un peu défoncé, et consulta d'un hochement de tête, d'un froncement de nez et d'un cli-
15 gnement d'yeux, son mari, lequel buvait toujours avec les rouliers. Le mari répondit par cette imperceptible agitation de l'index qui, appuyée du gonflement des lèvres, signifie en pareil cas : Débine complète. Sur ce, la Thénardier s'écria :

20 — Ah ! ça, brave homme, je suis bien fâchée, mais c'est que je n'ai plus de place.

— Mettez-moi où vous voudrez, dit l'homme, au grenier, à l'écurie. Je payerai comme si j'avais une chambre.

— Quarante sous.

25 — Quarante sous. Soit.

— A la bonne heure !

Cependant l'homme, après avoir laissé sur un banc son paquet et son bâton, s'était assis à une table où Cosette s'était empressée de poser une bouteille de vin et un verre.
30 Le marchand qui avait demandé le seau d'eau était allé lui-même le porter à son cheval. Cosette avait repris sa place sous la table de cuisine et son tricot.

L'homme, qui avait à peine trempé ses lèvres dans le verre de vin qu'il s'était versé, considérait l'enfant avec une attention étrange.

Cosette était laide. Heureuse, elle eût peut-être été jolie. Nous avons déjà esquissé cette petite figure sombre. Cosette était maigre et blême; elle avait près de huit ans, on lui en eût donné à peine six. Ses grands yeux enfoncés dans une sorte d'ombre étaient presque éteints à force d'avoir pleuré. Les coins de sa bouche avaient cette courbe de l'angoisse habituelle, qu'on observe chez les condamnés et chez les malades désespérés. Toute la personne de cette enfant, son allure, son attitude, le son de sa voix, ses intervalles entre un mot et l'autre, son regard, son silence, son moindre geste exprimaient et traduisaient une seule idée, la crainte.

Cette crainte était telle qu'en arrivant, toute mouillée comme elle l'était, Cosette n'avait pas osé s'aller sécher au feu et s'était remise silencieusement à son travail. L'homme à la redingote jaune ne la quittait pas des yeux.

Tout à coup la Thénardier s'écria:

—A propos! et ce pain?

Cosette, selon sa coutume toutes les fois que la Thénardier élevait la voix, sortit bien vite de dessous la table. Elle avait complètement oublié ce pain. Elle eut recours à l'expédient des enfants toujours effrayés. Elle mentit.

— Madame, le boulanger était fermé.

— Je saurai demain si c'est vrai, dit la Thénardier, et si tu mens tu auras une fière danse. En attendant, rends-moi la pièce de quinze sous.

Cosette plongea sa main dans la poche de son tablier et devint verte. La pièce de quinze sous n'y était plus.

—Ah ça! dit la Thénardier, m'as-tu entendue?

Cosette retourna la poche ; il n'y avait rien.   Qu'est-ce que cet argent pouvait être devenu ?

— Est-ce que tu l'as perdue, la pièce de quinze sous ? râla la Thénardier, ou bien est-ce que tu veux me la voler ?

5 En même temps elle allongea le bras vers le martinet suspendu à l'angle de la cheminée.

Cependant l'homme à la redingote jaune avait fouillé dans le gousset de son gilet, sans qu'on eût remarqué ce mouvement.   Cosette se pelotonnait avec angoisse dans 10 l'angle de la cheminée.   La Thénardier leva le bras.

— Pardon, madame, dit l'homme, mais tout à l'heure j'ai vu quelque chose qui est tombé de la poche du tablier de cette petite et qui a roulé.   C'est peut-être cela.

En même temps il se baissa et parut chercher à terre 15 un instant :

— Justement, voici, reprit-il en se relevant.

Et il tendit une pièce d'argent à la Thénardier.

— Oui, c'est cela, dit-elle.

Ce n'était pas cela, car c'était une pièce de vingt sous, 20 mais la Thénardier y trouvait du bénéfice.   Elle mit la pièce dans sa poche, et se borna à jeter un regard farouche à l'enfant en disant : — Que cela ne t'arrive plus, toujours !

Cosette rentra dans ce que la Thénardier appelait «sa niche.»

25 — A propos, voulez-vous souper ? demanda la Thénardier au voyageur.

Il ne répondit pas.   Il semblait songer profondément.

— Qu'est-ce que c'est que cet homme-là ? dit-elle entre ses dents.   C'est quelque affreux pauvre.   Cela n'a pas le 30 sou pour souper.   Me payera-t-il mon logement seulement ?

Cependant une porte s'était ouverte et ses filles Éponine

et Azelma étaient entrées. C'étaient vraiment deux jolies petites filles, plutôt bourgeoises que paysannes, très charmantes, l'une avec ses tresses châtaines bien lustrées, l'autre avec ses longues nattes noires tombant derrière le dos. Quand elles entrèrent, la Thénardier leur dit d'un ton grondeur, qui était plein d'adoration : — Ah ! vous voilà donc, vous autres !

Puis, les attirant dans ses genoux l'une après l'autre lissant leurs cheveux, renouant leurs rubans, et les lâchant ensuite avec cette douce façon de secouer qui est propre aux mères, elle s'écria: — Sont-elles fagotées ![1]

Elles vinrent s'asseoir au coin du feu. Elles avaient une poupée qu'elles tournaient et retournaient sur leurs genoux avec toutes sortes de gazouillement joyeux. De temps en temps, Cosette levait les yeux de son tricot, et les regardait jouer d'un air lugubre.

La poupée des sœurs Thénardier était très fanée et très vieille et toute cassée, mais elle n'en paraissait pas moins admirable à Cosette, qui de sa vie n'avait eu une poupée, *une vraie poupée*, pour nous servir d'une expression que tous les enfants comprendront.

Tout à coup, la Thénardier, qui continuait d'aller et de venir dans la salle, s'aperçut que Cosette avait des distractions et qu'au lieu de travailler elle s'occupait des petites qui jouaient.

—Ah ! je t'y prends ! cria-t-elle. C'est comme cela que tu travailles ! Je vais te faire travailler à coups de martinet, moi.

L'étranger, sans quitter sa chaise, se tourna vers la Thénardier.

—Madame, dit-il en souriant d'un air presque craintif, bah ! laissez-la jouer !

De la part de tout voyageur qui eût mangé une tranche de gigot et bu deux bouteilles de vin à son souper et qui n'eût pas eu l'air d'*un affreux pauvre*, un pareil souhait eût été un ordre. Mais qu'un homme qui avait ce cha-
5 peau se permît d'avoir un désir et qu'un homme qui avait cette redingote se permît d'avoir une volonté, c'est ce que la Thénardier ne crut pas devoir tolérer. Elle repartit aigrement :

— Il faut qu'elle travaille, puisqu'elle mange. Je ne la
10 nourris pas à rien faire.

— Qu'est-ce qu'elle fait donc ? reprit l'étranger de cette voix douce qui contrastait si étrangement avec ses habits de mendiant et ses épaules de portefaix.

La Thénardier daigna répondre :
15 — Des bas, s'il vous plaît. Des bas pour mes petites filles qui n'en ont pas, autant dire,¹ et qui vont tout à l'heure pieds nus.

L'homme regarda les pauvres pieds rouges de Cosette et continua :
20 — Quand aura-t-elle fini cette paire de bas ?

— Elle en a encore au moins pour trois ou quatre grands jours, la paresseuse.

— Et combien peut valoir cette paire de bas, quand elle sera faite ?
25 La Thénardier lui jeta un coup d'œil méprisant.

— Au moins trente sous.

— La donneriez-vous pour cinq francs ? reprit l'homme.

— Pardieu ! s'écria avec un gros rire un roulier qui écoutait, cinq francs ? Je crois bien !
30 Le Thénardier crut devoir prendre la parole.

— Oui, monsieur, si c'est votre fantaisie, on vous don-nera cette paire de bas pour cinq francs. Nous ne savons rien refuser aux voyageurs.

— Il faudrait payer tout de suite, dit la Thénardier avec sa façon brève et péremptoire.

— J'achète cette paire de bas, répondit l'homme, et, ajouta-t-il en tirant de sa poche une pièce de cinq francs qu'il posa sur la table, — je la paye. 5

Puis il se tourna vers Cosette.

— Maintenant ton travail est à moi. Joue, mon enfant.

Éponine et Azelma ne faisaient aucune attention à ce qui se passait. Elles venaient d'exécuter une opération 10 fort importante ; elles s'étaient emparées du chat. Elles avaient jeté la poupée à terre, et Éponine, qui était l'aînée, emmaillottait le petit chat, malgré ses miaulements et ses contorsions, avec une foule de nippes et de guenilles rouges et bleues. 15

Cosette s'était fait une poupée avec le sabre.

La Thénardier s'était rapprochée de *l'homme jaune.*

— Monsieur, dit-elle.

A ce mot *monsieur*, l'homme se retourna. La Thénardier ne l'avait encore appelé que *brave homme* ou *bon-* 20 *homme.*

— Voyez-vous, monsieur, poursuivit-elle en prenant son air douceâtre qui était encore plus fâcheux à voir que son air féroce, je veux bien que l'enfant joue, je ne m'y oppose pas, mais c'est bon pour une fois parce que vous êtes 25 généreux. Voyez-vous, cela[1] n'a rien. Il faut que cela travaille.

— Elle n'est donc pas à vous, cette enfant ? demanda l'homme.

— Oh ! mon Dieu, non, monsieur ! c'est une petite 30 pauvre que nous avons recueillie comme cela, par charité. Une espèce d'enfant imbécile. Sa mère est morte.

Ah! dit l'homme, et il retomba dans sa rêverie.

Pendant toute cette conversation, Cosette, comme si un instinct l'eût avertie qu'on parlait d'elle, n'avait pas quitté des yeux la Thénardier. Elle écoutait vaguement. Elle entendait çà et là quelques mots.

Cependant les buveurs répétaient leur refrain immonde avec un redoublement de gaieté. Cosette, sous la table, regardait le feu qui se réverbérait dans son œil fixe, elle s'était remise à bercer l'espèce de maillot qu'elle avait fait, et tout en le berçant, elle chantait à voix basse: Ma mère est morte! ma mère est morte! ma mère est morte!

Tout à coup Cosette s'interrompit. Elle venait de se retourner et d'apercevoir la poupée des petites Thénardier, qu'elles avaient quittée pour le chat et laissée à terre à quelques pas de la table de cuisine.

Alors elle laissa tomber le sabre emmaillotté qui ne lui suffisait qu'à demi, puis elle promena lentement ses yeux autour de la salle. La Thénardier parlait bas à son mari et comptait de la monnaie, Ponine et Zelma jouaient avec le chat, les voyageurs mangeaient ou buvaient, ou chantaient, aucun regard n'était fixé sur elle. Elle n'avait pas un moment à perdre. Elle sortit de dessous la table en rampant sur les genoux et sur les mains, s'assura encore une fois qu'on ne la guettait pas, puis se glissa vivement jusqu'à la poupée et la saisit. Un instant après, elle était à sa place, assise immobile, tournée seulement de manière à faire de l'ombre sur la poupée qu'elle tenait dans ses bras. Ce bonheur de jouer avec une poupée était tellement rare pour elle qu'il avait toute la violence d'une volupté.

Personne ne l'avait vue, excepté le voyageur, qui mangeait lentement son maigre souper.

Cette joie dura près d'un quart d'heure. Alors la Thénardier l'aperçut et cria d'une voix que l'indignation en-
rouait :

— Cosette !

Cosette tressaillit comme si la terre eût tremblé sous 5
elle. Elle se retourna.

— Cosette ! répéta la Thénardier.

Cosette prit la poupée et la posa doucement à terre
avec une sorte de vénération mêlée de désespoir. Alors,
sans la quitter des yeux, elle joignit les mains et éclata 10
en sanglots.

Cependant le voyageur s'était levé.

— Qu'est-ce donc ? dit-il à la Thénardier.

— Vous ne voyez pas ? dit la Thénardier en montrant
du doigt le corps du délit ¹ qui gisait aux pieds de Cosette. 15

— Eh bien, quoi ? reprit l'homme.

— Cette gueuse, répondit la Thénardier, s'est permis
de toucher à la poupée des enfants !

— Tout ce bruit pour cela ! dit l'homme. Eh bien,
quand elle jouerait avec cette poupée ? 20

— Elle y a touché avec ses mains sales ! poursuivit la
Thénardier, avec ses affreuses mains !

Ici Cosette redoubla ses sanglots.

— Te tairas-tu ! cria la Thénardier.

L'homme alla droit à la porte de la rue, l'ouvrit et 25
sortit. Dès qu'il fut sorti, la Thénardier profita de son
absence pour allonger sous la table à Cosette un grand
coup de pied qui fit jeter à l'enfant les hauts cris.

La porte se rouvrit, l'homme reparut, il portait dans
ses deux mains la poupée dont nous avons parlé, et il la 30
posa debout devant Cosette en disant :

— Tiens, c'est pour toi.

Il faut croire que, depuis plus d'une heure qu'il était là,
au milieu de sa rêverie, il avait confusément remarqué
cette boutique de bimbeloterie éclairée de lampions et de
chandelles, si splendidement qu'on l'apercevait à travers
5 la vitre du cabaret comme une illumination.

Cosette leva les yeux, elle avait vu venir l'homme à elle
avec cette poupée comme elle eût vu venir le soleil, elle
entendit ces paroles inouïes : *C'est pour toi*, elle le regarda,
elle regarda la poupée, puis elle recula lentement, et s'alla
10 cacher tout au fond sous la table dans le coin du mur.

— Eh bien, Cosette, dit la Thénardier d'une voix qui
voulait être douce, est-ce que tu ne prends pas ta poupée ?

Cosette se hasarda à sortir de son trou.

— Ma petite Cosette, reprit la Thénardier d'un air ca-
15 ressant, monsieur te donne une poupée. Prends-la. Elle
est à toi.

Cosette considérait la poupée merveilleuse avec une
sorte de terreur. Son visage était encore inondé de larmes, mais ses yeux commençaient à s'emplir, comme le
20 ciel au crépuscule du matin, des rayonnements étranges
de la joie. Ce qu'elle éprouvait en ce moment-là était un
peu pareil à ce qu'elle eût ressenti, si on lui eût dit
brusquement : Petite, vous êtes la reine de France. Il
lui semblait que si elle touchait à cette poupée, le ton-
25 nerre en sortirait.

Ce qui était vrai jusqu'à un certain point, car elle se
disait que la Thénardier gronderait et la battrait.

Pourtant, l'attraction l'emporta. Elle finit par s'approcher
et murmura timidement en se tournant vers la Thénardier.
30 — Est-ce que je peux, madame ?

— Pardi ! fit la Thénardier, c'est à toi. Puisque monsieur te la donne.

— Vrai, monsieur ? reprit Cosette, est-ce que c'est vrai ?
c'est à moi, la dame ?

Tout à coup, elle saisit la poupée avec emportement.

— Je l'appellerai Catherine, dit-elle.

Ce fut un moment bizarre que celui où les haillons de
Cosette rencontrèrent et étreignirent les rubans et les
fraîches mousselines roses de la poupée.

Madame, reprit-elle, est-ce que je peux la mettre sur
une chaise ?

— Oui, mon enfant, répondit la Thénardier.

Maintenant c'était Éponine et Azelma qui regardaient
Cosette avec envie.

Cosette posa Catherine sur une chaise, puis s'assit à
terre devant elle, et demeura immobile, sans dire un mot,
dans l'attitude de la contemplation.

— Joue donc, Cosette, dit l'étranger.

— Oh ! je joue, répondit l'enfant.

Cet étranger, cet inconnu qui avait l'air d'une visite que
la providence faisait à Cosette, était en ce moment-là ce
que la Thénardier haïssait le plus au monde. Pourtant,
il fallait se contraindre. Elle se hâta d'envoyer ses filles
coucher, puis elle demanda à l'homme jaune *la permission*
d'y envoyer Cosette. Cosette s'alla coucher emportant
Catherine entre ses bras.

Plusieurs heures s'écoulèrent. La messe de minuit
était dite, le réveillon était fini, les buveurs s'en étaient
allés, le cabaret était fermé, la salle basse était déserte, le
feu s'était éteint, l'étranger était toujours à la même place
et dans la même posture. Les Thénardier seuls, par convenance et par curiosité, étaient restés dans la salle.

— Est-ce qu'il va passer la nuit comme ça ? grommelait
la Thénardier. Comme deux heures du matin sonnaient,

elle se déclara vaincue et dit à son mari : — Je vais me coucher. Fais-en ce que tu voudras. — Le mari s'assit à une table dans un coin, alluma une chandelle et se mit à lire le *Courrier français*.

5 Une bonne heure passa ainsi. Le digne aubergiste avait lu au moins trois fois le *Courrier français*, depuis la date du numéro jusqu'au nom de l'imprimeur. L'étranger ne bougeait pas.

Le Thénardier remua, toussa, cracha, se moucha, fit 10 craquer sa chaise. Aucun mouvement de l'homme. — Est-ce qu'il dort ? pensa le Thénardier. — L'homme ne dormait pas, mais rien ne pouvait l'éveiller.

Enfin Thénardier ôta son bonnet, s'approcha doucement, et s'aventura à dire :

15 — Est-ce que monsieur ne va pas reposer ?

— Tiens ! dit l'étranger, vous avez raison. Où est votre écurie ?

— Monsieur, fit le Thénardier avec un sourire, je vais conduire monsieur.

20 Il prit la chandelle, l'homme prit son paquet et son bâton, et Thénardier le mena dans une chambre au premier qui était d'une rare splendeur.

— J'aurais autant aimé l'écurie, dit l'homme brusquement.

25 Le Thénardier n'eut pas l'air d'entendre cette réflexion peu obligeante. Il alluma deux bougies de cire toutes neuves qui figuraient sur la cheminée. Un assez bon feu flambait dans l'âtre. Thénardier s'éclipsa discrètement.

## III

Le lendemain matin, deux heures au moins avant le 30 jour, le mari Thénardier, attablé près d'une chandelle dans la salle basse du cabaret, une plume à la main, composait la carte du voyageur à la redingote jaune. Après un bon quart d'heure et quelques ratures, le Thénardier produisit ce chef-d'œuvre :

NOTE DU MONSIEUR DU N° I.

| | |
|---|---|
| Souper...................... | 3 francs. |
| Chambre...................... | 10 — |
| Bougie...................... | 5 — |
| Feu...................... | 4 — |
| Service...................... | 1 — |
| Total.................. | 23 — |

Service était écrit *servisse*.

—Vingt-trois francs ! s'écria la femme avec un enthousiasme mêlé de quelque hésitation. Il doit bien cela, c'est juste, mais c'est trop. Il ne voudra pas payer.

Le Thénardier fit son rire froid et dit :

—Il payera.

Il alluma sa pipe et répondit entre deux bouffées :

— Tu remettras la carte à l'homme.

Puis il sortit.

Il était à peine hors de la salle que le voyageur y entra. Le Thénardier reparut sur-le-champ derrière lui et demeura immobile dans la porte entrebâillée, visible seulement pour sa femme.

L'homme jaune portait à la main son bâton et son paquet.

—Levé si tôt ? dit la Thénardier ; est-ce que monsieur nous quitte déjà ?

Le voyageur semblait préoccupé et distrait. Il répondit :

—Oui, madame, je m'en vais. Qu'est-ce que je dois ?

La Thénardier, sans répondre, lui tendit la carte pliée.

L'homme déplia le papier, et le regarda; mais son attention était visiblement ailleurs.

— Madame, reprit-il, faites-vous de bonnes affaires dans 5 ce Montfermeil?

— Comme cela,[1] monsieur, répondit la Thénardier stupéfaite de ne point voir d'autre explosion.

Elle poursuivit d'un accent élégiaque et lamentable :

— Oh! monsieur, les temps sont bien durs! et puis 10 nous avons si peu de bourgeois dans nos endroits! C'est tout petit monde,[2] voyez-vous. Si nous n'avions pas par-ci par-là des voyageurs généreux et riches comme monsieur! nous avons tant de charges. Tenez, cette petite nous coûte les yeux de la tête.

15 — Quelle petite?

— Eh bien, la petite, vous savez! Cosette! l'Alouette comme on dit dans le pays! Voyez-vous, monsieur, nous ne demandons pas la charité, mais nous ne pouvons pas la faire. Nous ne gagnons rien et nous avons gros à 20 payer. Et puis j'ai mes filles, moi. Je n'ai pas besoin de nourrir l'enfant des autres.

L'homme reprit, de cette voix qu'il s'efforçait de rendre indifférente et dans laquelle il y avait un tremblement :

— Et si l'on vous en débarrassait :

25 — De qui? de la Cosette?

— Oui.

La face rouge et violente de la gargotière s'illumina d'un épanouissement hideux.

— Ah! monsieur! mon bon monsieur! prenez-la, gar-30 dez-la, emmenez-la, emportez-la, et soyez béni de la bonne sainte Vierge et de tous les saints du paradis!

— C'est dit.

— Vrai ! vous l'emmenez ?

— Je l'emmène.

— Tout de suite ?

— Tout de suite. Appelez l'enfant.

— Cosette ! cria la Thénardier.

— En attendant, poursuivit l'homme, je vais toujours vous payer ma dépense. Combien est-ce ?

Il jeta un coup d'œil sur la carte et ne put réprimer un mouvement de surprise :

— Vingt-trois francs !

Il regarda la gargotière et répéta :

— Vingt-trois francs ?

— Dame oui, monsieur ! c'est vingt-trois francs.

L'étranger posa cinq pièces de cinq francs sur la table.

— Allez chercher la petite, dit-il.

En ce moment le Thénardier s'avança au milieu de la salle et dit :

— Monsieur, quant à la petite j'ai besoin d'en causer un peu avec monsieur. Laisse-nous, ma femme.

La Thénardier sentit que le grand acteur entrait en scène, ne répliqua pas un mot, et sortit.

Dès qu'ils furent seuls, le Thénardier offrit une chaise au voyageur. Le voyageur s'assit ; le Thénardier resta debout, et son visage prit une singulière expression de bonhomie et de simplicité.

— Monsieur, dit-il, tenez, je vais vous dire, c'est que je l'adore, moi, cette enfant.

L'étranger le regarda fixement.

— Quelle enfant ?

— Eh, notre petite Cosette ! ne voulez-vous pas nous l'emmener ? Eh bien, je parle franchement, vrai comme vous êtes un honnête homme, je ne peux pas y consentir.

Elle me ferait faute,¹ cette enfant.  J'ai vu ça tout petit.
C'est vrai qu'elle nous coûte de l'argent, c'est vrai qu'elle
a des défauts, c'est vrai que nous ne sommes pas riches,
c'est vrai que j'ai payé plus de quatre cents francs en
5 drogues rien que pour une de ses maladies!  Mais il faut
bien faire quelque chose pour le bon Dieu.  Ça n'a ni
père ni mère, je l'ai élevée.  J'ai du pain pour elle et
pour moi.  Au fait j'y tiens à cette enfant.  Enfin il y a
des choses qui ne sont pas possibles.  Je ne sais seule-
10 ment pas votre nom.  Vous l'emmèneriez, je dirais: Eh
bien, l'Alouette? où donc a-t-elle passé?  Il faudrait au
moins voir quelque méchant chiffon de papier, un petit
bout de passeport, quoi!

L'étranger, sans cesser de le regarder de ce regard qui
15 va, pour ainsi dire, jusqu'au fond de la conscience, lui répondit d'un accent grave et ferme:

— Monsieur Thénardier, on n'a pas un passeport pour
venir à cinq lieues de Paris.  Si j'emmène Cosette, je
l'emmènerai, voilà tout.  Vous ne saurez pas mon nom,
20 vous ne saurez pas ma demeure, vous ne saurez pas où
elle sera, et mon intention est qu'elle ne vous revoie de sa
vie.  Cela vous convient-il?  Oui ou non?

De même que les démons et les génies reconnaissaient
à de certains signes la présence d'un dieu supérieur, le
25 Thénardier comprit qu'il avait affaire à quelqu'un de très
fort.  Il fit comme les grands capitaines à cet instant décisif qu'ils savent seuls reconnaître, il démasqua brusquement sa batterie.

— Monsieur, dit-il, il me faut quinze cents francs.
30 L'étranger prit dans sa poche de côté un vieux portefeuille en cuir noir, l'ouvrit et en tira trois billets de
banque qu'il posa sur la table.  Puis il appuya son large
pouce sur ces billets, et dit au gargotier:

— Faites venir Cosette.

Sur l'ordre de son mari, la Thénardier l'était allée chercher.   Chose inouïe, elle ne lui donna pas une tape et ne
lui dit pas une injure.

—Cosette, dit-elle presque doucement, viens tout de suite. 5
Un instant après, Cosette entrait dans la salle basse.

L'étranger prit le paquet qu'il avait apporté et le dénoua.   Ce paquet contenait une petite robe de laine, un
tablier, une brassière[1] de futaine, un jupon, un fichu, des
bas de laine, des souliers, un vêtement complet pour une 10
fille de sept ans.   Tout cela était noir.

— Mon enfant, dit l'homme, prends ceci et va t'habiller bien vite.

Le jour paraissait lorsque ceux des habitants de Montfermeil qui commençaient à ouvrir leurs portes, virent 15
passer dans la rue de Paris un bonhomme pauvrement
vêtu donnant la main à une petite fille tout en deuil qui
portait une poupée rose dans ses bras.

C'était notre homme et Cosette.

Personne ne connaissait l'homme; comme Cosette n'é- 20
tait plus en guenilles, beaucoup ne la reconnurent pas.

Cosette s'en allait.   Avec qui?   Elle l'ignorait.   Où?
Elle ne savait.   Tout ce qu'elle comprenait, c'est qu'elle
laissait derrière elle la gargote Thénardier.   Personne
n'avait songé à lui dire adieu, ni elle à dire adieu à per- 25
sonne.   Elle sortait de cette maison, haïe et haïssant.

Cosette marchait gravement, ouvrant ses grands yeux
et considérant le ciel, puis elle regardait le bonhomme.
Elle sentait quelque chose comme si elle était près du bon
Dieu.                                                                                          30

Thénardier, cependant, se repentit bientôt de ne pas
avoir demandé davantage.   Il se dit:

—Cet homme est évidemment un million habillé en jaune, et moi je suis un animal. Il a d'abord donné vingt sous, puis cinq francs, puis cinquante francs, puis quinze cents francs, toujours aussi facilement. Il aurait donné
5 quinze mille francs. Mais je vais le rattraper.

Et il sortit en toute hâte à la poursuite de l'homme. Après quelques détours, il aperçut au-dessus d'une broussaille un chapeau. C'était le chapeau de l'homme. La broussaille était basse. Le Thénardier reconnut que
10 l'homme et Cosette étaient assis là. On ne voyait pas l'enfant à cause de sa petitesse, mais on apercevait la tête de la poupée. L'homme s'était assis là pour laisser un peu reposer Cosette. Le gargotier tourna la broussaille et apparut brusquement aux regards de ceux qu'il cher-
15 chait.

—Pardon, excuse, monsieur, dit-il tout essoufflé mais voici vos quinze cents francs.

En parlant ainsi, il tendait à l'étranger les trois billets de banque.

20 L'homme leva les yeux.

—Qu'est-ce que cela signifie?

Le Thénardier répondit respectueusement:

—Monsieur, cela signifie que je reprends Cosette.

Cosette frissonna et se serra contre le bonhomme.

25 Lui, il répondit en regardant le Thénardier dans le fond des yeux et en espaçant toutes ses syllabes:

—Vous re-pre-nez Cosette?

—Oui, monsieur, je la reprends. Je vais vous dire, j'ai réfléchi. Au fait, je n'ai pas le droit de vous la don-
30 ner. Je suis un honnête homme, voyez-vous. Cette petite n'est pas à moi, elle est à sa mère. C'est sa mère qui me l'a confiée; je ne puis la remettre qu'à sa mère.

Vous me direz: Mais la mère est morte. Bon. En ce cas, je ne puis rendre l'enfant qu'à une personne qui m'apporterait un écrit signé de la mère. Cela est clair.

L'homme, sans répondre, fouilla dans sa poche, et le Thénardier vit reparaître le portefeuille aux billets de banque. Avant d'ouvrir le portefeuille, le voyageur jeta un coup d'œil autour de lui. Le lieu était absolument désert. Il n'y avait pas une âme dans le bois ni dans la vallée. L'homme ouvrit le portefeuille et en tira, non la poignée de billets de banque qu'attendait Thénardier, mais un simple petit papier qu'il développa et présenta tout ouvert à l'aubergiste en disant:

— Vous avez raison. Lisez.

Le Thénardier prit le papier et lut:

«Montreuil-sur-Mer, le 25 Mars 1823.

«Monsieur Thénardier,

«Vous remettrez Cosette à la personne. — On vous payera toutes les petites choses.

«J'ai l'honneur de vous saluer avec considération.

«FANTINE.»

— Vous connaissez cette signature, reprit l'homme.

C'était bien la signature de Fantine. Le Thénardier la reconnut. Puis il essaya un effort désespéré.

— Monsieur, dit-il, c'est bon. Puisque vous êtes la personne. Mais il faut me payer «toutes les petites choses.» On me doit gros.

L'homme se dressa debout et dit:

— Monsieur Thénardier, en janvier la mère comptait qu'elle vous devait cent vingt francs; vous lui avez envoyé en février un mémoire de cinq cents francs; vous avez reçu trois cents francs fin février et trois cents francs au commencement de mars.  Il s'est écoulé depuis lors neuf mois à quinze francs, prix convenu, cela fait cent trente-cinq francs.  Vous aviez reçu cent francs de trop. Reste trente-cinq francs qu'on vous doit.  Je viens de vous donner quinze cents francs.

Le Thénardier éprouva ce qu'éprouve le loup au moment où il se sent mordu et saisi par la mâchoire d'acier du piège.

L'étranger dit tranquillement :

— Viens, Cosette.

Il prit Cosette de la main gauche, et de la droite il ramassa son bâton qui était à terre.  Le Thénardier remarqua l'énormité de la trique et la solitude du lieu.

L'homme s'enfonça dans le bois avec l'enfant, laissant le gargotier immobile et interdit.  Pendant qu'ils s'éloignaient, le Thénardier considérait ses larges épaules un peu voûtées et ses gros poings.  Cependant l'aubergiste ne lâcha pas prise.

— Je veux savoir où il ira, dit-il, — et il se mit à les suivre à distance.  L'homme emmenait Cosette dans la direction de Livry[1] et de Bondy.  Il marchait lentement, la tête baissée, dans une attitude de réflexion et de tristesse.  L'hiver avait fait le bois à claire-voie,[2] si bien que le Thénardier ne les perdait pas de vue, tout en restant assez loin.  De temps en temps, l'homme se retournait et regardait si on ne le suivait pas.  Tout à coup il aperçut le Thénardier.  Il entra brusquement avec Cosette dans un taillis où ils pouvaient tous deux disparaître. — Diantre ! dit le Thénardier. — Et il doubla le pas.

L'épaisseur du fourré l'avait forcé de se rapprocher d'eux.  Quand l'homme fut au plus épais, il se retourna. Thénardier eut beau se cacher dans les branches, il ne put faire que l'homme ne le vît pas. Il le regarda d'un air si sombre que le Thénardier jugea «inutile» d'aller plus loin. Thénardier rebroussa chemin.

## IV

. Jean Valjean n'était pas mort. En tombant à la mer, ou plutôt en s'y jetant, il était sans fers. Il nagea jusque 5 sous un navire auquel était amarrée une embarcation. Il trouva moyen de se cacher dans cette embarcation jusqu'au soir. A la nuit, il se jeta de nouveau à la nage, et atteignit la côte. Là, comme ce n'était pas l'argent qui lui manquait, il put se procurer des vêtements. Il gagna 10 Paris. On vient de le voir à Montfermeil. Du reste, on le croyait mort, et cela épaississait l'obscurité qui s'était faite sur lui. A Paris, il lui tomba sous la main un des journaux qui enregistraient le fait. Il se sentit rassuré et presque en paix comme s'il était réellement mort. 15

Le soir même du jour où Jean Valjean avait tiré Cosette des griffes des Thénardier, il rentrait dans Paris. Il y rentrait à la nuit tombante, avec l'enfant, et tous deux, dans la nuit noire, par les rues désertes se dirigèrent vers le boulevard de l'Hôpital.¹ Enfin ils arrivèrent à une 20 maison isolée appelée la masure Gorbeau.

Ce fut devant cette masure Gorbeau que Jean Valjean s'arrêta. Comme les oiseaux fauves, il avait choisi ce lieu désert pour y faire son nid.

Il fouilla dans son gilet, y prit une sorte de passepar- 25 tout, ouvrit la porte, entra, puis la referma avec soin et monta l'escalier. Au haut de l'escalier il tira de sa poche une autre clef avec laquelle il ouvrit une autre porte. La chambre où il entra et qu'il referma sur-le-champ était une

espèce de galetas assez spacieux, meublé d'un matelas posé à terre, d'une table et de quelques chaises. Au fond il y avait un cabinet avec un lit de sangle. Jean Valjean porta l'enfant sur ce lit. Il battit le briquet et alluma une
5 chandelle ; tout cela était préparé d'avance sur la table ; et, comme il l'avait fait la veille, il se mit à considérer Cosette d'une regard plein d'extase, où l'expression de la bonté et de l'attendrissement allait presque jusqu'à l'égarement.

10 Il s'agenouilla près du lit de Cosette. Il faisait grand jour que l'enfant dormait encore. Un rayon pâle du soleil de décembre traversait la croisée du galetas et traînait sur le plafond de longues filandres d'ombre et de lumière. Tout à coup une charrette de carrier, lourdement chargée,
15 qui passait sur la chaussée du boulevard, ébranla la baraque comme un roulement d'orage et la fit trembler du haut en bas.

—Oui ! madame ! cria Cosette réveillée en sursaut, voilà ! voilà !

20 Et elle se jeta à bas du lit, les paupières encore à demi fermées par la pesanteur du sommeil, étendant le bras vers l'angle du mur.

—Ah ! mon Dieu ! mon balai ! dit-elle.

Elle ouvrit tout à fait les yeux et vit le visage souriant
25 de Jean Valjean.

—Ah ! tiens, c'est vrai ! dit l'enfant. Bonjour, monsieur.

Les enfants acceptent tout de suite et familièrement la joie et le bonheur, étant eux-mêmes naturellement bonheur
30 et joie. Cosette aperçut Catherine au pied de son lit, et s'en empara, et, tout en jouant, elle faisait cent questions à Jean Valjean. — Où elle était ? Si c'était grand, Paris ?

Si madame Thénardier était bien loin ! Si elle ne reviendrait pas ? etc., etc. Tout à coup elle s'écria : — Comme c'est joli ici !

C'était un affreux taudis ; mais elle se sentait libre.

— Faut-il que je balaye ? reprit-elle enfin.

— Joue, dit Jean Valjean.

La journée se passa ainsi. Cosette, sans s'inquiéter de rien comprendre, était inexprimablement heureuse entre cette poupée et ce bonhomme.

Le lendemain au point du jour, Jean Valjean était encore près du lit de Cosette. Il attendit là, immobile, et il la regarda se réveiller.

Quelque chose de nouveau lui entrait dans l'âme. Jean Valjean n'avait jamais rien aimé. Depuis vingt-cinq ans il était seul au monde. Il n'avait jamais été père, amant, mari, ami. Sa sœur et les enfants de sa sœur ne lui avaient laissé qu'un souvenir vague et lointain qui avait fini par s'évanouir presque entièrement. Il avait fait tous ses efforts pour les retrouver, et, n'ayant pu les retrouver, il les avait oubliés. La nature humaine est ainsi faite. Les autres émotions tendres de sa jeunesse, s'il en avait eu, étaient tombées dans un abîme.

Pauvre vieux cœur tout neuf ! Seulement, comme il avait cinquante-cinq ans et que Cosette en avait huit, tout ce qu'il aurait pu avoir d'amour dans toute sa vie se fondit en une sorte de lueur ineffable.

C'était la deuxième apparition blanche qu'il rencontrait. L'évêque avait fait lever à son horizon l'aube de la vertu, Cosette y faisait lever l'aube de l'amour.

De son côté, Cosette, elle aussi, devenait autre, à son insu, pauvre petit être ! Elle était si petite quand sa mère l'avait quittée qu'elle ne s'en souvenait plus. Comme tous les enfants, pareils aux jeunes pousses de la vigne qui s'accrochent à tout, elle avait essayé d'aimer. Elle n'y avait pu réussir. Tous l'avaient repoussée, les Thénardier, leurs enfants, d'autres enfants. Elle avait aimé le chien, qui était mort, après quoi rien n'avait voulu d'elle, ni personne. Chose lugubre à dire, et que nous avons déjà indiquée, à huit ans elle avait le cœur froid. Ce n'était pas sa faute, ce n'était point la faculté d'aimer qui lui manquait; hélas! c'était la possibilité. Aussi, dès le premier jour, tout ce qui sentait et songeait en elle se mit à aimer ce bonhomme. Elle éprouvait ce qu'elle n'avait jamais ressenti, une sensation d'épanouissement.

Le bonhomme ne lui faisait même plus l'effet d'être vieux, ni d'être pauvre. Elle trouvait Jean Valjean beau, de même qu'elle trouvait le taudis joli.

Du reste, Jean Valjean avait bien choisi son asile. Il était là dans une sécurité qui pouvait sembler entière.

La chambre à cabinet qu'il occupait avec Cosette était celle dont la fenêtre donnait sur le boulevard. Cette fenêtre étant unique dans la maison, aucun regard de voisins n'était à craindre, pas plus de côté qu'en face.

Le premier étage contenait, comme nous l'avons dit, plusieurs chambres et quelques greniers, dont un seulement était occupé par une vieille femme qui faisit le ménage de Jean Valjean. Tout le reste était inhabité.

C'était cette vieille femme, ornée du nom de *principale locataire* et en réalité chargée des fonctions de portière, qui lui avait loué ce logis dans la journée de Noël. Il s'était donné à elle pour un rentier ruiné par les bons d'Espagne,¹ qui allait venir demeurer là avec sa petite fille.

Les semaines se succédèrent. Ces deux êtres menaient

dans ce taudis misérable une existence heureuse. Dès l'aube Cosette riait, jasait, chantait. Les enfants ont leur chant du matin comme les oiseaux.

Jean Valjean s'était mis à lui enseigner à lire. Parfois, tout en faisant épeler l'enfant, il songeait que c'était avec 5 l'idée de faire le mal qu'il avait appris à lire au bagne. Cette idée avait tourné à montrer à lire à un enfant. Alors le vieux galérien souriait du sourire pensif des anges.

Apprendre à lire à Cosette, et la laisser jouer, c'était à 10 peu près là toute la vie de Jean Valjean. Et puis il lui parlait de sa mère et il la faisait prier. Elle l'appelait: *père*, et ne lui savait pas d'autre nom. Il passait des heures à la contempler habillant et déshabillant sa poupée, et à l'écouter gazouiller. La vie lui paraissait désormais 15 pleine d'intérêt, les hommes lui semblaient bons et justes, il ne reprochait dans sa pensée plus rien à personne, il n'apercevait aucune raison de ne pas vieillir très vieux maintenant que cette enfant l'aimait.

Ceci n'est qu'une opinion personnelle; mais, pour dire 20 notre pensée tout entière, au point où en était Jean Valjean quand il se mit à aimer Cosette, il ne nous est pas prouvé qu'il n'ait pas eu besoin de ce ravitaillement pour persévérer dans le bien. Il venait de voir sous de nouveaux aspects la méchanceté des hommes et la misère de 25 la société, aspects incomplets et qui ne montraient fatalement qu'un côté du vrai, le sort de la femme résumé dans Fantine, l'autorité publique personnifiée dans Javert; il était retourné au bagne, cette fois pour avoir bien fait; de nouvelles amertumes l'avaient abreuvé; le dégoût et la 30 lassitude le reprenaient; le souvenir même de l'évêque touchait peut-être à quelque moment d'éclipse, sauf à reparaître plus tard lumineux et triomphant ; mais enfin ce souvenir sacré s'affaiblissait. Qui sait si Jean Valjean n'était pas à la veille de se décourager et de retomber ? Il aima, et il redevint fort. Hélas ! il n'était guère moins

5 chancelant que Cosette. Il la protégea et elle l'affermit. Grâce à lui, elle put marcher dans la vie ; grâce à elle, il put continuer dans la vertu. Il fut le soutien de cet enfant et cet enfant fut son point d'appui. O mystère insondable et divin des équilibres de la destinée !

10 Jean Valjean avait la prudence de ne sortir jamais le jour. Tous les soirs au crépuscule, il se promenait une heure ou deux, quelquefois seul, souvent avec Cosette. Il marchait en la tenant par la main et en lui disant des choses douces.

15 Ils vivaient sobrement, ayant toujours un peu de feu, mais comme des gens très gênés. Jean Valjean n'avait rien changé au mobilier du premier jour. Il avait toujours sa redingote jaune, sa culotte noire et son vieux chapeau. Dans la rue on le prenait pour un pauvre. Il arrivait

20 quelquefois que des bonnes femmes se retournaient et lui donnaient un sou. Jean Valjean recevait le sou et saluait profondément. Il arrivait aussi parfois qu'il rencontrait quelque misérable demandant la charité, alors il regardait derrière lui si personne ne le voyait, s'approchait furtive-

25 ment du malheureux, lui mettait dans la main une pièce de monnaie, souvent une pièce d'argent, et s'éloignait rapidement. Cela avait ses inconvénients. On commençait à le connaître dans le quartier sous le nom du *mendiant qui fait l'aumône*.

30 La vieille *principale locataire*, créature rechignée, examinait beaucoup Jean Valjean sans qu'il s'en doutât. Elle était un peu sourde, ce qui la rendait bavarde. Elle avait

fait des questions à Cosette qui, ne sachant rien, n'avait pu rien dire, sinon qu'elle venait de Montfermeil. Un matin, cette guetteuse aperçut Jean Valjean qui entrait, d'un air qui sembla à la commère particulier, dans un des compartiments inhabités de la masure. Elle le suivit 5 du pas d'une vieille chatte, et put l'observer, sans en être vue, par la fente de la porte. La vieille le vit fouiller dans sa poche, et y prendre un étui, des ciseaux et du fil, puis il se mit à découdre la doublure d'un pan de sa redingote et il tira de l'ouverture un morceau de papier 10 jaunâtre qu'il déplia. La vieille reconnut avec épouvante que c'était un billet de mille francs. C'était le second ou le troisième qu'elle voyait depuis qu'elle était au monde. Elle s'enfuit très effrayée.

Un moment après Jean Valjean l'aborda et la pria 15 d'aller lui changer ce billet de mille francs, ajoutant que c'était le semestre de sa rente qu'il avait touché la veille. —Où? pensa la vieille. Il n'est sorti qu'à six heures du soir, et la caisse du gouvernement n'est certainement pas ouverte à cette heure-là. — La vieille alla changer le billet 20 et fit ses conjectures.

## V

Il y avait près de Saint-Médard [1] un pauvre auquel Jean Valjean faisait volontiers la charité. Parfois il lui parlait. Un soir que Jean Valjean passait par là, il n'avait pas Cosette avec lui, il aperçut le mendiant à sa place ordi- 25 naire sous le réverbère qu'on venait d'allumer. Jean Val-jean alla à lui et lui mit dans la main son aumône accoutumée. Le mendiant leva brusquement les yeux, regarda fixement Jean Valjean, puis baissa rapidement la tête.

Ce mouvement fut comme un éclair, Jean Valjean eut un tressaillement. Il lui sembla qu'il venait d'entrevoir, à la lueur du réverbère une figure effrayante et connue. Il recula terrifié et pétrifié, n'osant ni respirer, ni parler, ni
5 rester, ni fuir, considérant le mendiant qui avait baissé sa tête couverte d'une loque et paraissait ne plus savoir qu'il était là. Dans ce moment étrange, un instinct, peut-être l'instinct mystérieux de la conservation, fit que Jean Valjean ne prononça pas une parole. Le mendiant avait la
10 même taille, les mêmes guenilles, la même apparence que tous les jours. — Bah !... dit Jean Valjean, je suis fou ! je rêve ! impossible ! — Et il rentra profondément troublé. C'est à peine s'il osait s'avouer à lui-même que cette figure qu'il avait cru voir était la figure de Javert.

15 Quelques jours après, il pouvait être huit heures du soir, il était dans sa chambre et il faisait épeler Cosette à haute voix, il entendit ouvrir, puis refermer la porte de la masure. Cela lui parut singulier. Il demeura en silence, immobile, le dos tourné à la porte, assis sur sa chaise
20 dont il n'avait pas bougé, retenant son souffle dans l'obscurité. Au bout d'un temps assez long, n'entendant plus rien, il se retourna sans faire de bruit, et, comme il levait les yeux vers la porte de sa chambre, il vit une lumière par le trou de la serrure. Il y avait évidemment là quel-
25 qu'un qui tenait une chandelle à la main et qui écoutait.

Quelques minutes s'écoulèrent, et la lumière s'en alla. Seulement il n'entendit aucun bruit de pas, ce qui semblait indiquer que celui qui était venu écouter à la porte avait ôté ses souliers.

30 Jean Valjean se jeta tout habillé sur son lit et ne put fermer l'œil de la nuit. Au point du jour, comme il s'assoupissait de fatigue, il fut réveillé par le grincement

d'une porte, puis il entendit le même pas d'homme qui
avait monté l'escalier la veille. Le pas s'approchait. Il
se jeta à bas du lit et appliqua son œil au trou de la
serrure, espérant voir au passage l'être quelconque qui
s'était introduit la nuit dans la masure et qui avait écouté 5
à sa porte. C'était un homme, en effet, qui passa, cette
fois sans s'arrêter, devant la chambre de Jean Valjean.
Le corridor était encore trop obscur pour qu'on pût distinguer son visage; mais quand l'homme arriva à l'escalier, un rayon de la lumière du dehors le fit saillir comme 10
une silhouette, et Jean Valjean le vit de dos complètement. C'était l'encolure formidable de Javert.

A la brune, il descendit et regarda avec attention de
tous les côtés du boulevard. Il n'y vit personne. Le
boulevard semblait absolument désert. Il remonta. 15

— Viens, dit-il à Cosette.

Il la prit par la main et ils sortirent tous deux.

Après avoir erré quelque temps, ils se trouvent acculés
dans un cul-de-sac avec un haut mur devant eux. Javert,
avec des soldats est à leur poursuite, et du pas dont ils 20
marchaient et avec les stations qu'ils faisaient, il leur fallait environ un quart d'heure pour arriver à l'endroit où
se trouvait Jean Valjean. Ce fut un instant affreux.
Quelques minutes séparaient Jean Valjean de cet épouvantable précipice qui s'ouvrait devant lui pour la troi- 25
sième fois. Et le bagne maintenant n'était plus seulement le bagne, c'était Cosette perdue à jamais; c'est-à-
dire une vie qui ressemblait au dedans d'une tombe.

Il n'y avait plus qu'une chose possible. Entre autres
ressources, grâce à ses nombreuses évasions du bagne de 30
Toulon, il était, on s'en souvient, passé maître dans cet
art incroyable de s'élever, sans échelles, sans crampons,

par la seule force musculaire, dans l'angle droit d'un mur, au besoin jusqu'à la hauteur d'un sixième étage.

Jean Valjean mesura des yeux la muraille au-dessus de laquelle il voyait un tilleul et un bâtiment. Elle avait 5 environ dix-huit pieds de haut. L'angle qu'elle faisait avec le pignon du bâtiment était rempli, dans sa partie inférieure, d'un massif de maçonnerie de forme triangulaire. Ce massif avait environ cinq pieds de haut. Du sommet de ce massif l'espace à franchir pour arriver sur 10 le mur n'était guère que de quatorze pieds.

La difficulté était Cosette. Cosette, elle, ne savait pas escalader un mur. L'abandonner ? Jean Valjean n'y songeait pas. L'emporter était impossible. Il aurait fallu une corde. Jean Valjean n'en avait pas. Certes, en cet 15 instant-là, si Jean Valjean avait eu un royaume, il l'eût donné pour une corde.[1]

Toutes les situations extrêmes ont leurs éclairs qui tantôt nous aveuglent, tantôt nous illuminent. Le regard désespéré de Jean Valjean rencontra la potence du réver- 20 bère du cul-de-sac Genrot.

A cette époque, il n'y avait point de becs de gaz dans les rues de Paris. A la nuit tombante on y allumait des réverbères placés de distance en distance, lesquels montaient et descendaient au moyen d'une corde qui traversait 25 la rue de part en part et qui s'ajustait dans la rainure d'une potence. Le tourniquet où se dévidait cette corde était scellé au-dessous de la lanterne dans une petite armoire de fer dont l'allumeur avait la clef, et la corde elle-même était protégée par un étui de métal.

30 Jean Valjean franchit la rue d'un bond, entra dans le cul-de-sac, fit sauter le pêne de la petite armoire avec la pointe de son couteau, et un instant après il était revenu

près de Cosette. Il avait une corde. Alors, sans se
hâter, mais sans s'y prendre à deux fois pour rien,[1] avec
une précision ferme et brève, d'autant plus remarquable
en un pareil moment que la patrouille et Javert pouvaient
survenir d'un instant à l'autre, il défit sa cravate, la passa 5
autour du corps de Cosette sous les aisselles, rattacha
cette cravate à un bout de la corde, prit l'autre bout de
cette corde dans ses dents, ôta ses souliers et ses bas,
qu'il jeta par-dessus la muraille, monta sur le massif de
maçonnerie et commença à s'élever dans l'angle du mur 10
et du pignon avec autant de solidité et de certitude que
s'il eût eu des échelons sous les talons et sous les coudes.
Une demi-minute ne s'était pas écoulée qu'il était à genoux sur le mur.

Cosette le considérait avec stupeur, sans dire une parole. 15
Tout à coup elle entendit la voix de Jean Valjean qui lui
criait, tout en restant très basse :

—Adosse-toi au mur. Ne dis pas un mot et n'aie pas
peur.

Et elle se sentit enlever de terre. 20

Avant qu'elle eût le temps de se reconnaître, elle était
au haut de la muraille. Jean Valjean la saisit, la mit sur
son dos, lui prit ses deux petites mains dans sa main
gauche, se coucha à plat ventre et rampa sur le haut du
mur jusqu'au pan coupé.[2] Comme il l'avait deviné, il y 25
avait là une bâtisse dont le toit partait du haut de la
clôture en bois et descendait fort près de terre, selon un
plan assez doucement incliné, en effleurant le tilleul. Il
venait d'arriver au plan incliné du toit et n'avait pas encore lâché la crête de la muraille lorsqu'un hourvari vio- 30
lent annonça l'arrivée de la patrouille. On entendit la
voix tonnante de Javert :

— Fouillez le cul-de-sac!

Les soldats se précipitèrent dans le cul-de-sac Genrot.

Jean Valjean se laissa glisser le long du toit, tout en soutenant Cosette, atteignit le tilleul et sauta à terre.

Jean Valjean se trouvait dans une espèce de jardin fort vaste et d'un aspect singulier; un de ces jardins tristes qui semblent faits pour être regardés l'hiver et la nuit. Il avait à côté de lui la bâtisse dont le toit lui avait servi pour descendre. La bâtisse était une sorte de ruine où l'on distinguait des chambres démantelées dont une, tout encombrée, semblait servir de hangar.

Le premier soin de Jean Valjean avait été de retrouver ses souliers et de se rechausser, puis d'entrer dans le hangar avec Cosette. Celui qui s'évade ne se croit jamais assez caché. L'enfant, songeant toujours à la Thénardier, partageait son instinct de se blottir le plus possible. Cosette tremblait et se serrait contre lui. On entendait le bruit tumultueux de la patrouille qui fouillait le cul-de-sac et la rue, les coups de crosses contre les pierres, les appels de Javert aux mouchards qu'il avait postés, et ses imprécations mêlées de paroles qu'on ne distinguait point. Au bout d'un quart d'heure, il sembla que cette espèce de grondement orageux commençait à s'éloigner. Jean Valjean ne respirait pas.

Au reste la solitude où il se trouvait était si étrangement calme que cet effroyable tapage, si furieux et si proche, n'y jetait même pas l'ombre d'un trouble.

Tout à coup au milieu de ce calme profond, un nouveau bruit s'éleva; un bruit céleste, divin, ineffable, aussi ravissant que l'autre était horrible. C'était un hymne qui sortait des ténèbres, un éblouissement de prière et d'harmonie dans l'obscur et effrayant silence de la nuit. Ce

chant venait du sombre édifice qui dominait le jardin.
Au moment où le vacarme des démons s'éloignait, on eût
dit un chœur d'anges qui s'approchait dans l'ombre.

Cosette et Jean Valjean tombèrent à genoux. Ils ne
savaient pas ce que c'était, ils ne savaient pas où ils
étaient, mais ils sentaient tous deux, l'homme et l'enfant, le
pénitent et l'innocent, qu'il fallait qu'ils fussent à genoux.

Le chant s'éteignit. Il avait peut-être duré longtemps.
Jean Valjean n'aurait pu le dire. Les heures de l'extase
ne sont jamais qu'une minute. Tout était retombé dans
le silence. Plus rien dans la rue, plus rien dans le jardin.
Le vent froissait dans la crête du mur quelques herbes
sèches qui faisaient un petit bruit doux et lugubre.

La bise de nuit s'était levée, ce qui indiquait qu'il devait être entre une et deux heures du matin. La pauvre
Cosette ne disait rien. Elle tremblait toujours.

— As-tu envie de dormir ! dit Jean Valjean.

— J'ai bien froid, répondit-elle.

La terre était humide, le hangar ouvert de toutes parts,
la bise plus fraîche à chaque instant. Le bonhomme ôta
sa redingote et en enveloppa Cosette.

— As-tu moins froid, ainsi ? dit-il.

— Oh oui, père.

Elle pencha sa tête sur lui et s'endormit.

Il se mit à la considérer. Peu à peu, à mesure qu'il la
regardait, il se calmait et il apercevait clairement cette
vérité, le fond de sa vie désormais, que tant qu'elle serait
là, tant qu'il l'aurait près de lui, il n'aurait besoin de rien
que pour elle, ni peur de rien qu'à cause d'elle. Il ne
sentait même pas qu'il avait très froid, ayant quitté sa
redingote pour l'en couvrir.

Cependant, à travers la rêverie où il était tombé, il entendait depuis quelque temps un bruit singulier. C'était comme un grelot qu'on agitait. Ce bruit était dans le jardin. Cela ressemblait à la petite musique vague que font les clarines des bestiaux la nuit dans les pâturages.

5 Ce bruit fit retourner Jean Valjean. Il regarda et vit qu'il y avait quelqu'un dans le jardin.

Un être qui ressemblait à un homme marchait au milieu des cloches[1] de la melonnière, se levant, se baissant, s'arrêtant avec des mouvements réguliers, comme s'il 10 traînait ou étendait quelque chose à terre. Cet être paraissait boiter.

Jean Valjean tressaillit avec ce tremblement continuel des malheureux. Tout leur est hostile et suspect. Ils se défient du jour, parce qu'il aide à les voir et de la nuit 15 parce qu'elle aide à les surprendre. Tout à l'heure il frissonnait de ce que le jardin était désert, maintenant il frissonnait de ce qu'il y avait quelqu'un. Il prit doucement Cosette endormie dans ses bras et la porta derrière un tas de vieux meubles hors d'usage, dans le coin le 20 plus reculé du hangar. De là il observa les allures de l'être qui était dans la melonnière. Ce qui était bizarre, c'est que le bruit du grelot suivait tous les mouvements de cet homme. Quand l'homme s'approchait, le bruit s'approchait; quand l'homme s'éloignait, le bruit s'éloi-25 gnait; s'il faisait quelque geste précipité, un trémolo accompagnait ce geste; quand il s'arrêtait, le bruit cessait. Il paraissait évident que le grelot était attaché à cet homme; mais alors qu'est-ce que cela pouvait signifier? qu'était-ce que cet homme auquel une clochette était sus-30 pendue comme à un bélier ou à un bœuf?

Tout en se faisant ces questions, il toucha les mains de Cosette. Elles étaient glacées.

Il la secoua vivement. Elle ne s'éveilla pas.

— Serait-elle morte? dit-il, et il se dressa debout, frémissant de la tête aux pieds.

Cosette, pâle, était retombée étendue à terre à ses pieds sans faire un mouvement. Il écouta son souffle; elle 5 respirait, mais d'une respiration qui lui paraissait faible et prête à s'éteindre.

Comment la réchauffer? comment la réveiller? Tout ce qui n'était pas ceci s'effaça de sa pensée. Il s'élança éperdu hors de la ruine. Il fallait absolument qu'avant 10 un quart d'heure Cosette fût devant un feu et dans un lit.

Il marcha droit à l'homme qu'il apercevait dans le jardin. Il avait pris à sa main le rouleau d'argent qui était dans la poche de son gilet. Cet homme baissait la tête et ne le voyait pas venir. En quelques enjambées, 15 Jean Valjean l'aborda en criant:

— Cent francs!

L'homme fit un soubresaut et leva les yeux.

— Cent francs à gagner, reprit Jean Valjean, si vous me donnez asile pour cette nuit! 20

La lune éclairait en plein le visage effaré de Jean Valjean.

— Tiens, c'est vous, père Madeleine! dit l'homme.

Ce nom, ainsi prononcé, à cette heure obscure, dans ce lieu inconnu, par cet homme inconnu, fit reculer Jean 25 Valjean. Il s'attendait à tout, excepté à cela. Celui qui lui parlait était un vieillard courbé et boiteux, vêtu à peu près comme un paysan, qui avait au genou gauche une genouillère de cuir où pendait une assez grosse clochette. On ne distinguait pas son visage, qui était dans l'ombre. 30 Cependant le bonhomme avait ôté son bonnet, et s'écriait tout tremblant:

—Ah! mon Dieu! comment êtes-vous ici, père Madeleine? par où êtes-vous entré? Vous tombez donc du ciel! Ce n'est pas l'embarras, si vous tombez jamais, c'est de là que vous tomberez. Et comme vous voilà fait!
5 Vous n'avez pas de cravate, vous n'avez pas de chapeau, vous n'avez pas d'habit! Mais comment donc êtes-vous entré ici?

—Qui êtes-vous? et qu'est-ce que c'est que cette maison-ci? demanda Jean Valjean.

10 —Ah! pardieu, voilà qui est fort, s'écria le vieillard, je suis celui que vous avez fait placer ici, et cette maison est celle où vous m'avez fait placer. Comment! vous ne me reconnaissez pas?

—Non, dit Jean Valjean. Et comment se fait-il que
15 vous me connaissiez, vous?

—Vous m'avez sauvé la vie, dit l'homme.

Il se tourna, un rayon de lune lui dessina le profil, et Jean Valjean reçonnut le vieux Fauchelevent.

—Ah! dit Jean Valjean, c'est vous? oui, je vous re-
20 connais.

—C'est bien heureux! fit le vieux d'un ton de reproche.

—Et que faites-vous ici? reprit Jean Valjean.

—Tiens! je couvre mes melons, donc! Je me suis dit: la lune est claire, il va geler. Si je mettais à mes
25 melons leurs carricks? Et ajouta-t-il, en regardant Jean Valjean avec un gros rire, vous auriez pardieu bien dû en faire autant! Mais comment donc êtes-vous ici?

Jean Valjean, se sentant connu par cet homme, du moins sous le nom de Madeleine, n'avançait plus qu'avec
30 précaution. Il multipliait les questions.

—Et qu'est-ce que c'est que cette sonnette que vous avez au genou?

—Ça? répondit Fauchelevent, c'est pour qu'on m'évite.

—Comment! pour qu'on vous évite?

Le vieux Fauchelevent cligna de l'œil d'un air inexprimable.

—Ah dame! il n'y a que des femmes dans cette maison-ci; beaucoup de jeunes filles. Il paraît que je serais dangereux à rencontrer. La sonnette les avertit. Quand je viens, elles s'en vont.

—Qu'est-ce que c'est que cette maison-ci?

—C'est le couvent du Petit-Picpus.

Les souvenirs revenaient à Jean Valjean. Le hasard, c'est-à-dire la providence, l'avait jeté précisément dans ce couvent du quartier Saint-Antoine, où le vieux Fauchelevent, estropié par la chute de sa charrette, avait été admis sur sa recommandation, il y avait deux ans de cela.

Il répéta comme se parlant à lui-même:

—Le couvent du Petit-Picpus.

—Ah çà, mais au fait, reprit Fauchelevent, comment diable avez-vous fait pour y entrer, vous, père Madeleine? Vous avez beau être un saint, vous êtes un homme, et il n'entre pas d'hommes ici.

—Cependant, reprit Jean Valjean, il faut que j'y reste.

—Ah mon Dieu! s'écria Fauchelevent.

Jean Valjean s'approcha du vieillard et lui dit d'une voix grave:

—Père Fauchelevent, je vous ai sauvé la vie.

—C'est moi qui m'en suis souvenu le premier, répondit Fauchelevent.

—Eh bien, vous pouvez faire aujourd'hui pour moi, ce que j'ai fait autrefois pour vous.

—Que voulez-vous que je fasse?

—Je vous expliquerai cela. Vous avez une chambre?

— J'ai une baraque isolée, là, derrière la ruine du vieux couvent, dans un recoin que personne ne voit. Il y a trois chambres.

— Bien, dit Jean Valjean. Maintenant, venez avec moi. Nous allons chercher l'enfant.

— Ah! dit Fauchelevent, il y a un enfant?

Il n'ajouta pas une parole et suivit Jean Valjean comme un chien suit son maître. Moins d'une demi-heure après, Cosette, redevenue rose à la flamme d'un bon feu, dormait dans le lit du vieux jardinier.

C'est dans cette maison que Jean Valjean était, comme l'avait dit Fauchelevent, «tombé du ciel.» Il avait franchi le mur du jardin qui faisait l'angle de la rue Polonceau. Cet hymne des anges qu'il avait entendu au milieu de la nuit, c'étaient les religieuses chantant matines; ce grelot dont le bruit l'avait si étrangement surpris, c'était le grelot du jardinier attaché au genou du père Fauchelevent.

Une fois Cosette couchée, Jean Valjean et Fauchelevent avaient, comme on l'a vu, soupé d'un verre de vin et d'un morceau de fromage devant un bon fagot flambant; puis, le seul lit qu'il y eût dans la baraque étant occupé par Cosette, ils s'étaient jetés chacun sur une botte de paille.

Avant de fermer les yeux, Jean Valjean avait dit : — Il faut que je reste ici. — Cette parole avait trotté toute la nuit dans la tête de Fauchelevent.

A vrai dire, ni l'un ni l'autre n'avaient dormi. Jean Valjean, se sentant découvert et Javert sur sa piste, comprenait que lui et Cosette étaient perdus s'ils rentraient dans Paris. Puisque le nouveau coup de vent qui venait de souffler sur lui l'avait échoué dans ce cloître, Jean Valjean n'avait plus qu'une pensée, y rester. Or, pour un malheureux dans sa position, ce couvent était à la fois le lieu le plus dangereux et le plus sûr; le plus dangereux, car, aucun homme ne pouvant y pénétrer, si on l'y découvrait, c'était un flagrant délit, et Jean Valjean ne faisait qu'un pas du couvent à la prison; le plus sûr, car si l'on parvenait à s'y faire accepter et à y demeurer, qui viendrait vous chercher là? Habiter un lieu impossible, c'était le salut.

De son côté, Fauchelevent se creusait la cervelle.

[Il finit enfin par faire accepter Jean Valjean comme jardinier suppléant.]

Le lendemain, en effet, on entendait deux grelots dans le jardin, et les religieuses ne résistaient pas à soulever un coin de leur voile. On voyait au fond, sous les arbres, deux hommes bêcher côte à côte, Fauvent, comme les religieuses appelaient Fauchelevent, et un autre. Événement énorme. Le silence fut rompu jusqu'à s'entredire: C'est un aide-jardinier.

Les mères vocales [1] ajoutaient:

C'est un frère au père Fauvent.

Jean Valjean, en effet, était régulièrement installé; il avait la genouillère de cuir et le grelot; il était désormais officiel. Il s'appelait Ultime Fauchelevent.

La prieure prit immédiatement Cosette en amitié, et lui donna place au pensionnat comme élève de charité.

Cosette au couvent continua de se taire.

Cosette se croyait tout naturellement la fille de Jean Valjean. Du reste, ne sachant rien, elle ne pouvait rien dire, et puis, dans tous les cas, elle n'aurait rien dit. Nous venons de le faire remarquer, rien ne dresse les enfants au silence comme le malheur. Cosette avait tant souffert qu'elle craignait tout, même de parler, même de respirer.

Cosette, en devenant pensionnaire du couvent, dut prendre l'habit des élèves de la maison. Jean Valjean obtint qu'on lui remît les vêtements qu'elle dépouillait. C'était ce même habillement de deuil qu'il lui avait fait revêtir lorsqu'elle avait quitté la gargote Thénardier. Il n'était pas encore très usé. Jean Valjean enferma ces nippes, plus les bas de laine et les souliers, avec force camphre et tous les aromates dont abondent les couvents, dans une petite valise qu'il trouva moyen de se procurer. Il mit cette valise sur une chaise près de son lit, et il en avait toujours la clef sur lui.

Les religieuses n'adoptèrent point le nom d'Ultime; elles appelèrent Jean Valjean *l'autre Fauvent*. Si ces saintes filles avaient eu quelque chose du regard de Javert, elles auraient pu finir par remarquer que lorsqu'il y avait quelque course à faire au dehors pour l'entretien du jardin, c'était toujours l'aîné Fauchelevent, le vieux, l'infirme, le bancal, qui sortait, et jamais l'autre.

Ce couvent était pour Jean Valjean comme une île entourée de gouffres. Ces quatre murs étaient désormais le monde pour lui. Il y voyait le ciel assez pour être serein et Cosette assez pour être heureux.

Une vie très douce recommença pour lui.

Il travaillait tous les jours dans le jardin et y était très utile. Il avait été jadis émondeur et se retrouvait volontiers jardinier. On se rappelle qu'il avait toutes sortes de recettes et de secrets de culture. Il en tira parti. Presque tous les arbres du verger étaient des sauvageons; il les écussonna et leur fit donner d'excellents fruits. Cosette avait permission de venir tous les jours passer une heure près du lui. Aux heures des récréations, Jean Valjean la regardait de loin jouer et courir, et il distinguait son rire du rire des autres.

La récréation finie, quand Cosette rentrait, Jean Valjean regardait les fenêtres de sa classe, et la nuit il se relevait pour regarder les fenêtres de son dortoir.

Du reste, Dieu a ses voies ; le couvent contribua, comme Cosette, à maintenir et à compléter dans Jean Valjean 5 l'œuvre de l'évêque. Il est certain qu'un des côtés de la vertu aboutit à l'orgueil. Il y a là un pont bâti par le diable. Jean Valjean était peut-être à son insu assez près de ce côté et de ce pont-là, lorsque la providence le jeta dans le couvent du Petit-Picpus ; tant qu'il ne s'était com- 10 paré qu'à l'évêque, il s'était trouvé indigne et il avait été humble ; mais depuis quelque temps il commençait à se comparer aux hommes, et l'orgueil naissait. Qui sait ? il aurait peut-être fini par revenir tout doucement à la haine.

Le couvent l'arrêta sur cette pente. 15

Quelquefois il s'accoudait sur sa bêche et descendait lentement dans les spirales sans fond de la rêverie. Il se rappelait ses anciens compagnons ; comme ils étaient misérables ; ils se levaient dès l'aube et travaillaient jusqu'à la nuit ; à peine leur laissait-on le sommeil ; ils cou- 20 chaient sur des lits de camp, où l'on ne leur tolérait que des matelas de deux pouces d'épaisseur, dans des salles qui n'étaient chauffées qu'aux mois les plus rudes de l'année ; ils étaient vêtues d'affreuses casaques rouges ; on leur permettait, par grâce, un pantalon de toile pen- 25 dant les grandes chaleurs et une roulière[1] de laine sur le dos dans les grands froids ; ils ne buvaient de vin et ne mangeaient de viande que lorsqu'ils allaient «à la fatigue.» Ils vivaient, n'ayant plus de noms, désignés seulement par des numéros et en quelque sorte faits chiffres, bais- 30 sant les yeux, baissant la voix, les cheveux coupés, sous le bâton, dans la honte.

Tout ce qui l'entourait, ce jardin paisible, ces fleurs embaumées, ces enfants poussant des cris joyeux, ces femmes graves et simples, ce cloître silencieux, le pénétraient lentement, et peu à peu son âme se composait de
5 silence comme ce cloître, de parfum comme ces fleurs, de paix comme ce jardin, de simplicité comme ces femmes, de joie comme ces enfants. Et puis il songeait que c'étaient deux maisons de Dieu qui l'avaient successivement recueilli aux deux instants critiques de sa vie, la
10 première lorsque toutes les portes se fermaient et que la société humaine le repoussait, la deuxième au moment où la société humaine se remettait à sa poursuite et où le bagne se rouvrait; et que sans la première il serait retombé dans le crime, et sans la seconde dans le supplice.
15 Tout son cœur se fondait en reconnaissance, et il aimait de plus en plus.

Plusieurs années s'écoulèrent ainsi; Cosette grandissait.

# TROISIÈME PARTIE

## MARIUS

### I

Paris a un enfant et la forêt a un oiseau; l'oiseau s'appelle le moineau; l'enfant s'appelle le gamin. Ce petit être est joyeux. Il ne mange pas tous les jours et il va au spectacle, si bon lui semble, tous les soirs. Il n'a pas de chemise sur le corps, pas de souliers aux pieds, pas de toit 5 sur la tête; il est comme les mouches du ciel qui n'ont rien de tout cela. Il a de sept à treize ans, vit par bandes, bat le pavé, loge en plein air, porte un vieux pantalon de son père qui lui descend plus bas que les talons, un vieux chapeau de quelque autre père qui lui descend plus bas que 10 les oreilles, une seule bretelle en lisière jaune, court, guette, quête, perd le temps, culotte des pipes, jure comme un damné, hante le cabaret, connaît des voleurs, parle argot, chante des chansons obscènes, et n'a rien de mauvais dans le cœur. C'est qu'il a dans l'âme une perle, l'innocence; 15 et les perles ne se dissolvent pas dans la boue. Tant que l'homme est enfant, Dieu veut qu'il soit innocent.

Si l'on demandait à l'énorme ville: Qu'est-ce que c'est que cela? elle répondrait: C'est mon petit.

Huit ou neuf ans environ après les événements racontés 20 dans la deuxième partie de cette histoire, on remarquait sur le boulevard du Temple[1] et dans les régions du Château-d'Eau un petit garçon de onze à douze ans qui eût assez correctement réalisé cet idéal du gamin ébauché plus

haut, si, avec le rire de son âge sur les lèvres, il n'eût pas
eu le cœur absolument sombre et vide.  Cet enfant était
bien affublé d'un pantalon d'homme, mais il ne le tenait pas
de son père, et d'une camisole de femme, mais il ne la tenait
5 pas de sa mère.  Des gens quelconques l'avaient habillé
de chiffons par charité.  Pourtant il avait un père et une
mère.  Mais son père ne songeait point à lui et sa mère ne
l'aimait point.  C'était un de ces enfants dignes de pitié
entre tous qui ont père et mère et qui sont orphelins.  Cet
10 enfant ne se sentait jamais si bien que dans la rue.  Le
pavé était moins dur que le cœur de sa mère.

Pourtant, si abandonné que fût cet enfant, il arrivait parfois, tous les deux ou trois mois, qu'il disait : Tiens, je vais
voir maman !  Alors il quittait le boulevard, descendait aux
15 quais, passait les ponts, gagnait les faubourgs, atteignait la
Salpêtrière,[1] et arrivait où?  Précisément à ce double numéro 50-52 que le lecteur connaît, à la masure Gorbeau.

A cette époque, la masure 50-52, habituellement déserte
et éternellement décorée de l'écriteau : «Chambres à louer,»
20 se trouvait, chose rare, habitée par plusieurs individus qui,
du reste, comme cela est toujours à Paris, n'avaient aucun
lien ni aucun rapport entre eux.  Tous appartenaient à
cette classe indigente qui commence à partir du dernier
petit bourgeois gêné et qui se prolonge de misère en misère
25 dans les bas-fonds de la société jusqu'à ces deux êtres auxquels toutes les choses matérielles de la civilisation viennent aboutir, l'égoutier qui balaye la boue et le chiffonnier
qui ramasse les guenilles.

Les plus misérables entre ceux qui habitaient la masure
30 étaient une famille de quatre personnes, le père, la mère et
deux filles déjà assez grandes, tous les quatre logés dans le
même galetas.  Cette famille n'offrait au premier abord

rien de très particulier que son extrême dénûment ; le père, en louant la chambre, avait dit s'appeler Jondrette.

Cette famille était la famille du joyeux va-nu-pieds. Il y arrivait et il y trouvait la détresse, et, ce qui est plus triste, aucun sourire, le froid dans l'âtre et le froid dans les cœurs. 5 Quand il entrait, on lui demandait : — D'où viens-tu ? Il répondait : — De la rue. Quand il s'en allait, on lui demandait : — Où vas-tu ? Il répondait : — Dans la rue. Sa mère lui disait : Qu'est-ce que tu viens faire ici ?

Cet enfant vivait dans cette absence d'affection comme 10 ces herbes pâles qui viennent dans les caves. Il ne souffrait pas d'être ainsi et n'en voulait à personne. Il ne savait pas au juste comment devaient être un père et une mère.

Du reste, sa mère aimait ses sœurs.

Nous avons oublié de dire que sur le boulevard du 15 Temple on nommait cet enfant le petit Gavroche. Pourquoi s'appelait-il Gavroche ? Probablement parce que son père s'appelait Jondrette. Casser le fil semble être l'instinct de certaines familles misérables.

La chambre que les Jondrette habitaient dans la masure 20 Gorbeau était la dernière au bout du corridor. La cellule d'à côté était occupée par un jeune homme très pauvre qu'on nommait Monsieur Marius.

Disons ce que c'était que M. Marius.

Rue Boucherat,¹ rue de Normandie et rue de Saintonge, 25 il existe encore quelques anciens habitants qui ont gardé le souvenir d'un bonhomme appelé M. Gillenormand, et qui en parlent avec complaisance.

M. Gillenormand était un de ces hommes devenus curieux à voir uniquement à cause qu'ils ont longtemps vécu, 30 et qui sont étranges parce qu'ils ont jadis ressemblé à tout le monde et que maintenant ils ne ressemblent plus à personne.

sonne.  C'était un vieillard particulier, et véritablement l'homme d'un autre âge.   Il avait dépassé quatre-vingt-dix ans, marchait droit, parlait haut, voyait clair, buvait sec, mangeait, dormait et ronflait.   Il avait ses trente-deux dents.  Il ne mettait de lunettes que pour lire.   Il avait une fille de cinquante ans passés, non mariée, qu'il rossait [1] très fort lorsqu'il se mettait en colère, et qu'il eût volontiers fouettée.   Elle lui faisait l'effet d'avoir huit ans.   Il avait pour domestiques, outre le portier, une femme de chambre, Nicolette, et un valet, gros homme fourbu et poussif, qu'il appelait «Basque» parcequ'il était né à Bayonne.[2]

— Il avait eu deux femmes; de la première une fille qui était restée fille, et de la seconde une autre fille, morte vers l'âge de trente ans, laquelle avait épousé par amour ou par hasard ou autrement un soldat de fortune qui avait servi dans les armées de la république et de l'empire, avait eu la croix[3] à Austerlitz et avait été fait colonel à Waterloo.  *C'est la honte de ma famille*, disait le vieux bourgeois.

Il y avait en outre dans la maison, entre cette vieille fille et ce vieillard, un enfant, un petit garçon toujours tremblant et muet devant M. Gillenormand.   M. Gillenormand ne parlait jamais à cet enfant que d'une voix sévère et quelquefois la canne levée : — *Ici ! monsieur, — maroufle, polisson, approchez ! — Répondez, drôle !  Que je vous voie, vaurien !* etc., etc.  Il l'idolâtrait.

C'était son petit-fils.  Nous retrouverons cet enfant. Son père, le colonel, s'était distingué dans les campagnes de Napoléon et avait accompagné celui-ci à l'île d'Elbe. A Waterloo, il était chef d'escadron de cuirassiers dans la brigade Dubois.  Ce fut lui qui prit le drapeau du bataillon de Lunebourg.  Il vint jeter le drapeau aux pieds de l'empereur. L'empereur, content, lui cria: *Tu es colonel, tu es baron, tu es officier de la Légion d'Honneur[1] !* Pontmercy répondit: *Sire, je vous remercie pour ma veuve.* Une heure après, il tombait grièvement blessé.

[Après la bataille, Thénardier qui rôde sur le champ de bataille 5 pour dévaliser les morts, tire le colonel de dessous un monceau de cadavres et lui rend ainsi la vie.]

La Restauration l'avait mis à la demi-solde, puis l'avait envoyé en résidence, c'est-à-dire en surveillance à Vernon.[2] Le roi Louis XVIII, considérant comme non avenu tout 10 ce qui s'était fait dans les Cent Jours,[3] ne lui reconnut ni sa qualité d'officier de la Légion d'honneur, ni son grade de colonel, ni son titre de baron.

Il n'avait rien, que sa très chétive demi-solde ce chef d'escadron. Il avait loué à Vernon la plus petite maison 15 qu'il avait pu trouver. Il y vivait seul. Sous l'empire, entre deux guerres, il avait trouvé le temps d'épouser mademoiselle Gillenormand. Le vieux bourgeois, indigné au fond, avait consenti en soupirant et en disant: *Les plus grandes familles y sont forcées.* En 1815, madame Pont- 20 mercy, femme, du reste, de tout point admirable, élevée et rare et digne de son mari, était morte, laissant un enfant. Cet enfant eût été la joie du colonel dans sa solitude; mais l'aïeul avait impérieusement réclamé son petit-fils, déclarant que, si on ne le lui donnait pas, il le déshériterait. Le 25 père avait cédé dans l'intérêt du petit, et, ne pouvant avoir son enfant, il s'était mis à aimer les fleurs.

L'enfant, qui s'appelait Marius, savait qu'il avait un père, mais rien de plus. Personne ne lui en ouvrait la bouche. Cependant, dans le monde où son grand-père le 30 menait, les chuchotements, les demi-mots, les clins d'yeux, s'étaient fait jour [4] à la longue dans l'esprit du petit; il

avait fini par comprendre quelque chose, et comme il prenait naturellement, par une sorte d'infiltration et de péné-
tration lente, les idées et les opinions qui étaient, pour
ainsi dire, son milieu respirable, il en vint peu à peu à ne
5 songer à son père qu'avec honte et le cœur serré.

Pendant qu'il grandissait ainsi, tous les deux ou trois
mois, le colonel s'échappait, venait furtivement à Paris, et
allait se poster à Saint-Sulpice,[1] à l'heure où la tante Gillenormand menait Marius à la messe.   Là, tremblant que
10 la tante ne se retournât, caché derrière un pilier, il regardait son enfant.

De là même était venue sa liaison avec le curé de Vernon, M. l'abbé Mabeuf.   Ce digne prêtre était frère d'un
marguillier de Saint-Sulpice, lequel avait plusieurs fois
15 remarqué cet homme contemplant son enfant, et la cicatrice
qu'il avait sur la joue, et la grosse larme qu'il avait dans
les yeux.   Un jour, étant allé à Vernon voir son frère, il
rencontra sur le pont le colonel Pontmercy et reconnut
l'homme de Saint-Sulpice.   Le marguillier en parla au
20 curé, et tous deux, sous un prétexte quelconque, firent une
visite au colonel.   Cette visite en amena d'autres.   Le
colonel, d'abord très fermé, finit par s'ouvrir, et le curé et
le marguillier arrivèrent à savoir toute l'histoire, et comment Pontmercy sacrifiait son bonheur à l'avenir de son
25 enfant.   Cela fit que le curé le prit en vénération et en
tendresse, et le colonel, de son côté, prit en affection le
curé.

Marius eut ses années de collège, puis il entra à l'école
de droit.   Il était royaliste, fanatique et austère.   En
30 1827, il venait d'atteindre ses dix-sept ans.   Comme il
rentrait un soir, il vit son grand-père qui tenait une lettre
à la main.

— Marius, dit M. Gillenormand, tu partiras demain pour Vernon.

— Pourquoi ? dit Marius.

— Pour voir ton père.

Marius eut un tremblement. Il avait songé à tout, ex- 5 cepté à ceci, qu'il pourrait un jour se faire qu'il eût à voir son père. Rien ne pouvait être pour lui plus inattendu, plus surprenant, et, disons-le, plus désagréable.

Marius, outre ses motifs d'antipathie politique, était convaincu que son père, le sabreur, comme l'appelait M. 10 Gillenormand dans ses jours de douceur, ne l'aimait pas; cela était évident, puisqu'il l'avait abandonné ainsi et laissé à d'autres. Ne se sentant point aimé, il n'aimait point. Rien de plus simple, se disait-il.

Il fut si stupéfait qu'il ne questionna point M. Gille- 15 normand. Le grand-père reprit :

— Il paraît qu'il est malade. Il te demande. Pars demain matin. Je crois qu'il y a une voiture qui part à six heures et qui arrive le soir. Prends-la. Il dit que c'est pressé.

Le lendemain, à la brune, Marius arrivait à Vernon. 20 Les chandelles commençaient à s'allumer. Il demanda au premier passant venu : *la maison de M. Pontmercy.*

On lui indiqua le logis. Il sonna ; une femme vint lui ouvrir, une petite lampe à la main.

— M. Pontmercy ? Est-ce ici ? dit Marius. 25

La femme fit de la tête un signe affirmatif.

— Pourrais-je lui parler ?

La femme fit un signe négatif.

— Mais je suis son fils ! reprit Marius. Il m'attend.

— Il ne vous attend plus, dit la femme. 30

Alors il s'aperçut qu'elle pleurait. Elle lui désigna du doigt la porte d'une salle basse ; il entra.

Le colonel était depuis trois jours atteint d'une fièvre
cérébrale. Au début de la maladie, ayant un mauvais
pressentiment, il avait écrit à M. Gillenormand pour demander son fils. La maladie avait empiré. Le soir
5 même de l'arrivée de Marius à Vernon, le colonel avait
eu un accès de délire; il s'était levé de son lit malgré la
servante en criant: — Mon fils n'arrive pas! je vais au-
devant de lui! — Puis il était sorti de sa chambre et était
tombé sur le carreau de l'antichambre. Il venait d'ex-
10 pirer. On avait appelé le médecin et le curé. Le médecin
était arrivé trop tard, le curé était arrivé trop tard. Le
fils aussi était arrivé trop tard.

Marius considéra cet homme qu'il voyait pour la première fois, et pour la dernière, ce visage vénérable et
15 mâle, ces yeux ouverts qui ne regardaient pas, ces cheveux blancs. Il considéra cette gigantesque balafre qui
imprimait l'héroïsme sur cette face où Dieu avait empreint
la bonté. Il songea que cet homme était son père et que
cet homme était mort, et il resta froid. En même temps,
20 il éprouvait comme un remords et il se méprisait d'agir
ainsi. Mais était-ce sa faute? Il n'aimait pas son père,
quoi!

Le colonel ne laissait rien. La vente du mobilier paya
à peine l'enterrement.

25 La servante trouva un chiffon de papier qu'elle remit à
Marius. Il y avait ceci, écrit de la main du colonel:

«*Pour mon fils*. — L'empereur m'a fait baron sur le
champ de bataille de Waterloo. Puisque la Restauration
me conteste ce titre que j'ai payé de mon sang, mon fils
30 le prendra et le portera. Il va sans dire qu'il en sera
digne.» Derrière, le colonel avait ajouté: «A cette même
bataille de Waterloo, un sergent m'a sauvé la vie. Cet

homme s'appelle Thénardier. Dans ces derniers temps, je crois qu'il tenait une petite auberge dans les environs de Paris, à Chelles ou à Montfermeil. Si mon fils le rencontre, il fera à Thénardier tout le bien qu'il pourra.»

Non par religion pour son père, mais à cause de ce respect vague de la mort qui est toujours si impérieux au cœur de l'homme, Marius prit ce papier et le serra.

## II

Marius avait gardé les habitudes religieuses de son enfance. Un dimanche qu'il était allé entendre la messe à Saint-Sulpice, il s'était placé derrière un pilier et agenouillé, un vieillard se présenta et lui dit:

— Monsieur, c'est ma place.

Marius s'écarta avec empressement, et le vieillard reprit sa chaise. La messe finie, Marius était resté pensif à quelques pas; le vieillard s'approcha de nouveau et lui dit:

— Je vous demande pardon, monsieur, de vous avoir dérangé tout à l'heure et de vous déranger encore en ce moment; mais vous avez dû me trouver fâcheux, il faut que je vous explique.

— Monsieur, dit Marius, c'est inutile.

— Si! reprit le vieillard, je ne veux pas que vous ayez mauvaise idée de moi. Voyez-vous, je tiens à cette place. C'est à cette place-là que j'ai vu venir pendant dix années, tous les deux ou trois mois régulièrement, un pauvre brave père qui n'avait pas d'autre occasion et pas d'autre manière de voir son enfant, parce que, pour des arrangements de famille, on l'en empêchait. Il venait à l'heure où il savait qu'on menait son fils à la messe. Il

regardait son enfant, et il pleurait. Il adorait ce petit, ce pauvre homme! J'ai vu cela. Cet endroit est devenu comme sanctifié pour moi, et j'ai pris l'habitude de venir y entendre la messe. J'ai même un peu connu ce mal-
5 heureux monsieur. Il avait un beau-père, une tante riche, des parents, je ne sais plus trop, qui menaçaient de dés-hériter l'enfant si, lui le père, il le voyait. Il s'était sacri-fié pour que son fils fût riche un jour et heureux. On l'en séparait pour opinion politique. C'était un colonel
10 de Bonaparte. Il est mort, je crois. Il demeurait à Vernon où j'ai mon frère curé, et il s'appelait quelque chose comme Pontmarie ou Montpercy ... — Il avait, ma foi, un beau coup de sabre.

— Pontmercy, dit Marius en pâlissant.

15 — Précisément, Pontmercy. Est-ce que vous l'avez connu?

— Monsieur, dit Marius, c'était mon père.

Le vieux marguillier joignit les mains, et s'écria:

— Ah! vous êtes l'enfant! Oui c'est cela, ce doit être
20 un homme à présent. Eh bien! pauvre enfant, vous pouvez dire que vous avez eu un père qui vous a bien aimé!

Marius offrit son bras au vieillard et le ramena jusqu'à son logis. Le lendemain, il dit à M. Gillenormand:

25 — Nous avons arrangé une partie de chasse avec quel-ques amis. Voulez-vous me permettre de m'absenter trois jours?

— Quatre! répondit le grand-père, va, amuse-toi.

Marius fut trois jours absent, puis il revint à Paris, alla
30 droit à la bibliothèque de l'école de droit et demanda la collection du *Moniteur*.[1]

Il lut le *Moniteur*, il lut toutes les histoires de la répu-

blique et de l'empire, tous les mémoires, les journaux, les
bulletins, les proclamations ; il dévora tout.   Le résultat
de ses lectures fut qu'il commença d'admirer son père et
de la réhabilitation du père il passa naturellement à la
réhabilitation de Napoléon.   Lorsqu'il fut pleinement ré- 5
volutionnaire, profondément démocrate et presque répu-
blicain, il alla chez un graveur et commanda cent cartes
portant ce nom : *Le baron Marius Pontmercy*.

Un jour il était allé à Montfermeil pour obéir à l'indication que son père lui avait laissée, et il avait cherché l'an- 10
cien sergent de Waterloo, l'aubergiste Thénardier.   Thé-·
nardier avait fait faillite, l'auberge était fermée, et l'on ne
savait ce qu'il était devenu.   Pour ces recherches, Marius
fut quatre jours hors de la maison.

— Décidément, dit le grand-père, il se dérange.        15

On avait cru remarquer qu'il portait sur sa poitrine et
sous sa chemise quelque chose qui était attaché à son cou
par un ruban noir et qu'il laissa un jour dans sa chambre
où M. Gillenormand le trouva.   C'était, en effet, une boîte
de chagrin noir, assez semblable à un médaillon, suspendue 20
à un cordon.   Le vieillard prit cette boîte et la montra à
sa fille et ensemble ils l'ouvrirent.   Ils n'y trouvèrent rien
qu'un papier soigneusement plié.

— Ah ! lisons donc ! dit la tante.

Et elle mit ses lunettes.   Ils déplièrent le papier et 25
lurent ceci :

«*Pour mon fils*. — L'empereur m'a fait baron sur le
champ de bataille de Waterloo.   Puisque la Restauration
me conteste ce titre que j'ai payé de mon sang, mon fils le
prendra et le portera.   Il va sans dire qu'il en sera digne.» 30

Ce que le père et la fille éprouvèrent ne saurait se dire.
Ils n'échangèrent pas un mot.

La tante examina le papier, le retourna dans tous les sens, puis le remit dans la boîte. Au même moment, un petit paquet carré long, enveloppé de papier bleu tomba d'une poche de la redingote. Mademoiselle Gillenormand le ramassa et développa le papier bleu. C'était le cent de cartes de Marius. Elle en passa une à M. Gillenormand qui lut : *Le baron Marius Pontmercy.*

Quelques instants après, Marius parut. Avant même d'avoir franchi le seuil du salon, il aperçut son grand-père qui tenait à la main une de ses cartes et qui, en le voyant, ·s'écria avec son air de supériorité bourgeoise et ricanante qui était quelque chose d'écrasant :

— Tiens ! tiens ! tiens ! tiens ! tiens ! tu es baron à présent. Je te fais mon compliment. Qu'est-ce que cela veut dire.

Marius rougit légèrement, et répondit :

— Cela veut dire que je suis le fils de mon père.

M. Gillenormand cessa de rire et dit durement :

— Ton père, c'est moi.

— Mon père, reprit Marius les yeux baissés et l'air sévère, c'était un homme humble et héroïque qui a glorieusement servi la république et la France, qui a été grand dans la plus grande histoire que les hommes aient jamais faite, qui a vécu un quart de siècle au bivouac, le jour sous la mitraille et sous les balles, la nuit dans la neige, dans la boue, sous la pluie, qui a pris deux drapeaux, qui a reçu vingt blessures, qui est mort dans l'oubli et dans l'abandon, et qui n'a jamais eu qu'un tort, c'est de trop aimer deux ingrats, son pays et moi.

C'était plus que M. Gillenormand n'en pouvait entendre. A ce mot, *la république,* il s'était levé, ou pour mieux dire, dressé debout. Chacune des paroles que Marius venait

de prononcer avait fait sur le visage du vieux royaliste
l'effet des bouffées d'un soufflet de forge sur un tison ardent. De sombre, il était devenu rouge, de rouge pourpre,
et de pourpre flamboyant. Après quelques instants, le
vieillard, d'écarlate qu'il était, devint subitement plus blanc 5
que ses cheveux. Puis il alla deux fois, lentement et en
silence, de la cheminée à la fenêtre et de la fenêtre à la
cheminée, traversant toute la salle et faisant craquer le
parquet comme une figure de pierre qui marche. A la
seconde fois il se pencha vers sa fille, qui assistait à ce 10
choc avec la stupeur d'une vieille brebis, et lui dit en
souriant d'un sourire presque calme:

— Un baron comme monsieur et un bourgeois comme
moi ne peuvent rester sous le même toit.

Et tout à coup se redressant, blême, tremblant, terrible, 15
il étendit le bras vers Marius et lui cria:

— Va-t'en.

Marius quitta la maison.

Le lendemain, M. Gillenormand dit à sa fille:

— Vous enverrez tous les six mois soixante pistoles à 20
ce buveur de sang, et vous ne m'en parlerez jamais.

[Marius continue ses études à l'école de droit; cependant pour
vivre, il est obligé de vendre ses meilleurs habits et sa montre.]

La vie devint sévère pour Marius. Manger ses habits
et sa montre, ce n'était rien. Il mangea de cette chose 25
inexprimable qu'on appelle *de la vache enragée.*[1] Chose
horrible, qui contient les jours sans pain, les nuits sans
sommeil, les soirs sans chandelle, l'âtre sans feu, les semaines sans travail, l'avenir sans espérance, l'habit percé
au coude, le vieux chapeau qui fait rire les jeunes filles, la 30
porte qu'on trouve fermée le soir parce qu'on ne paye pas
son loyer, les dégoûts, l'amertume, l'accablement. Marius

apprit comment on dévore tout cela, et comment ce sont souvent les seules choses qu'on ait à dévorer. A ce moment de l'existence où l'homme a besoin d'orgueil, parce qu'il a besoin d'amour, il se sentit moqué parce qu'il était
5 mal vêtu, et ridicule parce qu'il était pauvre. Admirable et terrible épreuve dont les faibles sortent infâmes, dont les forts sortent sublimes. Creuset où la destinée jette un homme, toutes les fois qu'elle veut avoir un gredin ou un demi-dieu.

10    Car il se fait beaucoup de grandes actions dans les petites luttes. Il y a des bravoures opiniâtres et ignorées qui se défendent pied à pied dans l'ombre contre l'envahissement fatal des nécessités et des turpitudes. Nobles et mystérieux triomphes qu'aucun regard ne voit, qu'au-
15 cune renommée ne paye, qu'aucune fanfare ne salue. La vie, le malheur, l'isolement, l'abandon, la pauvreté, sont des champs de bataille qui ont leurs héros ; héros obscurs, plus grands parfois que les héros illustres. De fermes et rares natures sont ainsi créées ; la misère, presque toujours
20 marâtre, et quelquefois mère ; le dénûment enfante la puissance d'âme et d'esprit ; la détresse est nourrice de la fierté ; le malheur est un bon lait pour les magnanimes.

A plusieurs reprises la tante Gillenormand fit des tentatives, et adressa à Marius les soixante pistoles. Il les
25 renvoya constamment, en disant qu'il n'avait besoin de rien. Il était encore en deuil de son père quand la révolution que nous avons racontée s'était faite en lui. Depuis lors, il n'avait plus quitté les vêtements noirs. Cependant ses vêtements le quittèrent. Un jour vint où il n'eut plus
30 d'habit. Le pantalon allait encore. Que faire ? Son ami Courfeyrac, auquel il avait de son côté rendu quelques bons offices, lui donna un vieil habit. Pour trente sous,

Marius le fit retourner par un portier quelconque, et ce fut un habit neuf. Mais cet habit était vert. Alors Marius ne sortit plus qu'à la chute du jour. Cela faisait que son habit était noir. Voulant toujours être en deuil, il se vêtait de la nuit. A travers tout cela, il se fit recevoir avocat. 5 Il en informa son grand-père par une lettre froide, mais pleine de soumission et de respect. M. Gillenormand prit la lettre avec un tremblement, la lut et la jeta, déchirée en quatre, au panier.

### III

Il en est de la misère comme de tout. Elle arrive à 10 devenir possible. Elle finit par prendre une forme et se composer. On végète, c'est-à-dire on se développe d'une certaine façon chétive, mais suffisante à la vie. Voici de quelle manière l'existence de Marius Pontmercy s'était arrangée : 15

Il était sorti du plus étroit ; le défilé s'élargissait un peu devant lui. A force de labeur, de courage, de persévérance et de volonté, il était parvenu à tirer de son travail environ sept cents francs par an. Il faisait des prospectus, traduisait des journaux, annotait des éditions, compilait 20 des biographies, etc., produit net, bon an, mal an, sept cents francs. Il en vivait. Comment ? Pas mal. Nous l'allons dire.

Marius occupait dans la masure Gorbeau, moyennant le prix annuel de trente francs, un taudis sans cheminée, où 25 il n'y avait, en fait de meubles, que l'indispensable. Ces meubles étaient à lui. Il donnait trois francs par mois à la vieille principale locataire pour qu'elle vînt balayer le taudis et lui apporter chaque matin un peu d'eau chaude,

un œuf frais et un pain d'un sou.  De ce pain et de cet
œuf, il déjeunait.  Son déjeuner variait de deux à quatre
sous selon que les œufs étaient chers ou bon marché.  A
six heures du soir, il descendait rue Saint-Jacques dîner
5 chez Rousseau.¹  Il prenait un plat de viande de six sous,
un demi-plat de légumes de trois sous, et un dessert de
trois sous.  Pour trois sous, du pain à discrétion.  Il donnait un sou au garçon et madame Rousseau lui donnait un
sourire.  Puis il s'en allait.  Pour seize sous, il avait un
10 sourire et un dîner.

Ainsi, déjeuner quatre sous, dîner seize sous, sa nourriture lui coûtait vingt sous par jour ; ce qui faisait trois
cent soixante-cinq francs par an.  Ajoutez les trente
francs de loyer et les trente-six francs à la vieille, plus
15 quelques menus frais ; pour quatre cent cinquante francs,
Marius était nourri, logé et servi.  Son habillement lui
coûtait cent francs, son linge cinquante francs, son blanchissage cinquante francs, le tout ne dépassait pas six
cent cinquante francs.  Il lui restait cinquante francs.  Il
20 était riche.

Pour que Marius en vînt à cette situation florissante,
il avait fallu des années.  Années rudes ; difficiles, les
unes à traverser, les autres à gravir.  Marius n'avait point
failli un seul jour.  Il avait tout subi, en fait de dé-
25 nûment ; il avait tout fait, excepté des dettes.  Il se rendait ce témoignage que jamais il n'avait dû un sou à personne.  Pour lui, une dette, c'était le commencement de
l'esclavage.  Il se disait même qu'un créancier est pire
qu'un maître ; car un maître ne possède que votre per-
30 sonne, un créancier possède votre dignité et peut la souffleter.  Plutôt que d'emprunter, il ne mangeait pas.  Il
avait eu beaucoup de jours de jeûne.  Il ne hasardait

rien, ne voulant pas reculer. Il avait sur le visage une sorte de rougeur sévère. Il était timide jusqu'à l 'âpreté. Dans toutes ses épreuves il se sentait encouragé et quelquefois même porté par une force secrète qu'il avait en lui. L'âme aide le corps, et à de certains moments le soulève. C'est le seul oiseau qui soutienne sa cage.

A côté du nom de son père, un autre nom était gravé dans le cœur de Marius, le nom de Thénardier. Il ne séparait jamais le souvenir de cet homme du souvenir de son père, et il les associait dans sa vénération. C'était une sorte de culte à deux degrés, le grand autel pour le colonel, le petit pour Thénardier. Ce qui redoublait l'attendrissement de sa reconnaissance, c'est l'idée de l'infortune où il savait Thénardier tombé et englouti. Marius avait appris à Montfermeil la ruine et la faillite du malheureux aubergiste. Depuis il avait fait des efforts inouïs pour saisir sa trace et tâcher d'arriver à lui dans ce ténébreux abîme de la misère où Thénardier avait disparu.

A cette époque, Marius avait vingt ans. Il y avait trois ans qu'il avait quitté son grand-père. On était resté dans les mêmes termes de part et d'autre, sans tenter de rapprochement et sans chercher à se revoir. D'ailleurs, se revoir, à quoi bon ? pour se heurter ?

Disons-le, Marius s'était mépris sur le cœur de son grand-père. Il s'était figuré que M. Gillenormand ne l'avait jamais aimé, et que ce bonhomme bref, dur et riant, qui jurait, criait, tempêtait et levait la canne, n'avait pour lui tout au plus que cette affection à la fois légère et sévère des gérontes de comédie. Marius se trompait. Il y a des pères qui n'aiment pas leurs enfants ; il n'existe point d'aïeul qui n'adore son petit-fils. Au fond, nous l'avons dit, M. Gillenormand idolâtrait Ma-

rius. Il l'idolâtrait à sa façon, avec accompagnement de bourrades et même de gifles ; mais, cet enfant disparu, il se sentit un vide noir dans le cœur ; il exigea qu'on ne lui en parlât plus, en regrettant tout bas d'être si bien
5 obéi.

Vers le milieu de cette année 1831, la vieille qui servait Marius lui conta qu'on allait mettre à la porte ses voisins, le misérable ménage Jondrette. Marius, qui passait presque toutes ses journées dehors, savait à peine
10 qu'il eût des voisins.

— Pourquoi les renvoie-t-on ? dit-il.

— Parce qu'ils ne payent pas leur loyer, ils doivent deux termes.

— Combien est-ce ?
15 — Vingt francs, dit la vieille.

Marius avait trente francs en réserve dans un tiroir.

— Tenez, dit-il à la vieille, voilà vingt-cinq francs. Payez pour ces pauvres gens, donnez-leur cinq francs et ne dites pas que c'est moi.


## IV

20 Marius, à cette époque, était un beau jeune homme de moyenne taille avec d'épais cheveux noirs, un front haut et intelligent, les narines ouvertes et passionnées, l'air sincère et calme, et sur tout son visage je ne sais quoi qui était hautain, pensif et innocent. Son profil, dont toutes
25 les lignes étaient arrondies sans cesser d'être fermes, avait cette douceur germanique qui a pénétré dans la physionomie française par l'Alsace et la Lorraine, et cette absence complète d'angles qui rendaient les Sicambres si reconnaissables parmi les Romains et qui distingue la

race léonine de la race aquiline. Il était à cette saison
de la vie où l'esprit des hommes qui pensent se compose,
presque à proportions égales, de profondeur et de naïveté.
Une situation grave étant donnée, il avait tout ce qu'il
fallait pour être stupide, un tour de clef de plus, il pouvait 5
être sublime. Ses façons étaient réservées, froides, polies,
peu ouvertes. Comme sa bouche était charmante, ses
lèvres les plus vermeilles et ses dents les plus blanches
du monde, son sourire corrigeait ce que toute sa physionomie avait de sévère. A de certains moments, c'était 10
un singulier contraste que ce front chaste et ce sourire
voluptueux. Il avait l'œil petit et le regard grand.

Au temps de sa pire misère, il remarquait que les
jeunes filles se retournaient quand il passait, et il se
sauvait ou se cachait, la mort dans l'âme. Il pensait 15
qu'elles le regardaient pour ses vieux habits et qu'elles
en riaient; le fait est qu'elles le regardaient pour sa grâce
et qu'elles en rêvaient. Ce muet malentendu entre lui et
les jolies passantes l'avait rendu farouche. Il n'en choisit
aucune, par l'excellente raison qu'il s'enfuyait devant 20
toutes. Il vécut ainsi indéfiniment, bêtement, disait Courfeyrac.

Courfeyrac lui disait encore : N'aspire pas à être vénérable (car ils se tutoyaient, glisser au tutoiement est la
pente des amitiés jeunes). Mon cher, un conseil. Ne 25
lis pas tant dans les livres et regarde un peu plus les
margotons.[1] Les coquines ont du bon, ô Marius ! A force
de t'enfuir et de rougir, tu t'abrutiras.

D'autres fois Courfeyrac le rencontrait et lui disait : —
Bonjour, monsieur l'abbé. 30

Quand Courfeyrac lui avait tenu quelque propos de ce
genre, Marius était huit jours à éviter plus que jamais les

femmes, jeunes et vieilles, et il évitait pardessus le marché
Courfeyrac. Il y avait pourtant dans toute l'immense
création deux femmes que Marius ne fuyait pas et auxquelles il ne prenait pas garde. A la vérité, on l'eût fort
5 étonné si on lui eût dit que c'étaient des femmes. L'une
était la vieille barbue qui balayait sa chambre et qui faisait dire à Courfeyrac : — Voyant que sa servante porte
sa barbe, Marius ne porte point la sienne. — L'autre était
une espèce de petite fille qu'il voyait très souvent et qu'il
10 ne regardait jamais.

Le plaisir de Marius était de faire de longues promenades seul sur les boulevards, ou au Champ de Mars,[1] ou
dans les allées les moins fréquentées du Luxembourg.[2]

Depuis plus d'un an, dans une de ces promenades,
15 Marius remarquait dans une allée déserte du Luxembourg,
un homme et une toute jeune fille presque toujours assis
côte à côte sur le même banc à l'extrémité la plus solitaire
de l'allée, du côté de la rue de l'Ouest.[3] Chaque fois que
ce hasard qui se mêle aux promenades des gens dont l'œil
20 est retourné en dedans, amenait Marius dans cette allée,
et c'était presque tous les jours, il y retrouvait ce couple.
L'homme pouvait avoir une soixantaine d'années ; il paraissait triste et sérieux ; toute sa personne offrait cet
aspect robuste et fatigué des gens de guerre retirés du
25 service. S'il avait eu une décoration, Marius eût dit :
C'est un ancien officier. Il avait l'air bon, mais inabordable, et il n'arrêtait jamais son regard sur le regard de
personne. Il portait un pantalon bleu, une redingote
bleue et un chapeau à bords larges qui paraissaient tou-
30 jours neufs, une cravate noire et une chemise de quaker,
c'est-à-dire éclatante de blancheur, mais de grosse toile.
Il avait les cheveux très blancs.

La première fois que la jeune fille qui l'accompagnait vint s'asseoir avec lui sur le banc qu'ils semblaient avoir adopté, c'était une façon de fille de treize à quatorze ans, maigre, au point d'en être presque laide, gauche, insignifiante, et qui promettait peut-être d'avoir d'assez beaux yeux. Seulement ils étaient toujours levés avec une sorte d'assurance déplaisante. Elle avait cette mise à la fois vieille et enfantine des pensionnaires de couvent; une robe mal coupée de gros mérinos noir. Ils avaient l'air du père et de la fille.

Marius avait pris l'habitude machinale de se promener dans cette allée. Il les y retrouvait invariablement.

Voici comment la chose se passait:

Marius arrivait le plus volontiers par le bout de l'allée opposé à leur banc, il marchait toute la longueur de l'allée, passait devant eux, puis s'en retournait jusqu'à l'extrémité par où il était venu, et recommençait. Il faisait ce va-et-vient cinq ou six fois dans sa promenade, et cette promenade cinq ou six fois par semaine sans qu'ils en fussent arrivés, cès gens et lui, à échanger un salut. Ce personnage et cette jeune fille, quoiqu'ils parussent et peut-être parce qu'ils paraissaient éviter les regards, avaient naturellement quelque peu éveillé l'attention des cinq ou six étudiants qui se promenaient de temps en temps le long de l'allée; les studieux après leur cours, les autres après leur partie de billard. Courfeyrac, qui était des derniers, les avait observés quelque temps, mais trouvant la fille laide, il s'en était bien vite et soigneusement écarté. Frappé uniquement de la robe de la petite et des cheveux du vieux, il avait appelé la fille *mademoiselle Lanoire* et le père *monsieur Leblanc*, si bien que personne ne les connaissant d'ailleurs, en l'absence du nom, le surnom avait fait loi.  Marius, comme les autres, avait trouvé commode d'appeler ce monsieur inconnu M. Leblanc.  Nous ferons comme eux, et nous dirons M. Leblanc pour la facilité de ce récit.

5    Marius les vit ainsi presque tous les jours à la même heure pendant la première année.  Il trouvait l'homme à son gré, mais la fille assez maussade.

La seconde année, précisément au point de cette histoire où le lecteur est parvenu, il arriva que cette habitude de 10 Luxembourg s'interrompit, sans que Marius sût trop pourquoi lui-même, et qu'il fut près de six mois sans mettre les pieds dans son allée.  Un jour enfin il y retourna ; c'était par une sereine matinée d'été.  Il alla droit «à son allée,» et quand il fut au bout, il aperçut toujours sur le même 15 banc, ce couple connu.  Seulement, quand il approcha, c'était bien le même homme ; mais il lui parut que ce n'était plus la même fille.  La personne qu'il voyait maintenant était une grande et belle créature ayant toutes les formes les plus charmantes de la femme à ce moment 20 précis où elles se combinent encore avec toutes les grâces les plus naïves de l'enfant ; moment fugitif et pur que peuvent seuls traduire ces deux mots : quinze ans. C'étaient d'admirables cheveux châtains nuancés de veines dorées, un front qui semblait fait de marbre, des joues qui sem- 25 blaient faites d'une feuille de rose, un incarnat pâle, une blancheur émue,¹ une bouche exquise d'où le sourire sortait comme une clarté et la parole comme une musique.  Et, afin que rien ne manquât à cette ravissante figure, le nez n'était pas beau, il était joli ; ni droit ni courbé, ni italien 30 ni grec ; c'était le nez parisien.

Dans le premier moment, Marius pensa que c'était une autre fille du même homme, une sœur sans doute de la

première. Mais quand l'invariable habitude de la promenade le ramena pour la seconde fois près du banc, et qu'il
l'eut examinée avec attention, il reconnut que c'était la
même. En six mois, la petite fille était devenue jeune fille ;
voilà tout. Rien n'est plus fréquent que ce phénomène. 5
Il y a un instant où les filles s'épanouissent en un clin d'œil
et deviennent des roses tout à coup. Hier on les a laissées
enfants, aujourd'hui on les retrouve inquiétantes. Celle-ci
n'avait pas seulement grandi, elle s'était idéalisée. Comme
trois jours en avril suffisent à de certains arbres pour se 10
couvrir de fleurs, six mois lui avaient suffi pour se vêtir de
beauté. Son avril à elle était venu.

Et puis ce n'était plus la pensionnaire avec son chapeau
de peluche, sa robe de mérinos, ses souliers d'écolier et ses
mains rouges ; le goût lui était venu avec la beauté ; c'était 15
une personne bien mise avec une sorte d'élégance simple
et riche, et sans manière. Elle avait une robe de damas
noir, un camail de même étoffe et un chapeau de crêpe
blanc. Ses gants blancs montraient la finesse de sa main
qui jouait avec le manche d'une ombrelle en ivoire chinois, 20
et son brodequin de soie dessinait la petitesse de son pied.

Quant à l'homme, il était toujours le même.

La seconde fois que Marius arriva près d'elle, la jeune
fille leva les paupières, ses yeux étaient d'un bleu céleste
et profond, mais dans cet azur voilé il n'y avait encore que 25
le regard d'un enfant. Elle regarda Marius avec indifférence, comme elle eût regardé le marmot qui courait sous
les sycomores, ou le vase de marbre qui faisait de l'ombre
sur le banc. Il passa encore quatre ou cinq fois près du
banc où était la jeune fille, mais sans même tourner les yeux 30
vers elle.

Les jours suivants il revint comme à l'ordinaire au Luxembourg, comme à l'ordinaire il y trouva «le père et la fille» ; mais il n'y fit plus attention. Il ne songea pas plus à cette fille quand elle fut belle qu'il n'y songeait lorsqu'elle était laide. Il passait fort près du banc où elle était, parce que c'était son habitude.

Un jour, l'air était tiède, le Luxembourg était inondé d'ombre et de soleil, le ciel était pur comme si les anges l'eussent lavé le matin, les passereaux poussaient de petits cris dans les profondeurs des marronniers. Marius avait ouvert toute son âme à la nature, il ne pensait à rien, il vivait et il respirait, il passa près de ce banc, la jeune fille leva les yeux sur lui, leurs deux regards se rencontrèrent.

Qu'y avait-il, cette fois, dans le regard de la jeune fille ? Marius n'eût pu le dire. Il n'y avait rien et il y avait tout. Ce fut un étrange éclair.

Elle baissa les yeux, et il continua son chemin.

Le soir, en rentrant dans son galetas, Marius jeta les yeux sur son vêtement, et s'aperçut pour la première fois qu'il avait la malpropreté, l'inconvenance et la stupidité inouïe d'aller se promener au Luxembourg avec ses habits «de tous les jours,» c'est-à-dire avec un chapeau cassé près de la ganse, de grosses bottes de roulier, un pantalon noir blanc aux genoux et un habit noir pâle aux coudes.

Le lendemain, à l'heure accoutumée, Marius tira de son armoire son habit neuf, son pantalon neuf, son chapeau neuf et ses bottes neuves ; il se revêtit de cette panoplie complète, mit des gants, luxe prodigieux, et s'en alla au Luxembourg. Chemin faisant, il rencontra Courfeyrac, et feignit de ne pas le voir. Courfeyrac en rentrant chez lui dit à ses amis :

— Je viens de rencontrer le chapeau neuf et l'habit neuf de Marius, et Marius dedans. Il allait sans doute passer un examen. Il avait l'air tout bête.

Arrivé au Luxembourg, Marius fit le tour du bassin et
considéra les cygnes, puis il demeura longtemps en contemplation devant une statue qui avait la tête toute noire
de moisissure et à laquelle une hanche manquait.

En débouchant dans l'allée, il aperçut, à l'autre bout 5
«sur leur banc» M. Leblanc et la jeune fille. Il boutonna
son habit jusqu'en haut, le tendit sur son torse pour qu'il
ne fit pas de plis, examina avec une certaine complaisance
les reflets lustrés de son pantalon et marcha sur le banc.
Il y avait de l'attaque dans cette marche et certainement 10
une velléité de conquête. Je dis donc il marcha sur le
banc, comme je dirais : Annibal marcha sur Rome.

A mesure qu'il approchait, son pas se ralentissait de plus
en plus. Parvenu à une certaine distance du banc, bien
avant d'être à la fin de l'allée, il s'arrêta, et il ne put savoir 15
lui-même comment il se fit qu'il rebroussa chemin. Il ne
se dit même point qu'il n'allait pas jusqu'au bout. Ce fut
à peine si la jeune fille put l'apercevoir de loin et voir le
bel air qu'il avait dans ses habits neufs. Cependant il se
tenait très droit, pour avoir bonne mine dans le cas où 20
quelqu'un qui serait derrière lui le regarderait.

Il atteignit le bout opposé, puis revint, et cette fois il
s'approcha un peu plus près du banc. Il parvint même
jusqu'à une distance de trois intervalles d'arbres mais là il
sentit je ne sais quelle impossibilité d'aller plus loin, et il 25
hésita. Il avait cru voir le visage de la jeune fille se
pencher vers lui. Cependant il fit un effort viril et violent,
dompta l'hésitation et continua d'aller en avant. Quelques
secondes après, il passait devant le banc, droit et ferme,
rouge jusqu'aux oreilles, sans oser jeter un regard à droite 30
ni à gauche, la main dans son habit comme un homme
d'état. Au moment où il passa — sous le canon de la

place — il éprouva un affreux battement de cœur. Elle avait comme la veille sa robe de damas et son chapeau de crêpe. Il entendit une voix ineffable qui devait être «sa voix.» Elle causait tranquillement. Elle était bien jolie.

5 Il le sentait, quoiqu'il n'essayât pas de la voir. Il n'essaya plus de s'approcher du banc, il s'arrêta vers la moitié de l'allée, et là, chose qu'il ne faisait jamais, il s'assit, jetant des regards de côté, et songeant dans les profondeurs les plus indistinctes de son esprit qu'après tout, il était difficile

10 que les personnes dont il admirait le chapeau blanc et la robe noire fussent absolument insensibles à son pantalon lustré et à son habit neuf.

Au bout d'un quart d'heure il se leva, comme s'il allait recommencer à marcher vers ce banc qu'une auréole entou-

15 rait. Cependant il restait debout et immobile. Il demeura ainsi quelques minutes la tête baissée et faisant des dessins sur le sable avec une baguette qu'il avait à la main. Puis il se tourna brusquement du côté opposé au banc, à M. Leblanc et à sa fille, et s'en revint chez lui.

20 Ce jour-là, il oublia d'aller dîner. A huit heures du soir, il s'en aperçut, et comme il était trop tard pour descendre rue Saint-Jacques, tiens! dit-il, et il mangea un morceau de pain. Il ne se coucha qu'après avoir brossé son habit et l'avoir plié avec soin.

25 Le lendemain, mame Bougon, c'est ainsi que Courfeyrac nommait la vieille portière-principale-locataire-femme-de-ménage de la masure Gorbeau, mame Bougon, elle s'appelait en réalité madame Burgon, stupéfaite, remarqua que M. Marius sortait encore avec son habit neuf. Il retourna au

30 Luxembourg, mais il ne dépassa point son banc de la moitié de l'allée. Il s'y assit comme la veille, considérant de loin et voyant distinctement le chapeau blanc, la robe noire et

surtout la lueur bleue. Il n'en bougea pas, et ne rentra chez lui que lorsqu'on ferma les portes du Luxembourg.

Le lendemain, c'était le troisième jour, mame Bougon fut refoudroyée. Marius sortit avec son habit neuf. — Trois jours de suite ! s'écria-t-elle. 5

Elle essaya de le suivre, mais Marius marchait lestement et avec d'immenses enjambées ; c'était un hippopotame entreprenant la poursuite d'un chamois. Elle le perdit de vue en deux minutes et rentra essoufflée par son asthme, furieuse. — Si cela a du bon sens, grommela-t-elle, de mettre 10 ses beaux habits tous les jours et de faire courir les personnes comme cela !

Marius s'était rendu au Luxembourg.

Une quinzaine s'écoula ainsi. Marius allait au Luxembourg non plus pour se promener, mais pour s'y asseoir 15 toujours à la même place et sans savoir pourquoi. Arrivé là, il ne remuait plus.

Un des derniers jours de la seconde semaine, Marius était comme à l'ordinaire assis sur son banc, tenant à la main un livre ouvert dont depuis deux heures il n'avait pas 20 tourné une page. Tout à coup il tressaillit. Un événement se passait à l'extrémité de l'allée. M. Leblanc et sa fille venaient de quitter leur banc, la fille avait pris le bras du père, et tous deux se dirigeaient lentement vers le milieu de l'allée où était Marius. Marius ferma son livre, puis il 25 le rouvrit, puis il s'efforça de lire. Il tremblait. L'auréole venait droit à lui. — Ah ! mon Dieu ! pensait-il, je n'aurai jamais le temps de prendre une attitude. Cependant, l'homme à cheveux blancs et la jeune fille s'avançaient. Il lui paraissait que cela durait un siècle et que cela n'était 30 qu'une seconde. Il entendait s'approcher le bruit doux et mesuré de leurs pas. Il s'imaginait que M. Leblanc lui jetait des regards irrités. Est-ce que ce monsieur va me parler ? pensait-il. Il baissa la tête ; quand il la releva, ils étaient tout près de lui. La jeune fille passa, et en passant elle le regarda. Elle le regarda fixement, avec une douceur

5 pensive qui fit frissonner Marius de la tête aux pieds. Il lui sembla qu'elle lui reprochait d'avoir été si longtemps sans venir jusqu'à elle et qu'elle lui disait : C'est moi qui viens. Marius resta ébloui devant ces prunelles pleines de rayons et d'abîmes.

10 Il se sentait un brasier dans le cerveau. Elle était venue à lui, quelle joie ! Et puis, comme elle l'avait regardé ! Elle lui parut plus belle qu'il ne l'avait encore vue. Belle d'une beauté tout ensemble féminine et angélique, d'une beauté complète qui eût fait chanter Pétrarque[1] et agenouil-

15 ler Dante.[2] Il lui semblait qu'il nageait en plein ciel bleu. En même temps il était horriblement contrarié parce qu'il avait de la poussière sur ses bottes. Il était éperdument amoureux.

Cela était sérieux en effet. Marius en était à cette

20 première heure violente et charmante qui commence les grandes passions. Un regard avait fait tout cela. Quand la mine est chargée, quand l'incendie est prêt, rien n'est plus simple. Un regard est une étincelle.

C'en était fait. Marius aimait une femme. Sa destinée

25 entrait dans l'inconnu.

Le regard des femmes ressemble à de certains rouages tranquilles en apparence et formidables. On passe à côté tous les jours paisiblement et impunément et sans se douter de rien. Il vient un moment où l'on oublie même que

30 cette chose est là. On va, on vient, on rêve, on parle, on rit. Tout à coup on se sent saisi ! C'est fini. Le rouage vous tient, le regard vous a pris. Il vous a pris, n'importe

par où ni comment, par une partie quelconque de votre pensée qui traînait, par une distraction que vous avez eue. Vous êtes perdu. Vous y passerez tout entier.

Tout un grand mois s'écoula, pendant lequel Marius alla tous les jours au Luxembourg. L'heure venue, rien ne pouvait le retenir. — Il est de service,[1] disait Courfeyrac. Marius vivait dans les ravissements. Il est certain que la jeune fille le regardait. Il avait fini par s'enhardir, et il s'approcha du banc. Cependant il ne passait plus devant, obéissant à la fois à l'instinct de timidité et à l'instinct de prudence des amoureux. Il jugeait utile de ne point attirer «l'attention du père.» Quelquefois, pendant des demi-heures entières, il restait immobile à l'ombre d'un Léonidas ou d'un Spartacus quelconque, tenant à la main un livre au-dessus duquel ses yeux, doucement levés, allaient chercher la belle fille, et elle, de son côté, détournait avec un vague sourire son charmant profil vers lui. Tout en causant le plus naturellement et le plus tranquillement du monde avec l'homme à cheveux blancs, elle appuyait sur Marius toutes les rêveries d'un œil virginal et passionné. Antique et immémorial manège qu'Ève savait dès le premier jour du monde et que toute femme sait dès le premier jour de la vie! Sa bouche donnait la réplique à l'un et son regard donnait la replique à l'autre.

Il faut croire pourtant que M. Leblanc finissait par s'apercevoir de quelque chose, car souvent, lorsque Marius arrivait, il se levait et se mettait à marcher. Il avait quitté leur place accoutumée et avait adopté, à l'autre extrémité de l'allée, le banc voisin du Gladiateur, comme pour voir si Marius les y suivrait. Marius ne comprit point, et fit cette faute. «Le père» commença à devenir inexact, et n'amena plus «sa fille» tous les jours. Quelquefois il venait seul. Alors Marius ne restait pas. Autre faute.

Marius ne prenait point garde à ces symptômes.　Son amour croissait.　Il en rêvait toutes les nuits.　Et puis il lui était arrivé un bonheur inespéré, huile sur le feu.　Un soir, à la brune, il avait trouvé sur le banc que «M. Leblanc et sa fille» venaient de quitter, un mouchoir, un mouchoir tout simple et sans broderie, mais blanc, fin, et qui lui parut exhaler des senteurs ineffables.　Il s'en empara avec transport.　Ce mouchoir était marqué des lettres U. F. ; Marius ne savait rien de cette belle enfant, ni sa famille, ni son nom, ni sa demeure ; ces deux lettres étaient la première chose d'elle qu'il saisissait, adorables initiales sur lesquelles il commença tout de suite à construire son échafaudage. U était évidemment le prénom.　Ursule! pensa-t-il, quel délicieux nom!　Il baisa le mouchoir, l'aspira, le mit sur son cœur, sur sa chair, pendant le jour, et la nuit sous ses lèvres pour s'endormir.

— J'y sens toute son âme! s'écriait-il.

Ce mouchoir était au vieux monsieur qui l'avait tout bonnement laissé tomber de sa poche.

On vient de voir comment Marius avait découvert ou cru découvrir qu'Elle s'appelait Ursule.

L'appétit vient en aimant.　Savoir qu'elle se nommait Ursule, c'était déjà beaucoup ; c'était peu.　Il voulut savoir où elle demeurait.　Il suivit «Ursule.»　Elle demeurait rue de l'Ouest, à l'endroit le moins fréquenté, dans une maison neuve à trois étages d'apparence modeste.

A partir de ce moment, Marius ajouta à son bonheur de la voir au Luxembourg le bonheur de la suivre jusque chez elle.　Sa faim augmentait.　Il savait comment elle s'appelait, son petit nom du moins, le nom charmant, le vrai nom d'une femme ; il savait où elle demeurait ; il voulut savoir qui elle était.

Un soir, après qu'il les eut suivis jusque chez eux et qu'il les eut vus disparaître sous la porte cochère, il entra à leur suite et dit vaillamment au portier :

— Qui est le monsieur qui vient de rentrer ?

— C'est un rentier, monsieur. Un homme bien bon, et 5 qui fait du bien aux malheureux, quoique pas riche.

— Bon, pensa-t-il. Je sais qu'elle s'appelle Ursule, qu'elle est fille d'un rentier, et qu'elle demeure là, rue de l'Ouest, et il s'en alla.

Le jour d'après, ils ne vinrent pas au Luxembourg. 10 Marius attendit en vain toute la journée. A la nuit tombée, il alla rue de l'Ouest, et vit de la lumière aux fenêtres. Il se promena sous ces fenêtres, jusqu'à ce que cette lumière fût éteinte.

Le jour suivant, personne au Luxembourg. Marius 15 attendit tout le jour, puis alla faire sa faction de nuit sous les croisées. Cela le conduisait jusqu'à dix heures du soir.

Il se passa huit jours de la sorte. M. Leblanc et sa fille ne paraissaient plus au Luxembourg. 20

Le huitième jour, quand il arriva sous les fenêtres, il n'y avait pas de lumière. — Tiens ! dit-il, la lampe n'est pas encore allumée. Il fait nuit pourtant. Est-ce qu'ils seraient sortis ? Il attendit jusqu'à dix heures. Jusqu'à minuit. Jusqu'à une heure du matin. Aucune lumière ne s'alluma 25 aux fenêtres et personne ne rentra dans la maison. Il s'en alla très sombre.

Le lendemain à la brune, il alla à la maison. Aucune lueur aux fenêtres ; les persiennes étaient fermées. Marius frappa à la porte cochère, entra et dit au portier : 30

— Le monsieur de la maison ?

— Déménagé, répondit le portier.

Marius chancela et dit faiblement :

— Où demeure-t-il maintenant ?

— Je n'en sais rien.

### V

L'été passa, puis l'automne ; l'hiver vint. Ni M. Leblanc ni la jeune fille n'avaient remis les pieds au Luxembourg. Marius n'avait plus qu'une pensée, revoir ce doux
et adorable visage. Il cherchait toujours, il cherchait
partout ; il ne trouvait rien. Il tomba dans une tristesse
noire. C'était fini. Le travail le rebutait, la promenade
le fatiguait, la solitude l'ennuyait.

Il se faisait cent reproches. Pourquoi l'ai-je suivie ?
J'étais si heureux rien que de la voir ! Elle me regardait ;
est-ce que ce n'était pas immense ? Elle avait l'air de
m'aimer. Est-ce que ce n'était pas tout ? J'ai voulu
avoir, quoi ? Il n'y a rien après cela. J'ai été absurde.
C'est ma faute, etc., etc. Il se remit à vivre de plus en
plus seul, accablé, tout à son angoisse intérieure, allant et
venant dans sa douleur comme le loup dans le piège, quê-
tant partout l'absente, abruti d'amour.

Un jour, vers sept heures du matin, il venait de se lever
et de déjeuner, et il essayait de se mettre au travail lorsqu'on frappa doucement à la porte.

— Entrez, dit Marius.

La porte s'ouvrit.

— Qu'est-ce que vous voulez, mame Bougon ? reprit
Marius sans quitter des yeux les livres et les manuscrits
qu'il avait sur sa table. Une voix, qui n'était pas celle de
mame Bougon, répondit :

— Pardon, monsieur. . . .

Marius se tourna vivement et vit une jeune fille.

Une toute jeune fille était debout dans la porte entre-bâillée. C'était une créature hâve, chétive, décharnée; un de ces êtres qui sont tout ensemble faibles et horribles et qui font frémir ceux qu'ils ne font pas pleurer.

Marius s'était levé et considérait avec une sorte de stu- 5 peur cet être, presque pareil aux formes de l'ombre qui traversent les rêves.

Ce visage n'était pas absolument inconnu à Marius. Il croyait se rappeler l'avoir vu quelque part.

— Que voulez-vous, mademoiselle? demanda-t-il. 10

La jeune fille répondit avec sa voix de galérien ivre:

— C'est une lettre pour vous, monsieur Marius.

Elle appelait Marius par son nom; il ne pouvait douter que ce ne fût à lui qu'elle eût affaire; mais qu'était-ce que cette fille? comment savait-elle son nom? 15

Sans attendre qu'il lui dît d'avancer, elle entra. Elle tenait en effet une lettre à la main qu'elle présenta à Marius.

Marius en ouvrant cette lettre remarqua que le pain à cacheter large et énorme était encore mouillé. Le message ne pouvait venir de bien loin. Il lut: 20

«Mon aimable voisin, jeune homme!

«J'ai appris vos bontés pour moi, que vous avez payé mon terme il y a six mois. Je vous bénis, jeune homme. Ma fille aînée vous dira que nous sommes sans un morceau de pain depuis deux jours, quatre personnes et mon 25 épouse malade. Si je ne suis point dessu[1] dans ma pensée, je crois devoir espérer que votre cœur généreux s'humanisera à cet exposé et vous subjuguera[2] le désir de m'être propice en daignant me prodiguer un léger bienfait.

«Je suis avec la considération distinguée qu'on doit aux 30 bienfaiteurs de l'humanité.

«JONDRETTE.

«*P. S.* Ma fille attendra vos ordres, cher monsieur Marius.»

Tandis que Marius attachait sur elle un regard étonné et douloureux, la jeune fille allait et venait dans la mansarde avec une audace de spectre. Elle remuait les chaises, elle dérangeait les objets de toilette placés sur la commode, elle touchait aux vêtements de Marius, elle furetait ce qu'il y avait dans les coins.

— Tiens, dit-elle, vous avez un miroir!

Et elle fredonnait, comme si elle eût été seule, des bribes de vaudeville, des refrains folâtres que sa voix gutturale et rauque faisait lugubres. Rien n'était plus morne que de la voir s'ébattre et pour ainsi dire voleter dans la chambre avec des mouvements d'oiseau que le jour effare, ou qui a l'aile cassée. On sentait qu'avec d'autres conditions d'éducation et de destinée, l'allure gaie et libre de cette jeune fille eût pu être quelque chose de doux et de charmant. Jamais parmi les animaux la créature née pour être une colombe ne se change en une orfraie. Cela ne se voit que parmi les hommes.

Marius songeait, et la laissait faire.

Elle s'approcha de la table.

— Ah! dit-elle, des livres! Je sais lire, moi.

Elle saisit vivement le livre ouvert sur la table, et lut assez couramment:

« . . . Le général Bauduin reçut l'ordre d'enlever avec les cinq bataillons de sa brigade le château de Hougomont qui est au milieu de la plaine de Waterloo . . .»

Elle s'interrompit:

— Ah! Waterloo! Je connais ça. C'est une bataille dans les temps.¹ Mon père y était. Mon père a servi dans les armées. Nous sommes joliment bonapartistes chez nous, allez! C'est contre les Anglais, Waterloo.

Elle posa le livre, prit une plume, et s'écria :

— Et je sais écrire aussi !

Elle trempa la plume dans l'encre, et se tournant vers Marius :

— Voulez-vous voir ? Tenez, je vais écrire un mot pour 5 voir.

Et avant qu'il eût eu le temps de répondre, elle écrivit sur une feuille de papier blanc qui était au milieu de la table : *Les cognes*[1] *sont là.*

Puis, jetant la plume :                                                   10

— Il n'y a pas de fautes d'orthographe.  Vous pouvez regarder.  Nous avons reçu de l'éducation, ma sœur et moi. Nous n'avons pas toujours été comme nous sommes. Nous n'étions pas faites . . .[2]

Ici elle s'arrêta, fixa sa prunelle sur Marius, et éclata 15 de rire en disant avec une intonation qui contenait toutes les angoisses étouffées par tous les cynismes :

— Bah !

Après quelques instants elle s'écria :

— Allez-vous quelquefois au spectacle, monsieur Marius ? 20 Moi, j'y vais.  J'ai un petit frère qui est ami avec des artistes et qui me donne des fois des billets.

Puis elle considéra Marius, prit un air étrange, et lui dit :

— Savez-vous, monsieur Marius, que vous êtes très joli garçon ?                                                          25

Sa voix cherchait à être très douce et ne parvenait qu'à être très basse.  Une partie des mots se perdait dans le trajet du larynx aux lèvres comme sur un clavier où il manque des notes.

Marius s'était reculé doucement.                                         30

La jeune fille continuait, et semblait parler comme si elle n'avait plus conscience que Marius fût là.

— Des fois je m'en vais le soir. Des fois je ne rentre pas. Avant d'être ici, l'autre hiver, nous demeurions sous les arches des ponts. On se serrait pour ne pas geler. Ma petite sœur pleurait. L'eau, comme c'est triste !
5 Quand je pensais à me noyer, je disais : Non ; c'est trop froid. Je vais toute seule quand je veux, je dors des fois dans les fossés. Savez-vous, la nuit, quand je marche sur le boulevard, je vois les arbres comme des fourches, je vois des maisons toutes noires grosses comme les tours
10 de Notre-Dame,¹ je me figure que les murs blancs sont la rivière, je me dis : Tiens, il y a de l'eau là ! Les étoiles sont comme des lampions d'illuminations, on dirait qu'elles fument et que le vent les éteint, je suis ahurie comme si j'avais des chevaux qui me soufflent dans l'oreille ;
15 quoique ce soit la nuit, j'entends des orgues de Barbarie² et les mécaniques des filatures, est-ce que je sais, moi ? Je crois qu'on me jette des pierres, je me sauve sans savoir, tout tourne, tout tourne. Quand on n'a pas mangé, c'est très drôle.
20    Et elle le regarda d'un air égaré.

A force de creuser et d'approfondir ses poches, Marius avait fini par réunir cinq francs seize sous. C'était en ce moment tout ce qu'il possédait au monde. — Voilà toujours mon dîner d'aujourd'hui, pensa-t-il, demain nous
25 verrons. — Il prit les seize sous et donna les cinq francs à la jeune fille. Elle saisit la pièce.

— Bon ! dit-elle, il y a du soleil !

Elle fit un profond salut à Marius, puis un signe familier de la main, et se dirigea vers la porte en disant :
30    — Bonjour, monsieur. C'est égal. Je vas³ trouver mon vieux.

En passant, elle aperçut sur la commode une croûte de

pain desséchée qui y moisissait dans la poussière, elle se jeta dessus et y mordit en grommelant:

— C'est bon! c'est dur! ça me casse les dents!

Puis elle sortit.

Marius depuis cinq ans avait vécu dans la pauvreté, dans le dénûment, dans la détresse même, mais il s'aperçut qu'il n'avait point connu la vraie misère. La vraie misère, il venait de la voir. C'était cette larve qui venait de passer sous ses yeux. C'est qu'en effet qui n'a vu que la misère de l'homme n'a rien vu, il faut voir la misère de la femme; qui n'a vu que la misère de la femme n'a rien vu, il faut voir la misère de l'enfant.

Marius se reprocha presque les préoccupations de rêverie et de passion qui l'avaient empêché jusqu'à ce jour de jeter un coup d'œil sur ses voisins. Avoir payé leur loyer, c'était un mouvement machinal, tout le monde eût eu ce mouvement; mais lui Marius eût dû faire mieux. Tous les jours, à chaque instant, à travers la muraille, il les entendait marcher, aller, venir, parler, et il ne prêtait pas l'oreille! et dans ces paroles il y avait des gémissements, et il ne les écoutait même pas, sa pensée était ailleurs, à des songes, à des rayonnements impossibles, à des amours en l'air, à des folies; et cependant des créatures humaines, ses frères en Jésus-Christ, ses frères dans le peuple, agonisaient à côté de lui!

Tout en se faisant cette morale, car il y avait des occasions où Marius, comme tous les cœurs vraiment honnêtes, était à lui-même son propre pédagogue et se grondait plus qu'il ne le méritait, il considérait le mur qui le séparait des Jondrette, comme s'il eût pu faire passer à travers cette cloison son regard plein de pitié et en aller réchauffer ces malheureux. Le mur était une mince lame de

plâtre qui laissait parfaitement distinguer le bruit des paroles et des voix. Sans presque en avoir conscience,
Marius examinait cette cloison ; quelquefois la rêverie
examine, observe et scrute comme ferait la pensée.　Tout
5 à coup il se leva, il venait de remarquer vers le haut, près
du plafond, un trou triangulaire résultant de trois lattes
qui laissaient un vide entre elles et en montant sur la
commode on pouvait voir par cette ouverture dans le galetas des Jondrette.

10 —Voyons un peu ce que c'est que ces gens-là, pensa
Marius, et où ils en sont.

Il escalada la commode, approcha sa prunelle de la
crevasse, et regarda.

[Jondrette a écrit, entre autres, à un «Monsieur bienfaisant,» de
15 qui il avait entendu parler, une lettre signée P. Fabantou, artiste
dramatique.　Sa fille porte la lettre et à son retour annonce la visite
du monsieur.　Marius de son trou dans la cloison, est témoin de la
scène suivante.]

—Ma femme! cria Jondrette, tu entends.　Voilà le
20 philanthrope.　Éteins le feu.

La mère stupéfaite ne bougea pas.　Le père, avec
l'agilité d'un saltimbanque, saisit un pot égueulé qui était
sur la cheminée et jeta de l'eau sur les tisons.

Puis s'adressant à la fille aînée :

25 —Fait-il froid ?

—Très froid.　Il neige.

Le père se tourna vers la cadette qui était sur le grabat
près de la fenêtre et lui cria d'une voix tonnante :

—Vite! à bas du lit, fainéante! tu ne feras donc ja-
30 mais rien! casse un carreau!

La petite se jeta à bas du lit en frissonnant.

—Casse un carreau! reprit-il.

L'enfant, avec une sorte d'obéissance terrifiée, se dressa sur la pointe du pied, et donna un coup de poing dans un carreau. La vitre se brisa et tomba à grand bruit.

La mère, qui n'avait pas dit un mot, se souleva et demanda d'une voix lente et sourde et dont les paroles semblaient sortir comme figées :

— Chéri, qu'est-ce que tu veux faire ?

— Mets-toi au lit, répondit l'homme.

L'intonation n'admettait pas de délibération. La mère obéit et se jeta lourdement sur un des grabats.

Cependant on entendait un sanglot dans un coin.

— Qu'est-ce que c'est ? cria le père.

La fille cadette, sans sortir de l'ombre où elle s'était blottie, montra son poing ensanglanté. En brisant la vitre, elle s'était blessée ; elle s'en était allée près du grabat de sa mère, et elle pleurait silencieusement.

Ce fut le tour de la mère de se dresser et de crier :

— Tu vois bien ! les bêtises que tu fais ! en cassant ton carreau, elle s'est coupée ?

— Tant mieux ! dit l'homme, c'était prévu.

— Comment ? tant mieux ! reprit la femme.

— Paix ! répliqua le père, je supprime la liberté de la presse.

Puis, déchirant la chemise de femme qu'il avait sur le corps, il fit un lambeau de toile dont il enveloppa vivement le poignet sanglant de la petite.

Une bise glacée sifflait à la vitre et entrait dans la chambre. La brume du dehors y pénétrait et s'y dilatait comme une ouate blanche vaguement démêlée par des doigts invisibles. A travers le carreau cassé, on voyait tomber la neige.

— Savez-vous, reprit le père, qu'il fait un froid de chien

dans ce galetas du diable! Si cet homme ne venait pas!
Oh! voilà! il se fait attendre! il se dit: Eh bien! ils
m'attendront! ils sont là pour cela! — Oh! que je les
hais, et comme je les étranglerais avec jubilation, joie,
5 enthousiasme et satisfaction, ces riches! tous ces riches!
ces prétendus hommes charitables.

En ce moment on frappa un léger coup à la porte,
l'homme s'y précipita et l'ouvrit, en s'écriant avec des
salutations profondes et des sourires d'adoration:

10    — Entrez, monsieur! daignez entrer, mon respectable
bienfaiteur, ainsi que votre charmante demoiselle.

Un homme d'un âge mûr et une jeune fille parurent sur
le seuil du galetas.

Marius n'avait pas quitté sa place. Ce qu'il éprouva
15 en ce moment échappe à la langue humaine.

C'était Elle.

Quiconque a aimé sait tous les sens rayonnants que
contiennent les quatre lettres de ce mot: Elle.

Elle reparaissait dans cette ombre, dans ce galetas,
20 dans ce bouge difforme, dans cette horreur! Elle était
toujours la même, un peu pâle seulement; sa délicate
figure s'encadrait dans un chapeau de velours violet, sa
taille se dérobait sous une pelisse de satin noir. Elle
était toujours accompagnée de M. Leblanc. Elle avait
25 fait quelques pas dans la chambre et avait déposé un
assez gros paquet sur la table.

M. Leblanc s'approcha avec son regard bon et triste, et
dit au père Jondrette:

   — Monsieur, vous trouverez dans ce paquet des hardes
30 neuves, des bas et des couvertures de laine.

   — Notre angélique bienfaiteur nous comble, dit Jondrette en s'inclinant jusqu'à terre.

Voyez, mon bienfaiteur, pas de pain, pas de feu. Mes pauvres mômes n'ont pas de feu. Mon unique chaise dépaillée[1] ! Un carreau cassé ! par le temps qu'il fait ! Mon épouse au lit ! malade !

— Pauvre femme ! dit M. Leblanc.

— Mon enfant blessé ! ajouta Jondrette.

L'enfant, distraite par l'arrivée des étrangers, s'était mise à contempler «la demoiselle» et avait cessé de sangloter.

— Pleure donc ! braille donc ! lui dit Jondrette bas.

En même temps il lui pinça sa main malade. Tout cela avec un talent d'escamoteur.

La petite jeta les hauts cris.

L'adorable jeune fille que Marius nommait dans son cœur «son Ursule» s'approcha vivement.

— Pauvre chère enfant ! dit-elle.

— Voyez, ma belle demoiselle, poursuivit Jondrette, son poignet ensanglanté ! C'est un accident qui est arrivé en travaillant sous une mécanique pour gagner six sous par jour. On sera peut-être obligé de lui couper le bras !

— Vraiment ? dit le vieux monsieur alarmé.

La petite fille, prenant cette parole au sérieux, se remit à sangloter de plus belle.

— Hélas ! oui, mon bienfaiteur ! répondit le père.

Depuis quelques instants, Jondrette considérait «le philanthrope» d'une manière bizarre. Tout en parlant, il semblait le scruter avec attention comme s'il cherchait à recueillir des souvenirs. Tout à coup, profitant d'un moment où les nouveaux venus questionnaient avec intérêt la petite sur sa main blessée, il passa près de sa femme qui était dans son lit avec un air accablé et stupide, et lui dit vivement et très bas :

—Regarde donc cet homme-là !

Puis se retournant vers M. Leblanc, et continuant sa lamentation :

—Voyez, monsieur ! je n'ai, moi, pour tout vêtement qu'une chemise de ma femme ! et toute déchirée ! au cœur de l'hiver. Je ne puis sortir faute d'un habit. Si j'avais le moindre habit, j'irais voir mademoiselle Mars [1] qui me connaît et qui m'aime beaucoup. Eh bien, monsieur, mon digne monsieur, savez-vous ce qui va se passer demain ? Demain, c'est le 4 février, le jour fatal, le dernier délai que m'a donné mon propriétaire ; si ce soir je ne l'ai pas payé, demain ma fille aînée, moi, mon épouse avec sa fièvre, mon enfant avec sa blessure, nous serons tous quatre chassés d'ici et jetés dehors, dans la rue, sur le boulevard, sans abri, sous la pluie, sur la neige. Voilà, monsieur. Je dois quatre termes, une année ! c'est-à-dire soixante francs.

Jondrette mentait. Quatre termes n'eussent fait que quarante francs, et il n'en pouvait devoir quatre, puisqu'il n'y avait pas six mois que Marius en avait payé deux.

M. Leblanc tira cinq francs de sa poche et les jeta sur la table. Il avait aussi quitté une grande redingote brune qu'il portait par dessus sa redingote bleue et l'avait jetée sur le dos de la chaise.

—Monsieur Fabantou, dit-il, je n'ai plus que ces cinq francs sur moi, mais je vais reconduire ma fille à la maison et je reviendrai ce soir, n'est-ce pas ce soir que vous devez payer ? . . .

Le visage de Jondrette s'éclaira d'une expression étrange. Il répondit vivement :

—Oui, mon respectable monsieur. A huit heures je dois être chez mon propriétaire.

—Je serai ici à six heures, et je vous apporterai les soixante francs.

M. Leblanc avait repris le bras de la belle jeune fille et se tournant vers la porte :

—A ce soir, mes amis ! dit-il.

—Six heures ? fit Jondrette.

—Six heures précises.

En ce moment le pardessus resté sur la chaise frappa les yeux de la Jondrette aînée.

—Monsieur, dit-elle, vous oubliez votre redingote.

Jondrette dirigea vers sa fille un regard foudroyant accompagné d'un haussement d'épaules formidable.

M. Leblanc se retourna et répondit avec un sourire :

—Je ne l'oublie pas, je la laisse.

—O mon protecteur, dit Jondrette, mon auguste bienfaiteur, je fonds en larmes ! Souffrez que je vous reconduise jusqu'à votre fiacre.

—Si vous sortez, repartit M. Leblanc, mettez ce pardessus. Il fait vraiment très froid.

Jondrette ne se le fit pas dire deux fois. Il endossa vivement la redingote brune.

Et ils sortirent tous les trois, Jondrette précédant les deux étrangers.

[Marius apprend en écoutant que Jondrette prépare un guet-apens dont M. Leblanc et sa fille doivent être les victimes. Il va de suite au bureau de police où il trouve l'inspecteur Javert à qui il raconte ce qu'il a vu et entendu. On prend des mesures pour déjouer le plan de Jondrette et de ses complices. La police sera en embuscade et Javert donne à Marius un pistolet qu'il doit tirer au moment exact pour l'avertir d'intervenir. Marius rentre chez lui et se remet au trou de la cloison.]

L'intérieur du logis Jondrette offrait un aspect singulier. Le taudis tout entier était comme illuminé par la

réverbération d'un assez grand réchaud de tôle placé dans la cheminée et rempli de charbon allumé. Le charbon était ardent et le réchaud était rouge, une flamme bleue y dansait et aidait à distinguer la forme d'un ciseau qui rou-
5 gissait enfoncé dans la braise. On voyait dans un coin près de la porte, et comme disposés pour un usage prévu, deux tas qui paraissaient être l'un un tas de ferrailles, l'autre un tas de cordes.

Le repaire Jondrette était admirablement choisi pour
10 servir de théâtre à un fait violent et sombre et d'enveloppe à un crime. C'était la chambre la plus reculée de la maison la plus isolée du boulevard le plus désert de Paris.

Jondrette avait allumé sa pipe, s'était assis sur la chaise
15 dépaillée et fumait. Sa femme lui parlait bas.

Tout à coup Jondrette haussa la voix :

— Sais-tu ? il faudrait ici deux chaises.

Marius sentit un frisson lui courir dans les reins en entendant la Jondrette faire cette réponse paisible :
20 — Pardieu ! Je vais t'aller chercher celles du voisin.

Et d'un mouvement rapide elle ouvrit la porte du bouge et sortit dans le corridor.

Marius entendit la lourde main de la mère Jondrette chercher en tâtonnant sa clef dans l'obscurité. La porte
25 s'ouvrit. La Jondrette entra.

La lucarne mansardée laissait passer un rayon de lune entre deux grands pans d'ombre. Un de ces pans d'ombre couvrait entièrement le mur auquel était adossé Marius, de sorte qu'il y disparaissait.
30 La mère Jondrette leva les yeux, ne vit pas Marius, prit les deux chaises, les seules que Marius possédât et s'en alla. Elle rentra dans le bouge.

Jondrette disposa les deux chaises des deux côtés de la table, retourna le ciseau dans le brasier, mit devant la cheminée un vieux paravent, qui masquait le réchaud, puis alla au coin où était le tas de cordes et se baissa comme pour y examiner quelque chose. Marius re- 5 connut alors que ce qu'il avait pris pour un tas informe était une échelle de corde très bien faite avec des échelons de bois et deux crampons pour l'accrocher.

Cette échelle et quelques gros outils, véritables masses de fer, qui étaient mêlés au monceau de ferrailles entassé 10 derrière la porte, n'étaient point le matin dans le bouge Jondrette et y avaient été évidemment apportés dans l'après-midi pendant l'absence de Marius.

Jondrette avait laissé sa pipe s'éteindre, grave signe de préoccupation, et était venu se rasseoir. Il avait des 15 froncements de sourcils et de brusques épanouissements de la main droite comme s'il répondait aux derniers conseils d'un sombre monologue intérieur. Dans une de ces obscures répliques qu'il se faisait à lui-même, il amena vivement à lui le tiroir de la table, y prit un long couteau 20 de cuisine qui y était caché et en essaya le tranchant sur son ongle. Cela fait, il remit le couteau dans le tiroir qu'il repoussa.

Tout à coup la vibration lointaine et mélancolique d'une cloche ébranla les vitres. Six heures sonnaient à Saint- 25 Médard.

Jondrette marqua chaque coup d'un hochement de tête. Le sixième sonné, il moucha la chandelle avec ses doigts. Puis il se mit à marcher dans la chambre, écouta dans le corridor, marcha, écouta encore : 30

— Pourvu qu'il vienne ! grommela-t-il ; puis il revint à sa chaise.

Il se rasseyait à peine que la porte s'ouvrit.

La mère Jondrette l'avait ouverte et restait dans le corridor faisant une horrible grimace aimable qu'un des trous de la lanterne sourde éclairait d'en bas.

5 — Entrez, monsieur, dit-elle.

— Entrez, mon bienfaiteur, répéta Jondrette se levant précipitamment.

M. Leblanc parut.

Il avait un air de sérénité qui le faisait singulièrement 10 vénérable.    Il posa sur la table quatre louis.

— Monsieur Fabantou, dit-il, voici pour votre loyer et vos premiers besoins.    Nous verrons ensuite.

— Dieu vous le rende, mon généreux bienfaiteur ! dit Jondrette.

15 Et s'approchant rapidement de sa femme :

— Renvoie le fiacre !

Elle s'esquiva pendant que son mari prodiguait les saluts et offrait une chaise à M. Leblanc.    Un instant après elle revint et lui dit bas à l'oreille :

20 — C'est fait.

La neige qui n'avait cessé de tomber depuis le matin était tellement épaisse qu'on n'avait point entendu le fiacre arriver ; et qu'on ne l'entendit pas s'en aller.    Cependant M. Leblanc s'était assis.    Jondrette avait pris possession 25 de l'autre chaise en face de M. Leblanc.

A peine assis, M. Leblanc tourna les yeux vers les grabats qui étaient vides.

— Comment va la pauvre petite blessée ? demanda-t-il.

— Mal, répondit Jondrette avec un sourire navré et 30 reconnaissant, très mal, mon digne monsieur.    Sa sœur aînée l'a menée à la Bourbe ¹ se faire panser.    Vous allez les voir, elles vont rentrer tout à l'heure.

— Madame Fabantou me paraît mieux portante ? reprit
M. Leblanc en jetant les yeux sur la Jondrette, qui, debout
entre lui et la porte, comme si elle gardait déjà l'issue, le
considérait dans une posture de menace et presque de
combat.                                                              5

— Elle est mourante, dit Jondrette.  Mais que voulez-
vous, monsieur ! elle a tant de courage, cette femme-là !
Ah ! c'est que nous avons toujours fait bon ménage, cette
pauvre chérie et moi !  Qu'est-ce qu'il nous resterait, si
nous n'avions pas cela ?  Nous sommes si malheureux, 10
mon respectable monsieur !  On a des bras, pas de travail !
On a du cœur, pas d'ouvrage !  Tenez, exemple, j'ai
voulu faire apprendre le métier de cartonnage¹ à mes filles.
Vous me direz : Quoi ! un métier ?  Oui ! un métier ! un
simple métier ! un gagne-pain !  Quelle chute, mon bien- 15
faiteur !  Quelle dégradation quand on a été ce que nous
étions !  Hélas ! il ne nous reste rien de notre temps de
prospérité !  Rien qu'une seule chose, un tableau auquel
je tiens, mais dont je me déferai pourtant, car il faut vivre !
item, il faut vivre !                                                20

Pendant que Jondrette parlait, avec une sorte de désordre
apparent qui n'ôtait rien à l'expression réfléchie et sagace
de sa physionomie, Marius leva les yeux et aperçut au fond
de la chambre quelqu'un qu'il n'avait pas encore vu.  Un
homme venait d'entrer, si doucement qu'on n'avait pas 25
entendu tourner les gonds de la porte.  Il s'était assis en
silence et les bras croisés sur le lit le plus voisin, et comme
il se tenait derrière la Jondrette, on ne le distinguait que
confusément.

— Qu'est-ce que c'est que cet homme ? dit M. Leblanc. 30
— Ça ? fit Jondrette, c'est un voisin.  Ne faites pas
attention.

M. Leblanc reprit :

— Pardon, que me disiez-vous donc, monsieur Fabantou ?

— Je vous disais, monsieur et cher protecteur, repartit
Jondrette en s'accoudant sur la table et en contemplant
M. Leblanc avec des yeux fixes et tendres assez semblables
aux yeux d'un serpent boa, je vous disais que j'avais un
tableau à vendre.

Il se leva, alla à la muraille en bas de laquelle était posé
quelque chose en effet, qui ressemblait à un tableau, et que
la chandelle éclairait à peu près. Marius n'en pouvait
rien distinguer, Jondrette étant placé entre le tableau et
lui ; seulement il entrevoyait un barbouillage grossier et
une espèce de personnage principal enluminé avec la cru-
dité criarde des toiles foraines[1] et des peintures de paravent.

— Qu'est-ce que c'est que cela ? demanda M. Leblanc.

Jondrette s'exclama :

— Une peinture de maître, un tableau d'un grand prix,
mon bienfaiteur ! J'y tiens comme à mes deux filles, ils
me rappelle des souvenirs ! mais je vous l'ai dit et je ne
m'en dédis pas, je suis si malheureux que je m'en déferais.

Soit hasard, soit qu'il y eût quelque commencement
d'inquiétude, tout en examinant le tableau, le regard de M.
Leblanc revint vers le fond de la chambre.

Il y avait maintenant quatre hommes, trois assis sur le
lit, un debout près du chambranle de la porte, tous quatre
bras nus, immobiles, le visage barbouillé de noir. Jondrette
remarqua que l'œil de M. Leblanc s'attachait à ces
hommes.

— C'est des amis, dit-il. C'est barbouillé parce que ça
travaille dans le charbon. Ce sont des fumistes.[2] Ne

vous en occupez pas, mon bienfaiteur, mais achetez-moi mon tableau. Ayez pitié de ma misère. Je ne vous le vendrai pas cher. Combien l'estimez-vous ?

— Mais, dit M. Leblanc en regardant Jondrette entre les deux yeux et comme un homme qui se met sur ses gardes, c'est quelque enseigne de cabaret, cela vaut bien trois francs.

Jondrette répondit avec douceur :

— Avez-vous votre portefeuille là ? je me contenterais de mille écus.

M. Leblanc se leva debout, s'adossa à la muraille et promena rapidement son regard dans la chambre. Il avait Jondrette à sa gauche, du côté de la fenêtre, et la Jondrette et les quatre hommes à sa droite, du côté de la porte. Les quatre hommes ne bougeaient pas et n'avaient pas même l'air de le voir.

Jondrette s'était remis à parler d'un accent plaintif, avec la prunelle si vague et l'intonation si lamentable, que M. Leblanc pouvait croire que c'était tout simplement un homme devenu fou de misère qu'il avait devant les yeux. Tout en parlant, Jondrette ne regardait pas M. Leblanc qui l'observait. L'œil de M. Leblanc était fixé sur Jondrette et l'œil de Jondrette sur la porte. L'attention haletante de Marius allait de l'un à l'autre. M. Leblanc paraissait se demander : Est-ce un idiot ? Jondrette répéta deux ou trois fois avec toutes sortes d'inflexions variées dans le genre traînant et suppliant : Je n'ai plus qu'à me jeter à la rivière ! j'ai descendu l'autre jour trois marches pour cela du côté du pont d'Austerlitz[1] !

Tout à coup sa prunelle éteinte s'illumina d'un flamboiement hideux, ce petit homme devint effrayant, il fit un pas vers M. Leblanc, et lui cria d'une voix tonnante :

—Il ne s'agit pas de tout cela! me reconnaissez-vous?

La porte du galetas venait de s'ouvrir brusquement et laissait voir trois hommes en blouses de toile bleue, mas-
5 qués de masques de papier noir. Le premier était maigre et avait une longue trique ferrée; le second qui était une espèce de colosse, portait, par le milieu du manche et la cognée en bas, un merlin à assommer les bœufs. Le troi-sième, homme aux épaules trapues, moins maigre que le
10 premier, moins massif que le second, tenait à plein poing[1] une énorme clef volée à quelque porte de prison.

Il paraît que c'était l'arrivée de ces hommes que Jon-drette attendait. Un dialogue rapide s'engagea entre lui et l'homme à la trique, le maigre.
15 Jondrette, son colloque avec l'homme à la trique ter-miné, se tourna de nouveau vers M. Leblanc et répéta sa question en l'accompagnant de ce rire bas, contenu et ter-rible qu'il avait:

—Vous ne me reconnaissez donc pas?
20 M. Leblanc le regarda en face et répondit:

— Non.

Alors Jondrette vint jusqu'à la table. Il se pencha par-dessus la chandelle, croisant les bras, et avançant le plus qu'il pouvait sans que M. Leblanc reculât, et, dans cette
25 posture de bête fauve qui va mordre, il cria:

Je ne m'appelle pas Fabantou, je ne m'appelle pas Jon-drette, je me nomme Thénardier! je suis l'aubergiste de Montfermeil! entendez-vous? Thénardier! Maintenant me reconnaissez-vous?
30 Au moment où Jondrette avait dit: *Je me nomme Thé-nardier*, Marius avait tremblé de tous ses membres et s'était appuyé au mur, comme s'il eût senti le froid d'une

lame d'épée à travers son cœur. Puis son bras droit, prêt
à lâcher le coup de signal, s'était abaissé lentement, et au
moment où Jondrette avait répété : *Entendez-vous bien,
Thénardier ?* les doigts défaillants de Marius avaient
manqué laisser tomber le pistolet. Jondrette, en dévoi- 5
lant qui il était, n'avait pas ému M. Leblanc, mais il avait
bouleversé Marius. Ce nom de Thénardier, que M. Leblanc ne semblait pas connaître, Marius le connaissait.
Qu'on se rappelle ce que ce nom était pour lui ! Ce nom,
il l'avait porté sur son cœur, écrit dans le testament de 10
son père ! il le portait au fond de sa pensée, au fond de
sa mémoire, dans cette recommandation sacrée : «Un
nommé Thénardier m'a sauvé la vie. Si mon fils le rencontre, il lui fera tout le bien qu'il pourra.» La vie de
son père, sauvée dans une grêle de mitraille sur le champ 15
héroïque de Waterloo, il allait enfin la payer à cet homme,
et la payer de l'échafaud ! Il s'était promis, si jamais il
retrouvait ce Thénardier, de ne l'aborder qu'en se jetant
à ses pieds, et il le retrouvait en effet, mais pour le livrer
au bourreau ! Son père lui disait : Secours Thénardier ! 20
et il répondait à cette voix adorée et sainte en écrasant
Thénardier ! Mais, d'un autre côté, assister à ce guet-
apens et ne pas l'empêcher ! Quoi ! condamner la victime
et épargner l'assassin ! est-ce qu'on pouvait être tenu à la
reconnaissance envers un pareil misérable ? Toutes les 25
idées que Marius avait depuis quatre ans étaient comme
traversées de part en part par ce coup inattendu.

Il frémissait. Tout dépendait de lui. Il tenait dans
sa main à leur insu ces êtres qui s'agitaient là sous ses
yeux. S'il tirait le coup de pistolet, M. Leblanc était 30
sauvé et Thénardier était perdu ; s'il ne le tirait pas, M.
Leblanc était sacrifié, et, qui sait ? Thénardier échappait.

Précipiter l'un, ou laisser tomber l'autre! remords des deux côtés.

Que faire? que choisir? manquer aux souvenirs les plus impérieux, à tant d'engagements profonds pris avec lui-même, au devoir le plus saint, au texte le plus vénéré! manquer au testament de son père, ou laisser s'accomplir un crime! Il lui semblait d'un côté entendre «son Ursule» le supplier pour son père, et de l'autre le colonel lui recommander Thénardier. Il se sentait fou. Ses genoux se dérobaient sous lui. Il fut au moment de s'évanouir.

Cependant Thénardier, nous ne le nommerons plus autrement désormais, se promenait de long en large devant la table dans une sorte d'égarement et de triomphe frénétique.

Il prit à plein poing la chandelle et la posa sur la cheminée avec un frappement si violent que la mèche faillit s'éteindre et que le suif éclaboussa le mur.

Puis il se tourna vers M. Leblanc:

— Ah! criait-il, je vous retrouve enfin, monsieur le philanthrope! monsieur le millionnaire râpé! monsieur le donneur de poupées! vieux jocrisse¹! Ah! vous ne me reconnaissez pas! non, ce n'est pas vous qui êtes venu à Montfermeil, à mon auberge, il y a huit ans, la nuit de Noël 1823! ce n'est pas vous qui avez emmené de chez moi l'enfant de la Fantine! l'Alouette! ce n'est pas vous qui aviez un carrick jaune! non! et un paquet plein de nippes à la main, comme ce matin chez moi! Ah! on va voir enfin que ce n'est pas tout roses d'aller comme cela dans les maisons des gens, sous prétexte que ce sont des auberges, avec des habits minables, avec l'air d'un pauvre, qu'on lui aurait donné un sou, tromper les personnes, faire le généreux, leur prendre leur gagne-pain, et menacer dans les bois, et qu'on n'en est pas quitte pour rapporter après, quand les gens sont ruinés, une redingote trop large et deux méchantes couvertures d'hôpital,[1] vieux gueux, voleur d'enfants!

Thénardier cessa. Il était essoufflé. Sa petite poi- trine étroite haletait comme un soufflet de forge. Son œil était plein de cet ignoble bonheur d'une créature faible, cruelle et lâche qui peut enfin terrasser ce qu'elle a re- douté et insulter ce qu'elle a flatté, joie d'un nain qui mettrait le talon sur la tête de Goliath, joie d'un chacal qui commence à déchirer un taureau malade, assez mort pour ne plus se défendre, assez vivant pour souffrir en- core. M. Leblanc ne l'interrompit pas, mais lui dit lors- qu'il s'interrompit:

— Pardon, monsieur, répondit-il avec un accent de poli- tesse qui avait en un pareil moment quelque chose d'é- trange et de puissant, je vois que vous êtes un bandit.

Qui ne l'a remarqué, les êtres odieux ont leur suscepti- bilité, les monstres sont chatouilleux. A ce mot de bandit, la femme Thénardier se jeta à bas du lit, Thénardier saisit sa chaise comme s'il allait la briser dans ses mains. — Ne bouge pas, toi! cria-t-il à sa femme; et, se tournant vers M. Leblanc:

— Bandit! oui, je sais que vous nous appelez comme cela, messieurs les gens riches! Tiens! c'est vrai, j'ai fait faillite, je me cache, je n'ai pas de pain, je n'ai pas le sou, je suis un bandit! Ah! vous vous chauffez les pieds vous autres, vous avez des redingotes ouatées, com- me des archevêques, vous mangez des truffes, vous mangez des bottes d'asperges à quarante francs au mois de janvier, des petits pois, vous vous gavez, et, quand vous voulez savoir s'il fait froid, vous regardez dans le journal ce que

marque le thermomètre.    Et vous venez dans nos cavernes,
oui, dans nos cavernes, nous appeler bandits !

Ici Thénardier fit un pas vers les hommes qui étaient
près de la porte et ajouta avec un frémissement :

5      — Quand je pense qu'il ose venir me parler comme à
un savetier !

Depuis quelques instants, M. Leblanc semblait suivre et
guetter tous les mouvements de Thénardier, qui, aveuglé
et ébloui par sa propre rage, allait et venait dans le repaire
10 avec la confiance de sentir la porte gardée, de tenir, armé,
un homme désarmé, et d'être neuf contre un, en supposant
que la Thénardier ne comptât que pour un homme.

Dans un de ces mouvements il tournait le dos à M.
Leblanc.

15     M. Leblanc saisit ce moment, repoussa du pied la
chaise, du poing la table, et d'un bond, avec une agilité
prodigieuse, avant que Thénardier eût eu le temps de
se retourner, il était à la fenêtre. L'ouvrir, escalader
l'appui, l'enjamber, ce fut une seconde.    Il était à
20 moitié dehors quand six poings robustes le saisirent et
le ramenèrent énergiquement dans le bouge. C'étaient
les trois «fumistes» qui s'étaient élancés sur lui.    En
même temps, la Thénardier l'avait empoigné aux cheveux.

Marius ne put résister à ce spectacle. — Mon père,
25 pensa-t-il, pardonne-moi !

Et son doigt chercha la détente du pistolet.    Le coup
allait partir lorsque la voix de Thénardier cria :

— Ne lui faites pas de mal !

Cette tentative désespérée de la victime, loin d'exas-
30 pérer Thénardier, l'avait calmé.

— Ne lui faites pas de mal ! répéta-t-il, et sans s'en
douter, pour premier succès il arrêta le pistolet prêt à

partir et paralysa Marius pour lequel l'urgence disparut, et qui, devant cette phase nouvelle, ne vit point d'inconvénient à attendre encore.

Qui sait si quelque chance ne surgirait pas qui le délivrerait de l'affreuse alternative de laisser périr le père d'Ursule ou de perdre le sauveur du colonel?

Une lutte herculéenne s'était engagée. D'un coup de poing en plein torse M. Leblanc avait envoyé le vieux rouler au milieu de la chambre, puis de deux revers de main avait terrassé deux autres assaillants, et il en tenait un sous chacun de ses genoux; les misérables râlaient sous cette pression comme sous une meule de granit; mais les quatre autres avaient saisi le redoutable vieillard aux deux bras et à la nuque et le tenaient accroupi sur les deux «fumistes» terrassés.

Ils parvinrent à le renverser sur le lit le plus proche de la croisée et l'y tinrent en respect. La Thénardier ne lui avait pas lâché les cheveux.

— Toi, dit Thénardier, ne t'en mêle pas. Tu vas déchirer ton châle. Vous autres, fouillez-le.

M. Leblanc semblait avoir renoncé à la résistance.

On le fouilla. Il n'avait rien sur lui qu'une bourse en cuir qui contenait six francs, et son mouchoir.

Thénardier mit le mouchoir dans sa poche. Alors il alla au coin de la porte et y prit un paquet de cordes qu'il leur jeta.

— Attachez-le au pied du lit, dit-il.

Les brigands le lièrent solidement, debout et les pieds posant à terre au montant du lit le plus éloigné de la fenêtre et le plus proche de la cheminée.

Quand le dernier nœud fut serré Thénardier prit une chaise et vint s'asseoir presque en face de M. Leblanc.

Thénardier ne se ressemblait plus ; en quelques instants sa physionomie avait passé de la violence effrénée à la douceur tranquille et rusée.

Marius avait peine à reconnaître dans ce sourire poli
5 d'homme de bureau [1] la bouche presque bestiale qui écumait le moment d'auparavant ; il considérait avec stupeur cette métamorphose fantastique et inquiétante, et il éprouvait ce qu'éprouverait un homme qui verrait un tigre se changer en un avoué.

10 — Monsieur . . . fit Thénardier.

Et écartant du geste les brigands qui avaient encore la main sur M. Leblanc :

— Éloignez-vous un peu, et laissez-moi causer avec monsieur.

15 Tous se retirèrent vers la porte.

Il reprit :

— Monsieur, vous avez eu tort d'essayer de sauter par la fenêtre. Vous auriez pu vous casser une jambe. Maintenant, si vous le permettez, nous allons causer tranquille-
20 ment. Nous pouvons nous entendre. Arrangeons ceci à l'amiable. J'ai eu tort de m'emporter tout à l'heure, je ne sais où j'avais l'esprit ; j'ai été beaucoup trop loin, j'ai dit des extravagances. Par exemple, parce que vous êtes millionnaire, je vous ai dit que j'exigeais de l'argent,
25 beaucoup d'argent, immensément d'argent. Cela ne serait pas raisonnable. Mon Dieu, vous avez beau être riche, vous avez vos charges ; qui n'a pas les siennes ? je ne veux pas vous ruiner, je ne suis pas un happe-chair après tout. Je ne suis pas de ces gens qui, parce qu'ils ont
30 l'avantage de la position, profitent de cela pour être ridicules. Il me faut simplement deux cent mille francs. Vous me direz : Mais je n'ai pas deux cent mille francs

sur moi. Oh! je ne suis pas exagéré. Je n'exige pas cela. Je ne vous demande qu'une chose. Ayez la bonté d'écrire ce que je vais vous dicter.

Ici Thénardier s'interrompit, puis il ajouta en appuyant sur les mots et en jetant un sourire du côté du réchaud: 5

— Je vous préviens que je n'admettrais pas que vous ne sachiez pas écrire.

Thénardier poussa la table tout près de M. Leblanc, et prit l'encrier, une plume et une feuille de papier dans le tiroir qu'il laissa entr'ouvert et où luisait la longue lame 10 du couteau.

Il posa la feuille de papier devant M. Leblanc.

— Écrivez, dit-il.

Le prisonnier parla enfin.

— Comment voulez-vous que j'écrive? je suis attaché. 15

— C'est vrai, pardon! fit Thénardier, vous avez bien raison.

— Et se tournant vers Bigrenaille:

Déliez le bras droit de monsieur.

Quand la main droite du prisonnier fut libre, Thénar- 20 dier trempa la plume dans l'encre et la lui présenta.

— Remarquez bien, monsieur, que vous êtes en notre pouvoir, en notre discrétion, qu'aucune puissance humaine ne peut vous tirer d'ici, et que nous serions vraiment désolés d'être contraints d'en venir à des extrémités désa- 25 gréables. Je ne sais ni votre nom, ni votre adresse, mais je vous préviens que vous resterez attaché jusqu'à ce que la personne chargée de porter la lettre que vous allez écrire soit revenue. Maintenant veuillez écrire.

— Quoi? demanda le prisonnier. 30

— Je dicte.

M. Leblanc prit la plume.

Thénardier commença à dicter :

— «Ma fille, viens sur-le-champ. J'ai absolument besoin de toi. La personne qui te remettra ce billet est
chargée de t'amener près de moi. Je t'attends. Viens
5 avec confiance.»

M. Leblanc avait tout écrit. Thénardier reprit :

— Signez. Quel est votre nom ?

— Urbain Fabre, dit le prisonnier.

Thénardier, avec le mouvement d'un chat, précipita sa
10 main dans sa poche et en tira le mouchoir saisi sur M.
Leblanc. Il en chercha la marque et l'approcha de la
chandelle.

— U. F. C'est cela. Urbain Fabre. Eh bien, signez U. F.

Le prisonnier signa.

15 — Comme il faut les deux mains pour plier la lettre,
donnez, je vais la plier.

Cela fait, Thénardier reprit :

— Mettez l'adresse. *Mademoiselle Fabre*, chez vous.

Le prisonnier resta un moment pensif, puis il prit la
20 plume et écrivit :

«Mademoiselle Fabre, chez M. Urbain Fabre, rue Saint-
Dominique-d'Enfer,[1] n° 17.»

Thénardier saisit la lettre avec une sorte de convulsion
fébrile.

25 — Ma femme ! cria-t-il.

La Thénardier accourut.

— Voici la lettre. Tu sais ce que tu as à faire. Un
fiacre est en bas. Pars tout de suite, et reviens idem.

Et s'adressant à l'homme au merlin :

30 — Toi, puisque tu as ôté ton cache-nez, accompagne la
bourgeoise. Tu monteras derrière le fiacre. Tu sais où
tu as laissé la maringotte[2] ?

— Oui, dit l'homme.

Et, déposant son merlin dans un coin, il suivit la Thénardier.

[Le plan de Thénardier est de faire venir Cosette et de la garder jusqu'à ce que M. Leblanc lui ait donné les deux cent mille francs. 5 Madame Thénardier porte la lettre mais bientôt elle revient et annonce que l'adresse est fausse.]

— Fausse adresse ? répéta Thénardier.

Elle reprit :

— Personne !  Rue Saint-Dominique, numéro dix-sept, 10 pas de monsieur Urbain Fabre !  On ne sait pas ce que c'est !

Marius respira.

Elle, Ursule ou l'Alouette, celle qu'il ne savait plus comment nommer, était sauvée. 15

Pendant que sa femme exaspérée vociférait, Thénardier s'était assis sur la table.  Il resta quelques instants sans prononcer une parole.  Enfin il dit au prisonnier avec une inflexion lente et singulièrement féroce :

— Une fausse adresse ? qu'est-ce que tu as donc es- 20 péré ?

— Gagner du temps !  cria le prisonnier d'une voix éclatante.

Et au même instant il secoua ses liens ; ils étaient coupés.  Le prisonnier n'était plus attaché au lit que par une 25 jambe.

Avant que les sept hommes eussent eu le temps de se reconnaître et de s'élancer, lui s'était penché sous la cheminée, avait étendu la main vers le réchaud, puis s'était redressé, et maintenant Thénardier, la Thénardier et les 30 bandits, refoulés par le saisissement au fond du bouge, le regardaient avec stupeur élevant au-dessus de sa tête le ciseau rouge d'où tombait une lueur sinistre, presque libre et dans une attitude formidable.

L'enquête judiciaire, à laquelle le guet-apens de la masure Gorbeau donna lieu par la suite, a constaté qu'un gros sou, coupé et travaillé d'une façon particulière, fut trouvé dans le galetas, quand la police y fit une descente ; ce gros sou était une de ces merveilles d'industrie que la patience du bagne engendre dans les ténèbres, et pour les ténèbres, merveilles qui ne sont autre chose que des instruments d'évasion. Le malheureux qui aspire à la délivrance trouve moyen, quelquefois sans outils, avec un eustache, avec un vieux couteau, de scier un sou en deux lames minces, de creuser ces deux lames sans toucher aux empreintes monétaires,¹ et de pratiquer un pas de vis sur la tranche du sou de manière à faire adhérer les lames de nouveau. Cela se visse et se dévisse à volonté ; c'est une boîte. Dans cette boîte, on cache un ressort de montre, et ce ressort de montre bien manié coupe des manilles de calibre et des barreaux de fer. On croit que ce malheureux forçat ne possède qu'un sou ; point, il possède la liberté. C'est un gros sou de ce genre qui, dans des perquisitions de police ultérieures, fut trouvé ouvert et en deux morceaux dans le bouge sous le grabat près de la fenêtre. On découvrit également une petite scie en acier bleu qui pouvait se cacher dans le gros sou.

Il est probable qu'au moment où les bandits fouillèrent le prisonnier, il avait sur lui ce gros sou qu'il réussit à cacher dans sa main, et qu'ensuite, ayant la main droite libre, il le dévissa et se servit de la scie pour couper les cordes qui l'attachaient. N'ayant pu se baisser, de peur de se trahir, il n'avait point coupé les liens de sa jambe gauche.

Le prisonnier éleva la voix :

— Vous êtes des malheureux, mais ma vie ne vaut pas la peine d'être tant défendue. Quant à vous imaginer que vous me feriez parler, que vous me feriez écrire ce que je ne veux pas écrire, que vous me feriez dire ce que je ne 5 veux pas dire. . . .

Il releva la manche de son bras gauche et ajouta :

— Tenez.

En même temps il tendit son bras et posa sur la chair nue le ciseau ardent qu'il tenait dans sa main droite par 10 le manche de bois. Marius chancela éperdu d'horreur, les brigands eux-mêmes eurent un frisson, le visage de l'étrange vieillard se contracta à peine, et tandis que le fer rouge s'enfonçait dans la plaie fumante, impassible et presque auguste, il attachait sur Thénardier son beau re- 15 gard sans haine où la souffrance s'évanouissait dans une majesté sereine.

— Misérables, dit-il, n'ayez pas plus peur de moi que je n'ai peur de vous !

Et arrachant le ciseau de la plaie, il le lança par la 20 fenêtre qui était restée ouverte.

Le prisonnier reprit :

— Faites de moi ce que vous voudrez.

— Empoignez-le ! dit Thénardier.

Deux des brigands lui posèrent la main sur l'épaule. 25

En même temps Marius entendit au dessous de lui, au bas de la cloison, mais tellement près qu'il ne pouvait voir ceux qui parlaient, ce colloque échangé à voix basse :

— Il n'y a plus qu'une chose à faire.

— L'escarper¹ ! 30

— C'est cela.

C'étaient le mari et la femme qui tenaient conseil.

Thénardier marcha à pas lents vers la table, ouvrit le tiroir et y prit le couteau. Marius égaré promenait ses yeux autour de lui, dernière ressource machinale du désespoir. Tout à coup, il tressaillit. A ses pieds, sur la

5 table, un vif rayon de pleine lune éclairait et semblait lui montrer une feuille de papier. Sur cette feuille il lut cette ligne écrite en grosses lettres le matin même par l'aînée des filles Thénardier :

— LES COGNES SONT LA.

10 Une idée, une clarté traversa l'esprit de Marius ; c'était le moyen qu'il cherchait, la solution de cet affreux problème qui le torturait, épargner l'assassin et sauver la victime. Il s'agenouilla sur sa commode, étendit les bras, saisit la feuille de papier, détacha doucement un morceau de plâtre

15 de la cloison, l'enveloppa dans le papier et jeta le tout par la crevasse au milieu du bouge.

Il était temps. Thénardier avait vaincu ses dernières craintes ou ses derniers scrupules et se dirigeait vers le prisonnier.

20 — Quelque chose qui tombe ! cria la Thénardier.

— Qu'est-ce ? dit le mari.

La femme s'était élancée et avait ramassé le plâtras enveloppé du papier. Elle le remit à son mari.

Thénardier déplia rapidement le papier et l'approcha

25 de la chandelle.

— C'est de l'écriture d'Éponine. Diable !

Il fit signe à sa femme, qui s'approcha vivement, et il lui montra la ligne écrite sur la feuille de papier, puis il ajouta d'une voix sourde :

30 — Vite ! l'échelle ! laissons le lard dans la souricière et fichons le camp¹ !

Ce fut comme le signal du branle-bas dans un équipage.

Les brigands qui tenaient le prisonnier le lâchèrent ; en un clin d'œil l'échelle de corde fut déroulée hors de la fenêtre et attachée solidement au rebord par les deux crampons de fer.

Sitôt l'échelle fixée, Thénardier cria : 5

— Viens ! la bourgeoise !

Et il se précipita vers la croisée. Mais comme il allait enjamber, Bigrenaille le saisit rudement au collet.

— Non pas, dis donc, vieux farceur ! après nous !

— Après nous ! hurlèrent les bandits. 10

— Vous êtes des enfants, dit Thénardier, nous perdons le temps. Les railles [1] sont sur nos talons.

— Eh bien, dit un des bandits, tirons au sort à qui passera le premier.

Thénardier s'exclama : 15

— Êtes-vous fous ! êtes-vous toqués [2] ! en voilà-t-il un tas de jobards ! perdre le temps, n'est-ce pas ? tirer au sort, n'est-ce pas ? au doigt mouillé [3] ! à la courte-paille ! écrire nos noms ! les mettre dans un bonnet ! . . .

— Voulez-vous mon chapeau ? cria une voix du seuil de 20 la porte.

Tous se retournèrent. C'était Javert.

Il tenait son chapeau à la main, et le tendait en souriant.

Javert, à la nuit tombante, avait aposté des hommes et 25 s'était embusqué lui-même derrière les arbres de l'autre côté du boulevard. Puis il s'était mis en arrêt, prêtant l'oreille au signal convenu. Enfin, il s'était impatienté et avait fini par se décider à monter sans attendre le coup de pistolet. 30

Il était arrivé à point. Les bandits effarés se jetèrent sur les armes qu'ils avaient abandonnées dans tous les coins au moment de s'évader.

Javert remit son chapeau sur sa tête et fit deux pas dans la chambre, les bras croisés, la canne sous le bras, l'épée dans le fourreau.

— Halte là, dit-il.  Vous ne passerez pas par la fenê-
5 tre, vous passerez par la porte.  C'est moins malsain. Vous êtes sept, nous sommes quinze.

Et se retournant et appelant derrière lui :

— Entrez maintenant !

Une escouade de sergents de ville, l'épée au poing, et
10 d'agents armés de casse-tête et de gourdins se rua à l'appel de Javert.   On garrotta les bandits.

Cette foule d'hommes à peine éclairés d'une chandelle emplissait d'ombre le repaire.

— Les poucettes à tous ! cria Javert.

15 Les hommes de police rentrèrent en foule, et en quelques secondes l'ordre de Javert fut exécuté.

La Thénardier, brisée, regarda ses mains garrottées et celles de son mari, se laissa tomber à terre et s'écria en pleurant :

20 — Mes filles !

— Elles sont à l'ombre,¹ dit Javert.

En ce moment, il aperçut le prisonnier des bandits qui, depuis l'entrée des agents de police, n'avait pas prononcé une parole et tenait sa tête baissée.

25 — Déliez monsieur ! dit Javert, et que personne ne sorte !

Cela dit, il s'assit souverainement devant la table, où étaient restées la chandelle et l'écritoire, tira un papier timbré de sa poche et commença son procès-verbal.

Quand il eut écrit les premières lignes, qui ne sont
30 que des formules toujours les mêmes, il leva les yeux :

— Faites approcher ce monsieur que ces messieurs avaient attaché.

Les agents regardèrent autour d'eux.

— Eh bien, demanda Javert, où est-il donc?

Le prisonnier des bandits, M. Leblanc, M. Urbain Fabre, le père d'Ursule ou de l'Alouette, avait disparu.

La porte était gardée, mais la croisée ne l'était pas. 5 Sitôt qu'il s'était vu délié, et pendant que Javert verbalisait, il avait profité du trouble, du tumulte, de l'encombrement, de l'obscurité, et d'un moment où l'attention n'était pas fixée sur lui, pour s'élancer par la fenêtre.

Un agent courut à la lucarne, et regarda. On ne 10 voyait personne dehors. L'échelle de corde tremblait encore.

— Diable! fit Javert entre ses dents, ce devait être le meilleur.

# QUATRIEME PARTIE

## L'IDYLLE RUE PLUMET

### I

Marius avait assisté au dénouement inattendu du guet-apens sur la trace duquel il avait mis Javert; mais à peine Javert eut-il quitté la masure, emmenant ses prisonniers dans trois fiacres, que Marius de son côté se glissa hors de la maison. Il n'était encore que neuf heures du soir. Marius alla chez Courfeyrac.

Le lendemain, dès sept heures du matin, Marius revint à la masure, paya le terme et ce qu'il devait à mame Bougon, fit charger sur une charrette à bras ses livres, son lit, sa table, sa commode et ses deux chaises, et s'en alla sans laisser son adresse, si bien que, lorsque Javert revint dans la matinée afin de questionner Marius sur les événements de la veille, il ne trouva que mame Bougon qui lui répondit: Déménagé!

Mame Bougon fut convaincue que Marius était un peu complice des voleurs saisis dans la nuit. — Qui aurait dit cela? s'écriait-elle chez les portières du quartier, un jeune homme, que ça vous avait l'air d'une fille!

Marius avait eu deux raisons pour ce déménagement si prompt. La première, c'est qu'il avait horreur maintenant de cette maison où il avait vu, de si près et dans tout son développement le plus repoussant et le plus féroce, une laideur sociale plus affreuse peut-être encore que le mauvais riche, le mauvais pauvre. La deuxième, c'est qu'il ne voulait pas figurer dans le procès quelconque qui s'ensuivrait probablement, et être amené à déposer contre Thénardier.

Marius du reste était navré. Il avait un moment revu de très près dans cette obscurité la jeune fille qu'il aimait, le vieillard qui semblait son père, ces êtres inconnus qui étaient son seul intérêt et sa seule espérance en ce monde; et, au moment où il avait cru les saisir, un souffle avait emporté toutes ces ombres. Pas une étincelle de certitude et de vérité n'avait jailli même du choc le plus effrayant. Aucune conjecture possible. Il ne savait même plus le nom qu'il avait cru savoir.

Pour comble, la misère revenait. Il sentait tout près de lui, derrière lui, ce souffle glacé. Dans toutes ces tourmentes, et depuis longtemps déjà, il avait discontinué son travail, et rien n'est plus dangereux que le travail discontinué; c'est une habitude qui s'en va. Habitude facile à quitter, difficile à reprendre. Au lieu de travailler, il se mit à promener dans un endroit solitaire où il s'asseyait souvent sous un arbre et songeait à «Elle.» Et sa songerie, devenant reproche, retombait sur lui; il pensait douloureusement à la paresse, paralysie de l'âme, qui le gagnait, et à cette nuit qui s'épaississait d'instant en instant devant lui au point qu'il ne voyait même déjà plus le soleil.

Cependant, à travers ce pénible dégagement d'idées indistinctes qui n'étaient pas même un monologue tant l'action s'affaiblissait en lui, et il n'avait plus même la force de vouloir se désoler, à travers cette absorption mélancolique, les sensations du dehors lui arrivaient. Il entendait derrière lui, sur les deux bords de la rivière, les laveuses des Gobelins [1] battre leur linge, et, au-dessus de sa tête, les oiseaux jaser et chanter dans les ormes. D'un côté le bruit de la liberté, de l'insouciance heureuse, du loisir qui a des ailes; de l'autre le bruit du travail. Chose qui le faisait rêver profondément, et presque réfléchir, c'étaient deux bruits joyeux. Un jour il était sous son arbre accoutumé quand, tout à coup, il entendit une voix connue qui disait:

— Tiens! le voilà!

Il leva les yeux, et reconnut cette malheureuse enfant qui était venue un matin chez lui, l'aînée des filles Thénardier, Éponine; il savait maintenant comment elle se nommait. Chose étrange, elle était appauvrie et embellie, deux pas qu'il ne semblait point qu'elle pût faire. Elle avait accompli un double progrès, vers la lumière et vers la détresse. Elle était pieds nus et en haillons comme le jour où elle était entrée si résolument dans sa chambre, seulement ses haillons avaient deux mois de plus; les trous étaient plus larges, les guenilles plus sordides. Et avec tout cela elle était belle. Quel astre vous êtes, ô jeunesse!

Cependant elle était arrêtée devant Marius avec un peu de joie sur son visage livide et quelque chose qui ressemblait à un sourire. Elle fut quelques moments comme si elle ne pouvait parler.

— Je vous rencontre donc! dit-elle enfin. Comme je vous ai cherché! si vous saviez? Savez-vous cela? j'ai été au bloc.¹ Quinze jours! Ils m'ont lâchée! vu qu'il n'y avait rien sur moi, et que d'ailleurs je n'avais pas l'âge du discernement. Il s'en fallait de deux mois. Oh! comme je vous ai cherché! voilà six semaines. Vous ne demeurez donc plus là-bas?

— Non, dit Marius.

— Oh! je comprends. A cause de la chose. C'est

désagréable ces esbrouffes-là.¹ Vous avez déménagé. Tiens !

Elle reprit avec une expression qui s'assombrissait peu à peu :

— Vous n'avez pas l'air content de me voir ?

Marius se taisait ; elle garda elle-même un instant le silence, puis s'écria :

— Si je voulais pourtant, je vous forcerais bien à avoir l'air content !

— Quoi ? demanda Marius. Que voulez-vous dire ?

Elle se mordit la lèvre ; elle semblait hésiter, comme en proie à une sorte de combat intérieur. Elle parut prendre son parti.

— Tant pis, c'est égal. Vous avez l'air triste, je veux que vous soyez content. Promettez-moi seulement que vous allez rire. Je veux vous voir rire et vous voir dire : Ah bien ! c'est bon. Pauvre Monsieur Marius ! vous savez ? vous m'avez promis que vous me donneriez tout ce que je voudrais. . . .

— Oui ! mais parle donc !

Elle regarda Marius dans le blanc des yeux et lui dit :

— J'ai l'adresse.

Marius pâlit. Tout son sang reflua à son cœur.

— Quelle adresse ?

— L'adresse que vous m'avez demandée !

Elle ajouta comme si elle faisait effort :

— L'adresse . . . vous savez bien ?

— Oui ! bégaya Marius.

— De la demoiselle !

Ce mot prononcé, elle soupira profondément.

Marius sauta du parapet où il était assis et lui prit éperdument la main.

— Oh ! eh bien ! conduis-moi ! dis-moi ! demande-moi tout ce que tu voudras ! Où est-ce ?

— Venez avec moi, répondit-elle. Je ne sais pas bien la rue et le numéro ; c'est tout de l'autre côté d'ici, mais
5 je connais bien la maison, je vais vous conduire.

Elle fit une dizaine de pas, et s'arrêta ; Marius la rejoignit. Elle lui adressa la parole de côté et sans se tourner vers lui :

— A propos, vous savez que vous m'avez promis quel-
10 que chose ?

Marius fouilla dans sa poche. Il ne possédait au monde que cinq francs. Il les prit, et les mit dans la main d'Éponine. Elle ouvrit les doigts et laissa tomber la pièce à terre, et le regardant d'un air sombre :

15 — Je ne veux pas de votre argent, dit-elle.


## II

Vers le milieu du siècle dernier, au faubourg Saint-Germain,[1] il y avait rue Plumet une petite maison. Devant était un jardin avec large grille donnant sur la rue. Ce jardin avait environ un arpent. C'était là tout ce que
20 les passants pouvaient entrevoir ; mais en arrière du pavillon il y avait une cour étroite et au fond de la cour un logis bas de deux pièces. Ce logis communiquait par derrière, par une porte masquée et ouvrant à secret, avec un long couloir étroit, bordé de deux hautes murailles,
25 lequel allait aboutir à une autre porte également à secret qui s'ouvrait à un demi-quart de lieue de là, presque dans un autre quartier, à l'extrémité solitaire de la rue de Babylone.

Au mois d'octobre 1829, un homme d'un certain âge

s'était présenté et avait loué la maison telle qu'elle
était, y compris, bien entendu, l'arrière-corps de logis[1]
et le couloir qui allait aboutir à la rue de Babylone.   Il
avait fait rétablir les ouvertures à secret des deux portes
de ce passage et enfin était venu s'installer avec une jeune
fille et une servante âgée, sans bruit, plutôt comme quelqu'un qui se glisse que comme quelqu'un qui entre chez soi.

Ce locataire peu à effet[2] était Jean Valjean, la jeune
fille était Cosette.   La servante était une fille appelée
Toussaint que Jean Valjean avait sauvée de l'hôpital et de
la misère et qui était vieille, provinciale et bègue, trois
qualités qui avaient déterminé Jean Valjean à la prendre
avec lui.   Il avait loué la maison sous le nom de M. Fauchelevent, rentier.

Pourquoi Jean Valjean avait-il quitté le couvent du
Petit-Picpus?   Que s'était-il passé?

Il ne s'était rien passé.

On s'en souvient, Jean Valjean était heureux dans le
couvent, si heureux que sa conscience finit par s'inquiéter.
Il voyait Cosette tous les jours, il sentait la paternité naître
et se développer en lui de plus en plus, il couvait de l'âme
cette enfant, il se disait qu'elle était à lui, que rien ne pouvait la lui enlever, que cela serait ainsi indéfiniment, que
certainement elle se ferait religieuse.   En réfléchissant à
ceci, il en vint à tomber dans des perplexités.   Il s'inter-
rogea.   Il se demandait si tout ce bonheur était bien à lui,
s'il ne se composait pas du bonheur d'un autre, du bonheur
de cette enfant qu'il confisquait et qu'il dérobait, lui vieillard; si ce n'était point là un vol?   Il se disait que cette
enfant avait le droit de connaître la vie avant d'y renoncer,
que lui retrancher, d'avance et en quelque sorte sans la
consulter, toutes les joies sous prétexte de lui sauver toutes

les épreuves, c'était dénaturer une créature humaine et mentir à Dieu. Et qui sait si, se rendant compte un jour de tout cela et religieuse à regret, Cosette n'en viendrait pas à le haïr ? Dernière pensée, presque égoïste et moins
5 héroïque que les autres, mais qui lui était insupportable Il résolut de quitter le couvent. Une fois sa détermination arrêtée, il attendit l'occasion. Elle ne tarda pas à se présenter. Le vieux Fauchelevent mourut.

Jean Valjean demanda audience à la révérende prieure
10 et lui dit qu'ayant fait à la mort de son frère un petit héritage qui lui permettait de vivre désormais sans travailler, il quittait le service du couvent, et emmenait sa fille ; mais que, comme il n'était pas juste que Cosette, ne prononçant point ses vœux, eût été élevée gratuitement, il suppliait
15 humblement la révérende prieure de trouver bon qu'il offrît à la communauté, comme indemnité des cinq années que Cosette y avait passées, une somme de cinq mille francs.

En quittant le couvent, il prit lui-même dans ses bras et
20 ne voulut confier à aucun commissionnaire la petite valise dont il avait toujours la clef sur lui. Cette valise intriguait Cosette, à cause de l'odeur d'embaumement qui en sortait.

Disons tout de suite que désormais cette malle ne le
25 quitta plus. Il l'avait toujours dans sa chambre. C'était la première et quelquefois l'unique chose qu'il emportait dans ses déménagements. Cosette en riait et appelait cette valise *l'inséparable*, disant : J'en suis jalouse.

Jean Valjean du reste ne reparut pas à l'air libre sans
30 une profonde anxiété. Il découvrit la maison de la rue Plumet et s'y blottit. Il était désormais en possession du nom d'Ultime Fauchelevent.

En même temps il loua deux autres appartements dans Paris, afin de moins attirer l'attention que s'il fût toujours resté dans le même quartier, de pouvoir faire au besoin des absences à la moindre inquiétude qui le prendrait, et enfin de ne plus se trouver au dépourvu comme la nuit où 5 il avait miraculeusement échappé à Javert. Ces deux appartements étaient deux logis fort chétifs et d'apparence pauvre, dans deux quartiers très éloignés l'un de l'autre, l'un rue de l'Ouest, l'autre rue de l'Homme-Armé.[1] Il allait de temps en temps, tantôt rue de l'Homme-Armé, 10 tantôt rue de l'Ouest, passer un mois ou six semaines avec Cosette sans emmener Toussaint.

Du reste, à proprement parler, il vivait rue Plumet et il y avait arrangé son existence de la façon que voici :

Cosette avec la servante occupait le pavillon ; elle avait 15 la grande chambre à coucher aux trumeaux peints. Tout l'hiver la petite maison de Cosette était chauffée du haut en bas. Lui, il habitait l'espèce de loge de portier qui était dans la cour du fond, avec un matelas sur un lit de sangle, une table de bois blanc, deux chaises de paille, un 20 pot à eau de faïence, quelques bouquins sur une planche, sa chère valise dans un coin, jamais de feu. Il dînait avec Cosette, et il y avait un pain bis pour lui sur la table. Il avait dit à Toussaint lorsqu'elle était entrée : — C'est mademoiselle qui est la maîtresse de la maison. — Et vous, 25 monsieur ? avait répliqué Toussaint stupéfaite. — Moi, je suis bien mieux que le maître, je suis le père.

Aucun étranger n'entrait dans la maison de la rue Plumet. Toussaint apportait les provisions, et Jean Valjean allait lui-même chercher l'eau à une prise d'eau[2] qui était 30 tout proche sur le boulevard. M. Fauchelevent, rentier, était de la garde nationale. Trois ou quatre fois l'an, donc,

Jean Valjean endossait son uniforme et faisait·sa faction ;
très volontiers d'ailleurs ; c'était pour lui un déguisement
correct qui le mêlait à tout le monde en le laissant solitaire.
Jean Valjean venait d'atteindre ses soixante ans, âge. de
5 l'exemption légale ; mais il n'en paraissait pas plus de
cinquante ; d'ailleurs il n'avait aucune envie de se soustraire à son sergent-major et de chicaner le comte de Lo-
bau¹ ; il n'avait pas d'état civil² ; il cachait son nom, il
cachait son identité, il cachait son âge, il cachait tout ; et,
10 nous venons de le dire, c'était un garde national de bonne
volonté.    Ressembler au premier venu qui paye ses contri-
butions, c'était là toute son ambition.    Cet homme avait
pour idéal, au dedans, l'ange, au dehors, le bourgeois.

Ni Jean Valjean, ni Cosette, ni Toussaint n'entraient et
15 ne sortaient jamais que par la porte de la rue de Babylone.
A moins de les apercevoir par la grille du jardin, il était
difficile de deviner qu'ils demeuraient rue Plumet.    Cette
grille restait toujours fermée.    Jean Valjean avait laissé le
jardin inculte, afin qu'il n'attirât pas l'attention.    En cela
20 il se trompait peut-être.

Ce jardin ainsi livré à lui-même depuis plus d'un demi-
siècle était devenu extraordinaire et charmant.    Les passants d'il y a quarante ans s'arrêtaient dans cette rue pour
le contempler, sans se douter des secrets qu'il dérobait
25 derrière ses épaisseurs fraîches et vertes.    Plus d'un son-
geur à cette époque a laissé bien des fois ses yeux et sa
pensée pénétrer indiscrètement à travers les barreaux de
l'antique grille cadenassée, tordue, branlante, scellée à
deux piliers verdis et moussus, bizarrement couronnée d'un
30 fronton d'arabesques indéchiffrables.

## III

Cosette était sortie du couvent encore presque enfant ;
elle avait un peu plus de quatorze ans, et son éducation
était terminée ; c'est-à-dire on lui avait appris la religion, et
même, et surtout la dévotion ; puis «l'histoire,» c'est-à-dire
la chose qu'on appelle ainsi au couvent ; la géographie, la 5
grammaire, les participes, les rois de France, un peu de
musique, à faire un nez,¹ etc., mais du reste elle ignorait
tout, ce qui est un charme et un péril. L'âme d'une jeune
fille ne doit pas être laissée obscure ; plus tard, il s'y fait
des mirages trop brusques et trop vifs comme dans une 10
chambre noire. Elle doit être doucement et discrètement
éclairée, plutôt du reflet des réalités que de leur lumière
directe et dure. Demi-jour utile et gracieusement austère
qui dissipe les peurs puériles et empêche les chutes. Pour
former l'âme d'une jeune fille, toutes les religieuses du 15
monde ne valent pas une mère. Cosette n'avait pas eu
de mère. Elle n'avait eu que beaucoup de mères, au plu-
riel. Quant à Jean Valjean, il y avait bien en lui toutes
les tendresses à la fois, et toutes les sollicitudes ; mais ce
n'était qu'un vieux homme qui ne savait rien du tout.      20

En quittant le couvent, Cosette ne pouvait rien trouver
de plus doux et de plus dangereux que la maison de la rue
Plumet. C'était la continuation de la solitude avec le
commencement de la liberté ; un jardin fermé, mais une
nature âcre, riche, voluptueuse et odorante ; les mêmes 25
songes que dans le couvent, mais de jeunes hommes en-
trevus ; une grille, mais sur la rue.

Cependant, nous le répétons, quand elle y arriva, elle
n'était encore qu'une enfant. Jean Valjean lui livra ce
jardin inculte. — Fais-y tout ce que tu voudras, lui disait- 30

il. Cela amusait Cosette ; elle en remuait toutes les touffes et toutes les pierres, elle y cherchait «des bêtes» ; elle y jouait, en attendant qu'elle y rêvât ; elle aimait ce jardin pour les insectes qu'elle y trouvait sous ses pieds à travers
5 l'herbe, en attendant qu'elle l'aimât pour les étoiles qu'elle y verrait dans les branches au-dessus de sa tête.

Et puis, elle aimait son père, c'est-à-dire Jean-Valjean, de toute son âme, avec une naïve passion filiale qui lui faisait du bonhomme un compagnon désiré et charmant.
10 Cet homme simple suffisait à la pensée de Cosette, de même que ce jardin sauvage à ses yeux. Quand elle avait bien poursuivi les papillons, elle arrivait près de lui es-soufflée et disait : Ah ! comme j'ai couru ! Il la baisait au front.

15 Cosette adorait le bonhomme. Elle était toujours sur ses talons. Là où était Jean Valjean était le bien-être. Comme Jean Valjean n'habitait ni le pavillon, ni le jardin, elle se plaisait mieux dans l'arrière-cour pavée que dans l'enclos plein de fleurs, et dans la petite loge meublée de
20 chaises de paille que dans le grand salon tendu de tapis-series où s'adossaient des fauteuils capitonnés. Jean Valjean lui disait quelquefois en souriant du bonheur d'être importuné : — Mais va-t'en chez toi ! laisse-moi donc un peu seul !

25 Cosette ne se rappelait que confusément son enfance. Elle priait matin et soir pour sa mère qu'elle n'avait pas connue. Les Thénardier lui étaient restés comme deux figures hideuses à l'état de rêve. Elle se rappelait qu'elle avait été «un jour, la nuit,» chercher de l'eau dans un
30 bois. Elle croyait que c'était très loin de Paris. Il lui semblait qu'elle avait commencé à vivre dans un abîme et que c'était Jean Valjean qui l'en avait tirée. Son enfance

lui faisait l'effet d'un temps où il n'y avait autour d'elle que des mille-pieds, des araignées et des serpents. Quand elle songeait le soir avant de s'endormir, comme elle n'avait pas une idée très nette d'être la fille de Jean Valjean et qu'il fût son père, elle s'imaginait que l'âme de sa mère avait passé dans ce bonhomme et était venue demeurer auprès d'elle.

Lorsqu'il était assis, elle appuyait sa joue sur ses cheveux blancs et y laissait silencieusement tomber une larme en se disant : C'est peut-être ma mère, cet homme-là !

Tant que Cosette avait été petite, Jean Valjean lui avait volontiers parlé de sa mère, quand elle fut jeune fille, cela lui fut impossible. Il lui sembla qu'il n'osait plus. Était-ce à cause de Cosette ? était-ce à cause de Fantine ? Il éprouvait une sorte d'horreur religieuse à faire entrer cette ombre dans la pensée de Cosette, et à mettre la morte en tiers ¹ dans leur destinée. Plus cette ombre lui était sacrée, plus elle lui semblait redoutable. Il songeait à Fantine et se sentait accablé de silence.

Un jour Cosette lui dit :

— Père, j'ai vu cette nuit ma mère en songe. Elle avait deux grandes ailes. Ma mère dans sa vie doit avoir touché à la sainteté.

— Par le martyre, répondit Jean Valjean.

Du reste, Jean Valjean était heureux.

Quand Cosette sortait avec lui, elle s'appuyait sur son bras, fière, heureuse, dans la plénitude du cœur. Jean Valjean, à toutes ces marques d'une tendresse si exclusive et si satisfaite de lui seul, sentait sa pensée se fondre en délices. Le pauvre homme tressaillait inondé d'une joie angélique ; il s'affirmait avec transport que cela durerait toute la vie ; il se disait qu'il n'avait vraiment pas assez souffert pour mériter un si radieux bonheur, et remerciait Dieu, dans les profondeurs de son âme, d'avoir permis qu'il fût ainsi aimé, lui misérable, par cet être innocent.

Un jour Cosette se regarda par hasard dans son miroir et se dit: Tiens! Il lui semblait presque qu'elle était jolie. Ceci la jeta dans un trouble singulier. Jusqu'à ce moment elle n'avait point songé à sa figure. Elle se voyait dans son miroir, mais elle ne s'y regardait pas. Et puis, on lui avait souvent dit qu'elle était laide; Jean Valjean seul disait doucement: Mais non! mais non! Quoi qu'il en fût, Cosette s'était toujours crue laide, et avait grandi dans cette idée avec la résignation facile de l'enfance. Voici que tout d'un coup son miroir lui disait comme Jean Valjean: Mais non! Elle ne dormit pas de la nuit. — Si j'étais jolie! pensait-elle, comme cela serait drôle que je fusse jolie! — Et elle se rappelait celles de ses compagnes dont la beauté faisait effet dans le couvent, et elle se disait: Comment! je serais comme mademoiselle une telle!

Le soir, après le dîner, elle faisait assez habituellement de la tapisserie dans le salon ou quelque ouvrage de couvent, et Jean Valjean lisait à côté. Une fois elle leva les yeux de son ouvrage et elle fut toute surprise de la façon inquiète dont son père la regardait. Une autre fois, elle passait dans la rue, et il lui sembla que quelqu'un qu'elle ne vit pas disait derrière elle: — Jolie femme! mais mal mise. Bah! pensa-t-elle, ce n'est pas moi. Je suis bien mise et laide. — Elle avait alors son chapeau de peluche et sa robe de mérinos.

Un jour enfin, elle était dans le jardin, et elle entendit la pauvre vieille Toussaint qui disait: Monsieur, remarquez-vous comme Mademoiselle devient jolie? Cosette

n'entendit pas ce que son père répondit, les paroles de
Toussaint furent pour elle une sorte de commotion.   Elle
s'échappa du jardin, monta à sa chambre, courut à la
glace, il y avait trois mois qu'elle ne s'était regardée, et
poussa un cri.   Elle venait de s'éblouir elle-même.   Elle 5
était belle et jolie ; elle ne pouvait s'empêcher d'être de
l'avis de Toussaint et de son miroir.   La conscience de sa
beauté lui vint tout entière, en une minute, comme un
grand jour, qui se fait.   De son côté, Jean Valjean éprouvait un profond et indéfinissable serrement de cœur.   C'est 10
qu'en effet, depuis quelque temps, il contemplait avec terreur cette beauté qui apparaissait chaque jour plus rayon-
nante sur le doux visage de Cosette.   Aube riante pour
tous, lugubre pour lui.

Cosette avait été belle assez longtemps avant de s'en 15
apercevoir.   Mais, du premier jour, cette lumière inattendue qui se levait lentement et enveloppait par degrés toute
la personne de la jeune fille blessa la paupière sombre de
Jean Valjean.   Il sentit que c'était un changement dans
une vie heureuse, si heureuse qu'il n'osait y remuer dans 20
la crainte d'y déranger quelque chose.   Cet homme qui
avait passé par toutes les détresses, acceptait tout, excu-
sait tout, pardonnait tout, bénissait tout, voulait bien tout,
et ne demandait à la providence, aux hommes, aux lois, à
la société, à la nature, au monde, qu'une chose, que Cosette 25
l'aimât ! que Cosette continuât de l'aimer ! que Dieu n'em-
pêchât pas le cœur de cet enfant de venir à lui, et de rester
à lui ! Aimé de Cosette, il se trouvait guéri, reposé, apaisé,
comblé, récompensé, couronné.   Aimé de Cosette, il était
bien ! il n'en demandait pas davantage.                                    30

Tout ce qui pouvait effleurer cette situation, ne fût-ce
qu'à la surface, le faisait frémir comme le commencement

d'autre chose.   Il se disait : Comme elle est belle! Qu'est-ce que je vais devenir, moi ?

Là, du reste, était la différence entre sa tendresse et la tendresse d'une mère.   Ce qu'il voyait avec angoisse, une
5 mère l'eût vu avec joie.

Les premiers symptômes ne tardèrent pas à se manifester.   Dès le lendemain du jour où elle s'était dit : Décidément, je suis belle!   Cosette fit attention à sa toilette. Elle se rappela le mot du passant : — Jolie, mais mal mise,
10 — souffle d'oracle qui avait passé à côté d'elle et s'était évanoui après avoir déposé dans son cœur un des deux germes qui doivent plus tard emplir toute la vie de la femme, la coquetterie.   L'amour est l'autre.

Avec la foi en sa beauté, toute l'âme féminine s'épanouit
15 en elle.   Elle eut horreur du mérinos et honte de la peluche.   Son père ne lui avait jamais rien refusé.   En moins d'un mois la petite Cosette fut dans la rue de Babylone une des femmes, non-seulement les plus jolies, ce qui est quelque chose, mais «les mieux mises» de Paris, ce qui
20 est bien davantage.   Jean Valjean considérait ces ravages avec anxiété.   Lui qui sentait qu'il ne pourrait jamais que ramper, marcher tout au plus, il voyait des ailes venir à Cosette.

Le premier jour que Cosette sortit avec sa robe et son
25 camail de damas noir et son chapeau de crêpe blanc, elle vint prendre le bras de Jean Valjean, gaie, radieuse, rose, fière, éclatante. — Père, dit-elle, comment me trouvez-vous ainsi ?   Jean Valjean répondit d'une voix qui ressemblait à la voix amère d'un envieux : — Charmante!   En ren-
30 trant, il demanda à Cosette :

— Est-ce que tu ne remettras plus ta robe et ton chapeau, tu sais ?

— Ce déguisement ! dit-elle. Père, que voulez-vous que j'en fasse ? Oh ! par exemple, non, je ne remettrai jamais ces horreurs. Avec ce machin-là[1] sur la tête, j'ai l'air de madame Chienfou.[2]

Jean Valjean soupira profondément. A partir de ce moment, il remarqua que Cosette, qui autrefois demandait toujours à rester, disant : Père, je m'amuse mieux ici avec vous, demandait maintenant toujours à sortir. En effet, à quoi bon avoir une jolie figure et une délicieuse toilette si on ne les montre pas ?

Ce fut à cette époque que Marius, après six mois écoulés, la revit au Luxembourg.

Cosette était dans son ombre, comme Marius dans la sienne, toute disposée pour l'embrasement. La destinée, avec sa patience mystérieuse et fatale, approchait lentement l'un de l'autre ces deux êtres tout chargés et tout languissants des orageuses électricités de la passion, ces deux âmes qui portaient l'amour comme deux nuages portent la foudre, et qui devaient s'aborder et se mêler dans un regard comme les nuages dans un éclair.

On a tant abusé du regard dans les romans d'amour qu'on a fini par le déconsidérer. C'est à peine si l'on ose dire maintenant que deux êtres se sont aimés parce qu'ils se sont regardés. C'est pourtant comme cela qu'on s'aime et uniquement comme cela. Le reste n'est que le reste, et vient après. Rien n'est plus réel que ces grandes secousses que deux âmes se donnent en échangeant cette étincelle.

A cette certaine heure où Cosette eut sans le savoir ce regard qui troubla Marius, Marius ne se douta pas que lui aussi eut un regard qui troubla Cosette. Depuis longtemps déjà elle le voyait et elle l'examinait comme les filles examinent et voient, en regardant ailleurs. Marius trouvait encore Cosette laide que déjà Cosette trouvait Marius beau. Mais comme il ne prenait point garde à elle, ce jeune homme lui était bien égal.

5 Le jour où leurs yeux se rencontrèrent et se dirent enfin brusquement ces premières choses obscures et ineffables que le regard balbutie, Cosette ne comprit pas d'abord. Le lendemain, en s'éveillant, elle songea à ce jeune homme inconnu, si longtemps indifférent et glacé, qui semblait 10 maintenant faire attention à elle, et il ne lui sembla pas le moins du monde que cette attention lui fût agréable. Il lui sembla, et elle en éprouvait une joie encore tout enfantine, qu'elle allait enfin se venger. Se sachant belle, elle sentait bien, quoique d'une façon indistincte, qu'elle avait 15 une arme. Les femmes jouent avec leur beauté comme les enfants avec leur couteau. Elles s'y blessent.

On se rappelle les hésitations de Marius, ses palpitations, ses terreurs. Il restait sur son banc et n'approchait pas. Ce qui dépitait Cosette. Un jour elle dit à Jean 20 Valjean : — Père, promenons-nous donc un peu de ce côté-là. — Voyant que Marius ne venait point à elle, elle alla à lui. En pareil cas, toute femme ressemble à Mahomet.[1] Ce jour-là, le regard de Cosette rendit Marius fou, le regard de Marius rendit Cosette tremblante. Marius s'en 25 alla confiant, et Cosette inquiète. A partir de ce jour, ils s'adorèrent.

Cosette ne savait pas ce que c'était que l'amour. Elle n'avait jamais entendu prononcer ce mot dans le sens terrestre. Sur les livres de musique profane qui entraient 30 dans le couvent, *amour* était remplacé par *tambour* ou *pandour*. Cela faisait des énigmes qui exerçaient l'imagination des *grandes*, comme : *Ah ! que le tambour est agré-*

*able !* ou : *La pitié n'est pas un pandour !* Mais Cosette
était sortie encore trop jeune pour s'être beaucoup préoc-
cupée du «tambour.» Elle n'eût donc su quel nom donner
à ce qu'elle éprouvait maintenant. Est-on moins malade
pour ignorer le nom de sa maladie ?            5

Elle aimait avec d'autant plus de passion qu'elle aimait
avec ignorance. Elle ne savait pas si cela est bon ou
mauvais, utile ou dangereux, nécessaire ou mortel, éternel
ou passager, permis ou prohibé ; elle aimait. Il se trouva
que l'amour qui se présenta était précisément celui qui 10
convenait le mieux à l'état de son âme. C'était une sorte
d'adoration à distance, une contemplation muette, la déifi-
cation d'un inconnu. Dans cette situation, ce n'était pas
un amant, ce n'était pas même un amoureux, c'était une
vision. Elle se mit à adorer Marius comme quelque chose 15
de charmant, de lumineux et d'impossible.

Elle attendait tous les jours l'heure de la promenade
avec impatience, elle y trouvait Marius, se sentait indici-
blement heureuse, et croyait sincèrement exprimer toute
sa pensée en disant à Jean Valjean :            20

— Quel délicieux jardin que le Luxembourg !

Marius et Cosette étaient dans la nuit l'un pour l'autre.
Ils ne se parlaient pas, ils ne se saluaient pas, ils ne se
connaissaient pas ; ils se voyaient ; et comme les astres
dans le ciel que des millions de lieues séparent, ils vivaient 25
de se regarder.

## IV

Toutes les situations ont leurs instincts. La vieille et
éternelle mère nature avertissait Jean Valjean de la présence de Marius. Jean Valjean tressaillait dans le plus
obscur de sa pensée. Jean Valjean ne voyait rien, ne 30

savait rien, et considérait pourtant avec une attention opiniâtre les ténèbres où il était, comme s'il sentait d'un côté
quelque chose qui s'écroulait.  Marius, averti aussi, et, ce
qui est la profonde loi du bon Dieu, par cette même mère
5 nature, faisait tout ce qu'il pouvait pour se dérober au
«père.»  Il arrivait cependant que Jean Valjean l'apercevait quelquefois.  Les allures de Marius n'étaient plus du
tout naturelles.  Il ne venait plus tout près comme autrefois ; il s'asseyait loin et restait en extase ; il avait un livre
10 et faisait semblant de lire ; pourquoi faisait-il semblant?
Autrefois il venait avec son vieux habit, maintenant il avait
tous les jours son habit neuf ; bref, Jean Valjean détestait
cordialement ce jeune homme.

Il y avait entre le goût de toilette qui était venu à Cosette
15 et l'habitude d'habits neufs qui étaient poussée à cet inconnu un parallélisme importun à Jean Valjean.  C'était un
hasard peut-être, sans doute, à coup sûr, mais un hasard
menaçant.  Jamais il n'ouvrait la bouche à Cosette de cet
inconnu.  Un jour cependant, il ne put s'en tenir, et avec
20 ce vague désespoir qui jette brusquement la sonde dans
son malheur, il lui dit : — Que voilà un jeune homme qui
a l'air pédant !

Cosette, l'année d'auparavant, petite fille indifférente, eût
répondu : — Mais non, il est charmant. — Dix ans plus
25 tard, avec l'amour de Marius au cœur, elle eût répondu :
— Pédant et insupportable à voir ! vous avez bien raison !
— Au moment de la vie et du cœur où elle était, elle se
borna à répondre avec un calme suprême : — Ce jeune
homme-là !  Comme si elle le regardait pour la première
30 fois de sa vie.

— Que je suis stupide ! pensa Jean Valjean.  Elle ne
l'avait pas encore remarqué.  C'est moi qui le lui montre.

O simplicité des vieux ! profondeur des enfants !

Jean Valjean n'avait pas discontinué les promenades au Luxembourg, ne voulant rien faire de singulier et par-dessus tout redoutant de donner l'éveil à Cosette ; mais pendant ces heures si douces pour les deux amoureux, tandis que Cosette envoyait son sourire à Marius enivré qui ne s'apercevait que de cela et maintenant ne voyait plus rien dans ce monde qu'un radieux visage adoré, Jean Valjean fixait sur Marius des yeux étincelants et terribles. Lui qui avait fini par ne plus se croire capable d'un senti-ment malveillant, il y avait des instants où, quand Marius était-là, il croyait redevenir sauvage et féroce, et il sentait se rouvrir et se soulever contre ce jeune homme ces vieil-les profondeurs de son âme où il y avait eu jadis tant de colère.   Il lui semblait presque qu'il se reformait en lui des cratères inconnus.

Quoi ! il était là, cet être ! que venait-il faire ? il venait tourner, flairer, examiner, essayer ! il venait dire : Hein ? pourquoi pas ? il venait rôder autour de sa vie à Jean Val-jean ! rôder autour de son bonheur, pour le prendre et l'emporter !   Alors ses prunelles s'emplissaient d'une clarté lugubre et extraordinaire.   Ce n'était plus un homme qui regarde un homme ; ce n'était pas un ennemi qui regarde un ennemi.   C'était un dogue qui regarde un voleur.

On sait le reste.   Marius continua d'être insensé.   Un jour il suivit Cosette rue de l'Ouest.   Un autre jour il parla au portier.   Le portier de son côté parla, et dit à Jean Valjean : —Monsieur, qu'est-ce que c'est donc qu'un jeune homme curieux qui vous a demandé ? —Le lende-main Jean Valjean jeta à Marius ce coup d'œil dont Ma-rius s'aperçut enfin.   Huit jours après Jean Valjean avait déménagé.   Il se jura qu'il ne remettrait plus les pieds ni

au Luxembourg, ni rue de l'Ouest.   Il retourna rue Plumet.

Cosette ne se plaignit pas, elle ne dit rien, elle ne fit pas
de questions, elle ne chercha à savoir aucun pourquoi;
5 elle en était déjà à la période où l'on craint d'être pénétré
et de se trahir.   Jean Valjean n'avait aucune expérience
de ces misères, les seules qui soient charmantes et les
seules qu'il ne connût pas; cela fit qu'il ne comprit point
la grave signification du silence de Cosette.   Seulement il
10 remarqua qu'elle était devenue triste, et il devint sombre.
C'étaient de part et d'autre des inexpériences aux prises.

Une fois il fit un essai.   Il demanda à Cosette:

— Veux tu venir au Luxembourg?

Un rayon illumina le visage pâle de Cosette.

15 — Oui, dit-elle.

Ils y allèrent.   Trois mois s'étaient écoulés.   Marius
n'y allait plus.   Marius n'y était pas.

Le lendemain Jean Valjean demanda à Cosette.

— Veux-tu venir au Luxembourg?

20 Elle répondit tristement et doucement:

— Non.

Jean Valjean fut froissé de cette tristesse et navré de
cette douceur.

Que se passait-il dans cet esprit si jeune et déjà si im-
25 pénétrable?   Qu'est-ce qui était en train de s'y accomplir?
qu'arrivait-il à l'âme de Cosette?   Quelquefois, au lieu de
se coucher, Jean Valjean restait assis près de son grabat
la tête dans ses mains, et il passait des nuits entières à se
demander: Qu'y a-t-il dans la pensée de Cosette? et à
30 songer aux choses auxquelles elle pouvait songer.

De son côté, Cosette languissait.   Elle souffrait de
l'absence de Marius comme elle avait joui de sa présence,

singulièrement, sans savoir au juste.   Quand Jean Valjean
avait cessé de la conduire aux promenades habituelles, un
instinct de femme lui avait confusément murmuré au fond
du cœur qu'il ne fallait pas paraître tenir au Luxembourg,
et que si cela lui était indifférent, son père l'y ramènerait. 5
Mais les jours, les semaines et les mois se succédèrent.
Jean Valjean avait accepté tacitement le consentement
tacite de Cosette.   Elle le regretta.   Il était trop tard.
Le jour où elle retourna au Luxembourg, Marius n'y était
plus.   Marius avait donc disparu; c'était fini, que faire? 10
le retrouverait-elle jamais?   Elle se sentit un serrement de
cœur que rien ne dilatait et qui s'accroissait chaque jour;
elle ne sut plus si c'était l'hiver ou l'été, le soleil ou la pluie,
si les oiseaux chantaient, si l'on était aux dahlias ou aux
pâquerettes; et elle resta accablée, absorbée, attentive à 15
une seule pensée, l'œil vague et fixe, comme lorsqu'on regarde dans la nuit la place noire et profonde où une apparition s'est évanouie.

Du reste, elle non plus ne laissa rien voir à Jean Valjean,
que sa pâleur.                                                    20

Ces deux êtres qui s'étaient si exclusivement aimés, et
d'un si touchant amour, et qui avaient vécu si longtemps
l'un par l'autre, souffraient maintenant l'un à côté de l'autre,
l'un à cause de l'autre; sans se le dire, sans s'en vouloir,
et en souriant.                                                   25

Leur vie s'assombrissait ainsi par degrés.   Il ne leur
restait plus qu'une distraction qui avait été autrefois un
bonheur, c'était d'aller porter du pain à ceux qui avaient
faim et des vêtements à ceux qui avaient froid.   Dans ces
visites aux pauvres où Cosette accompagnait souvent Jean 30
Valjean, ils retrouvaient quelque reste de leur ancien
épanchement; et, parfois, quand la journée avait été bonne,

quand il y avait eu beaucoup de détresses secourues et beaucoup de petits enfants ranimés et réchauffés, Cosette, le soir, était un peu gaie. Ce fut à cette époque qu'ils firent visite au bouge Jondrette.

5 Le lendemain même de cette visite, Jean Valjean parut le matin dans le pavillon, calme comme à l'ordinaire, mais avec une large blessure au bras gauche, fort enflammée, fort venimeuse, qui ressemblait à une brûlure et qu'il expliqua d'une façon quelconque. Cette blessure fit qu'il 10 fut plus d'un mois avec la fièvre sans sortir. Il ne voulut voir aucun médecin. Quand Cosette l'en pressait : — Appelle le médecin des chiens, disait-il.

Cosette le pansait matin et soir avec un air si divin et un si angélique bonheur de lui être utile, que Jean Valjean 15 sentait toute sa vieille joie lui revenir, ses craintes et ses anxiétés se dissiper, et contemplait Cosette en disant : Oh ! la bonne blessure ! Oh ! le bon mal !

Cosette, voyant son père malade, avait déserté le pavillon et avait repris goût à la petite logette et à l'arrière- 20 cour. Elle passait presque toutes les journées près de Jean Valjean, et lui lisait les livres qu'il voulait. En général, des livres de voyages. Jean Valjean renaissait ; son bonheur revivait avec des rayons ineffables ; le Luxembourg, le jeune rôdeur inconnu, le refroidissement de Co- 25 sette, toutes ces nuées de son âme s'effaçaient. Il en venait à se dire : J'ai imaginé tout cela. Je suis un vieux fou.

Son bonheur était tel, que l'affreuse trouvaille des Thénardier, faite au bouge Jondrette, et si inattendue, avait en 30 quelque sorte glissé sur lui. Il avait réussi à s'échapper ; sa piste, à lui, était perdue, que lui importait le reste ! il n'y songeait que pour plaindre ces misérables. — Les voilà en prison, et désormais hors d'état de nuire, pensait-il, mais quelle lamentable famille en détresse !

Le printemps arrivait, le jardin était si admirable dans cette saison de l'année, que Jean Valjean dit à Cosette :

— Tu n'y vas jamais, je veux que tu t'y promènes.      5

— Comme vous voudrez, père, dit Cosette.

Et, pour obéir à son père, elle reprit ses promenades dans son jardin, le plus souvent seule, car, comme nous l'avons indiqué, Jean Valjean, qui probablement craignait d'être aperçu par la grille, n'y venait presque jamais.      10

La blessure de Jean Valjean avait été une diversion.

Quand Cosette vit que son père souffrait moins, et qu'il guérissait, et qu'il semblait heureux, elle eut un contentement qu'elle ne remarqua même pas, tant il vint doucement et naturellement. Puis c'était le mois de mars, les      15 jours allongeaient, l'hiver s'en allait, l'hiver emporte toujours avec lui quelque chose de nos tristesses ; puis vint avril, ce point du jour de l'été, frais comme toutes les aubes, gai comme toutes les enfances ; un peu pleureur parfois comme un nouveau-né qu'il est. La nature en ce      20 mois-là a des lueurs charmantes qui passent du ciel, des nuages, des arbres, des prairies et des fleurs, au cœur de l'homme.

Cosette était trop jeune encore pour que cette joie d'avril qui lui ressemblait ne la pénétrât pas. Insensiblement, et      25 sans qu'elle s'en doutât, le noir s'en alla de son esprit. Au printemps, il fait clair dans les âmes tristes, comme à midi il fait clair dans les caves. Le matin, vers dix heures, après déjeuner, lorsqu'elle avait réussi à entraîner son père pour un quart d'heure dans le jardin, elle ne s'aper-      30 cevait point qu'elle riait à chaque instant et qu'elle était heureuse. Jean Valjean, enivré, la voyait redevenir vermeille et fraîche. Une fois sa blessure guérie, il avait repris ses promenades solitaires et crépusculaires.

Dans le jardin, près de la grille sur la rue, il y avait un banc de pierre défendu par une charmille du regard des curieux, mais auquel pourtant, à la rigueur, le bras d'un passant pouvait atteindre à travers la grille et la charmille. Un soir de ce même mois d'avril, Jean Valjean était sorti; Cosette, après le soleil couché, s'était assise sur ce banc. Bientôt elle se leva, fit lentement le tour du jardin et revint au banc. Au moment de s'y rasseoir, elle remarqua à la place qu'elle avait quittée une assez grosse pierre qui n'y était évidemment pas l'instant d'auparavant. Cosette considéra cette pierre, se demandant ce que cela voulait dire. Tout à coup l'idée que cette pierre n'était point venue sur ce banc toute seule, que quelqu'un l'avait mise là, qu'un bras avait passé à travers cette grille, cette idée lui apparut et lui fit peur. Elle se réfugia dans la maison, et ferma tout de suite la porte-fenêtre du perron. Elle demanda à Toussaint :

—Mon père est-il rentré ?

—Pas encore, mademoiselle.

Jean Valjean, homme pensif et promeneur nocturne, ne rentrait souvent qu'assez tard dans la nuit.

—Toussaint, reprit Cosette, vous avez soin de bien barricader le soir les volets sur le jardin au moins, avec les barres, et de bien mettre les petites choses en fer dans les petits anneaux qui ferment ?

—Oh ! soyez tranquille, mademoiselle.

Toussaint n'y manquait pas, et Cosette le savait bien, mais elle ne put s'empêcher d'ajouter :

—C'est que c'est si désert par ici !

—Pour ça, dit Toussaint, c'est vrai. On serait assas-

siné avant d'avoir le temps de dire ouf! Avec cela que
monsieur ne couche pas dans la maison. Mais ne craignez
rien, mademoiselle, je ferme les fenêtres comme des bas-
tilles. Des femmes seules! je crois bien que cela fait
frémir! Vous figurez-vous? voir entrer la nuit des hom- 5
mes dans la chambre qui vous disent: «Tais-toi!» et qui
se mettent à vous couper le cou.

— Taisez-vous, dit Cosette. Fermez bien tout.

Cosette, épouvantée du mélodrame improvisé par Toussaint, n'osa même pas lui dire: — Allez donc voir la pierre 10
qu'on a mise sur le banc! de peur de rouvrir la porte du
jardin, et que «les hommes» n'entrassent. Elle fit clore
soigneusement partout les portes et les fenêtres, fit visiter
par Toussaint toute la maison de la cave au grenier, s'enferma dans sa chambre, mit ses verrous, regarda sous son 15
lit, se coucha et dormit mal.

Au soleil levant, — le propre du soleil levant est de nous
faire rire de toutes nos terreurs de la nuit, et le rire qu'on
a est toujours proportionné à la peur qu'on a eue, — au
soleil levant Cosette, en s'éveillant, vit son effroi comme 20
un cauchemar, et se dit: — A quoi ai-je été songer? Il n'y
avait pas plus de pierre sur le banc qu'il n'y avait d'homme
dans le jardin; j'ai rêvé la pierre comme le reste.

Elle s'habilla, descendit au jardin, courut sur le banc,
et se sentit une sueur froide. La pierre y était. 25

Mais ce ne fut qu'un moment. Ce qui est frayeur la
nuit est curiosité le jour.

— Bah! dit-elle, voyons donc.

Elle souleva cette pierre, qui était assez grosse. Il y
avait dessous quelque chose qui ressemblait à une lettre. 30

C'était une enveloppe de papier blanc. Cosette tira de
l'enveloppe ce qu'elle contenait, un petit cahier de papier,

dont chaque page était numérotée et portait quelques lignes d'une écriture assez jolie, pensa Cosette, et très fine.

Cosette chercha un nom, il n'y en avait pas ; une signature, il n'y en avait pas. A qui cela était-il adressé ? à
5 elle probablement, puisqu'une main avait déposé le paquet sur son banc. De qui cela venait-il ? Une fascination irrésistible s'empara d'elle et elle se dit qu'il fallait qu'elle sût ce qu'il y avait là dedans.

Voici ce qu'elle lut : une quinzaine de pages de médita-
10 tions sur l'amour.

Pendant cette lecture, Cosette entrait peu à peu en rêverie. Au moment où elle levait les yeux de la dernière ligne du cahier, un bel officier passa triomphant devant la grille. Cosette le trouva hideux.

15 Elle se remit à contempler le cahier. Il était écrit d'une écriture ravissante, pensa Cosette : de la même main, mais avec des encres diverses, tantôt très noires, tantôt blanchâtres, comme lorsqu'on met de l'encre dans l'encrier, et par conséquent à des jours différents. Ce manuscrit, où
20 elle voyait plus de clarté encore que d'obscurité, lui faisait l'effet d'un sanctuaire entr'ouvert. Chacune de ces lignes mystérieuses resplendissait à ses yeux et lui inondait le cœur d'une lumière étrange. Qu'était-ce que ce manuscrit ? une lettre. Lettre sans adresse, sans nom, sans date, sans
25 signature, pressante et désintéressée, énigme composée de vérités, message d'amour fait pour être apporté par un ange et lu par une vierge, rendez-vous donné hors de la terre, billet doux d'un fantôme à une ombre. C'était un absent tranquille et accablé qui semblait prêt à se réfugier dans la
30 mort et qui envoyait à l'absente le secret de la destinée, la clef de la vie, l'amour. Maintenant ces pages, de qui pouvaient-elles venir ? qui pouvait les avoir écrites ?

Cosette n'hésita pas une minute.  Un seul homme.
Lui !

Le jour s'était refait dans son esprit ; tout avait reparu.
C'était lui ! lui qui écrivait ! lui qui était là ! lui dont le
bras avait passé à travers cette grille !  Pendant qu'elle 5
l'oubliait, il l'avait retrouvée !  Mais est-ce qu'elle l'avait
oublié ?  Non, jamais !  Elle était folle d'avoir cru cela un
moment.  Elle l'avait toujours aimé, toujours adoré.

Elle s'enfuit, rentra dans la maison et s'enferma dans sa
chambre pour relire le manuscrit, pour l'apprendre par 10
cœur, et pour songer.  Quand elle l'eut bien lu, elle le
baisa et le mit dans son corset.  C'en était fait, Cosette
était retombée dans le profond amour séraphique.  L'abîme
Éden venait de se rouvrir.

Toute la journée, Cosette fut dans une sorte d'étourdisse- 15
ment.  Elle pensait à peine, ses idées étaient à l'état d'écheveau brouillé dans son cerveau, elle ne parvenait à rien
conjecturer, elle espérait à travers un tremblement, quoi ?
des choses vagues.  Elle n'osait rien se promettre, et ne
voulait rien se refuser.  Des pâleurs lui passaient sur le 20
visage et des frissons sur le corps.

Le soir venu, Jean Valjean sortit ; Cosette s'habilla.
Elle arrangea ses cheveux de la manière qui lui allait le
mieux, et elle mit sa plus belle robe.  Elle fit toute cette
toilette sans savoir pourquoi.                                    25

Voulait-elle sortir ? non.  Attendait-elle une visite ? non.

A la brune, elle descendit au jardin.  Elle se mit à
marcher sous les branches, les écartant de temps en temps
avec la main, parce qu'il y en avait de très basses.

Elle arriva ainsi au banc.  La pierre y était restée.  Elle 30
s'assit, et posa sa douce main blanche sur cette pierre
comme si elle voulait la caresser et la remercier.

Tout à coup, elle eut cette impression indéfinissable qu'on éprouve, même sans voir, lorsqu'on a quelqu'un debout derrière soi. Elle tourna la tête et se dressa.

C'était lui.

5 Cosette, prête à défaillir, ne poussa pas un cri. Elle reculait lentement, car elle se sentait attirée. Lui ne bougeait point. A¹ je ne sais quoi d'ineffable et de triste qui l'enveloppait, elle sentait le regard de ses yeux qu'elle ne voyait pas. Cosette, en reculant, rencontra un arbre et s'y 10 adossa. Sans cet arbre, elle fût tombée. Alors elle entendit sa voix, cette voix qu'elle n'avait vraiment jamais entendue, qui s'élevait à peine au-dessus du frémissement des feuilles et qui murmurait :

— Pardonnez-moi, je suis là. J'ai le cœur gonflé, je ne 15 pouvais pas vivre comme j'étais, je suis venu. Avez-vous lu ce que j'avais mis là, sur ce banc ? Me reconnaissez-vous un peu ? N'ayez pas peur de moi. Voilà du temps déjà, vous rappelez-vous le jour où vous m'avez regardé ? c'était dans le Luxembourg. Et le jour où vous avez passé 20 devant moi ? c'était le 16 juin et le 2 juillet. Il va y avoir un an. Depuis longtemps, je ne vous ai plus vue. Voyez-vous, vous êtes mon ange ! laissez-moi venir un peu ; je crois que je vais mourir. Si vous saviez ! je vous adore, moi. Pardonnez-moi, je vous parle, je ne sais pas ce que 25 je vous dis, je vous fâche peut-être, est-ce que je vous fâche ?

— O ma mère ! dit-elle. Et elle s'affaissa sur elle-même comme si elle se mourait.

Il la prit, elle tombait, il la prit dans ses bras, il la serra 30 étroitement sans avoir conscience de ce qu'il faisait. Il la soutenait tout en chancelant. Il était comme s'il avait la tête pleine de fumée ; des éclairs lui passaient entre les cils ; ses idées s'évanouissaient ; il lui semblait qu'il accomplissait un acte religieux et qu'il commettait une profanation.    Il était éperdu d'amour.

Elle lui prit la main et la posa sur son cœur.    Il sentit le papier qui y était, il balbutia :                                                    5

— Vous m'aimez donc.

Elle répondit d'une voix si basse que ce n'était plus qu'un souffle qu'on entendait à peine :

— Tais-toi ! tu le sais !

Et elle cacha sa tête rouge dans le sein du jeune homme 10 superbe et enivré.    Il tomba sur le banc, elle près de lui. Ils n'avaient plus de paroles.    Les étoiles commençaient à rayonner.    Comment se fit-il que leurs lèvres se rencontrèrent ?    Comment se fait-il que l'oiseau chante, que la neige se fonde, que la rose s'ouvre, que mai s'épanouisse, 15 que l'aube blanchisse derrière les arbres noirs au sommet frissonnant des collines ?

Peu à peu ils se parlèrent.    Ces deux êtres, purs comme des esprits, se dirent tout, leurs songes, leurs ivresses, leurs extases, leurs chimères, leurs défaillances, comme ils 20 s'étaient adorés de loin, comme ils s'étaient souhaités, leur désespoir quand ils avaient cessé de s'apercevoir.

Quand ils eurent fini, quand ils se furent tout dit, elle posa sa tête sur son épaule et lui demanda :

— Comment vous appelez-vous ?                                          25

— Je m'appelle Marius, dit-il.    Et vous ?

— Je m'appelle Cosette.

## V

[Ces entrevues qui ont duré pendant plus d'un mois sont interrompues par des événements graves. Thénardier et ses complices se sont évadés et ont fait un complot pour dévaliser la maison de Jean 30

Valjean, complot qui est déjoué par Eponine.  Jean Valjean se résout à quitter de suite la maison et dit à Cosette de se tenir prête à
partir à tout moment.  Dans une dernière entrevue Cosette fait part
à Marius de ces terribles nouvelles.]

5   Elle. lui dit :

— Pars si nous partons ! je te dirai où !  Viens me rejoindre où je serai.

— Partir avec vous ! es-tu folle !  Mais il faut de l'argent, et je n'en ai pas !  Aller en Angleterre ?  Mais je
10 dois maintenant, je ne sais pas, plus de dix louis à Courfeyrac, un de mes amis que tu ne connais pas !  Mais j'ai
un vieux chapeau qui ne vaut pas trois francs, j'ai un habit
où il manque des boutons par devant, ma chemise est toute
déchirée, j'ai les coudes percés, mes bottes prennent l'eau ;
15 depuis six semaines je n'y pense plus, et je ne te l'ai pas
dit.  Cosette ! je suis un misérable.  Tu ne me vois que
la nuit, et tu me donnes ton amour ; si tu me voyais le
jour, tu me donnerais un sou !  Aller en Angleterre !  Eh !
je n'ai pas de quoi payer le passeport.

20    Il se jeta contre un arbre qui était là, debout, les deux
bras au-dessus de sa tête, le front contre l'écorce, ne sentant ni le bois qui lui écorchait la peau ni la fièvre qui lui
martelait les tempes, immobile, et prêt à tomber, comme
la statue du Désespoir.  Il demeura longtemps ainsi.  On
25 resterait l'éternité dans ces abîmes-là.  Enfin il se retourna.
Il entendait derrière lui un petit bruit étouffé, doux et
triste.  C'était Cosette qui sanglotait.

Il lui prit la main.

— Cosette, je n'ai jamais donné ma parole d'honneur à
30 personne, parce que ma parole d'honneur me fait peur.
Je sens que mon père est à côté.  Eh bien, je te donne
ma parole d'honneur la plus sacrée que, si tu t'en vas, je
mourrai.

Il y eut dans l'accent dont il prononça ces paroles une mélancolie si solennelle et si tranquille, que Cosette trembla. Elle sentit ce froid que donne une chose sombre et vraie qui passe. De saisissement elle cessa de pleurer.

— Maintenant écoute, dit-il, ne m'attends pas demain.  5

[En partant Marius pense qu'il serait utile de donner à Cosette son adresse qu'il écrit sur le mur du jardin. Alors il fait une tentative de réconciliation auprès de son grand-père, mais sans succès.]

Ce même jour, vers quatre heures de l'après-midi, Jean Valjean était assis seul sur le revers de l'un des talus les  10 plus solitaires du Champ-de-Mars,[1] roulant dans son esprit toutes sortes de pensées, — Thénardier, la police, le voyage, et la difficulté de se procurer un passeport. A tous ces points de vue, il était soucieux.

Enfin, un fait inexplicable qui venait de le frapper, et  15 dont il était encore tout chaud, avait ajouté à son éveil. Le matin de ce même jour, seul levé dans la maison, et se promenant dans le jardin avant que les volets de Cosette fussent ouverts, il avait aperçu tout à coup cette ligne gravée sur la muraille, probablement avec un clou :  20

16, *rue de la Verrerie.*[2]

Cela probablement avait été écrit là dans la nuit.

Qu'était-ce ? une adresse ? un signal pour d'autres ? un avertissement pour lui ? Dans tous les cas, il était évident que le jardin était violé, et que des inconnus y pénétraient.  25 Son esprit travailla sur ce canevas. Il se garda bien de parler à Cosette de la ligne écrite sur le mur, de peur de l'effrayer.

Au milieu de ces préoccupations, il s'aperçut, à une ombre que le soleil projetait, que quelqu'un venait de  30 s'arrêter sur la crête du talus immédiatement derrière lui. Il allait se retourner, lorsqu'un papier plié en quatre tomba

sur ses genoux, comme si une main l'eût lâché au-dessus
de sa tête. Il prit le papier, le déplia et lut ce mot écrit
en grosses lettres au crayon :

DÉMÉNAGEZ.

5 Jean Valjean se leva vivement, il n'y avait plus personne
sur le talus ; il chercha autour de lui et aperçut une espèce
d'être plus grand qu'un enfant, plus petit qu'un homme,
vêtu d'une blouse grise et d'un pantalon de velours de
coton couleur poussière, qui enjambait le parapet et se
10 laissait glisser dans le fossé du Champ-de-Mars. Il rentra
chez lui sur-le-champ, tout pensif.

Marius était parti désolé de chez M. Gillenormand. Il
y était entré avec une espérance bien petite ; il en sortait
avec un désespoir immense.

15 Toute la journée, il rôda sans savoir où ; il pleuvait par
instants, il ne s'en apercevait point ; il acheta pour son
dîner une flûte[1] d'un sou chez un boulanger, la mit dans sa
poche et l'oublia. Il paraît qu'il prit un bain dans la Seine
sans en avoir conscience. Il y a des moments où l'on a
20 une fournaise sous le crâne. Marius était dans un de ces
moments-là. Il n'espérait plus rien, il ne craignait plus
rien ; il avait fait ce pas depuis la veille. Il attendait le
soir avec une impatience fiévreuse, il n'avait plus qu'une
idée claire ; — c'est qu'à neuf heures il verrait Cosette.
25 Ce dernier bonheur était maintenant tout son avenir ; après,
l'ombre. Par intervalles, tout en marchant sur les boulevards les plus déserts, il lui semblait entendre dans Paris
des bruits étranges. Il sortait la tête hors de sa rêverie
et disait : Est-ce qu'on se bat ?
30 A la nuit tombante, à neuf heures précises, comme il
l'avait promis à Cosette, il était rue Plumet. Quand il
approcha de la grille, il oublia tout. Il y avait quarante

huit heures qu'il n'avait vu Cosette, il allait la revoir ; toute autre pensée s'effaça et il n'eut plus qu'une joie inouïe et profonde. Ces minutes où l'on vit des siècles ont toujours cela de souverain et d'admirable qu'au moment où elles passent elles emplissent entièrement le cœur. 5

Marius dérangea la grille et se précipita dans le jardin. Cosette n'était pas à la place où elle l'attendait d'ordinaire. Il traversa le fourré et alla à l'enfoncement près du perron. — Elle m'attend là, dit-il. — Cosette n'y était pas. Il leva les yeux, et vit que les volets de la maison étaient fermés. 10 Il fit le tour du jardin, le jardin était désert. Alors il revint à la maison, et frappa aux volets. Il frappa, il frappa encore, au risque de voir la fenêtre s'ouvrir et la face sombre du père apparaître et lui demander : Que voulez-vous ? Ceci n'était plus rien auprès de ce qu'il entrevoyait. Quand il 15 eut frappé, il éleva la voix et appela Cosette. — Cosette ! cria-t-il. — Cosette ! répéta-t-il impérieusement. On ne répondit pas. C'était fini. Personne dans le jardin ; personne dans la maison.

Tout à coup il entendit une voix qui paraissait venir de 20 la rue et qui criait à travers les arbres :

— Monsieur Marius !

— Hein ? dit-il.

— Monsieur Marius, reprit la voix, vos amis vous attendent à la barricade de la rue de la Chanvrerie.[1] 25

Cette voix ne lui était pas entièrement inconnue. Elle ressemblait à la voix enrouée et rude d'Éponine. Marius courut à la grille, écarta le barreau mobile, passa sa tête au travers et vit quelqu'un, qui lui parut être un jeune homme, s'enfoncer en courant dans le crépuscule. 30

[Les émeutes de juin 1832 ont éclaté. Les amis de Marius ont en effet construit une barricade à l'endroit indiqué par Éponine. Les troupes se préparent à l'attaquer.]

Cette voix qui, à travers le crépuscule, avait appelé Marius à la barricade de la rue de la Chanvrerie lui avait fait l'effet de la voix de la destinée. Il voulait mourir, l'occasion s'offrait ; il frappait à la porte du tombeau, une main dans l'ombre lui en tendait la clef. Ces lugubres ouvertures qui se font dans les ténèbres devant le désespoir sont tentantes. Marius écarta la grille qui l'avait tant de fois laissé passer, sortit du jardin, et dit : Allons !

Fou de douleur, ne se sentant plus rien de fixe et de solide dans le cerveau, incapable de rien accepter désormais du sort après ces deux mois passés dans les enivrements de la jeunesse et de l'amour, accablé à la fois par toutes les rêveries du désespoir, il n'avait plus qu'un désir, en finir bien vite. Il se mit à marcher rapidement. Il se trouvait précisément qu'il était armé, ayant sur lui les pistolets de Javert.

Marius voulait avec la volonté de l'homme qui n'espère plus. On l'avait appelé, il fallait qu'il allât. Il trouva le moyen de traverser la foule et de traverser le bivouac des troupes, il se déroba aux patrouilles, il évita les sentinelles. Après avoir franchi la zone de la foule, il avait dépassé la lisière des troupes ; il se trouvait dans quelque chose d'effrayant. Plus un passant, plus un soldat, plus une lumière, personne ; la solitude, le silence, la nuit, je ne sais quel froid qui saisissait. Entrer dans une rue, c'était entrer dans une cave.

Il continua d'avancer. Il fit quelques pas. Quelqu'un passa près de lui en courant. Était-ce un homme ? une femme ? étaient-ils plusieurs ? Il n'eût pu le dire. Cela avait passé et s'était évanoui.

De circuit en circuit, il arriva dans une ruelle qu'il jugea être la rue de la Poterie ; vers le milieu de cette ruelle il se

heurta à un obstacle.   Il étendit les mains.   C'était une
charrette renversée ; son pied reconnut des flaques d'eau,
des fondrières, des pavés épars et amoncelés.   Il escalada
les pavés et se trouva à l'intérieur de la barricade.   Alors
le malheureux jeune homme s'assit sur une borne, croisa 5
les bras et songea à son père.

Il songea à cet héroïque colonel Pontmercy, qui avait
été un si fier soldat, qui avait regardé sous la république
la frontière de France et touché sous l'empereur la frontière
d'Asie, qui avait vu Gênes, Alexandrie, Milan, Turin, 10
Madrid, Vienne, Dresde, Berlin, Moscou, qui avait laissé
sur tous les champs de victoire de l'Europe des gouttes de
ce même sang que lui Marius avait dans les veines, qui
avait blanchi avant l'âge dans la discipline et le comman-
dement, qui avait vécu le ceinturon bouclé, les épaulettes 15
tombant sur la poitrine, la cocarde noircie par la poudre,
le front plissé par le casque, sous la baraque, au camp, au
bivouac, aux ambulances, et qui au bout de vingt ans était
revenu des grandes guerres la joue balafrée, le visage
souriant, simple, tranquille, admirable, pur comme un en- 20
fant, ayant tout fait pour la France et rien contre elle.

Il se dit que son jour à lui était venu aussi, que son
heure avait enfin sonné, qu'après son père il allait, lui
aussi, être brave, intrépide, hardi, courir au-devant des
balles, offrir sa poitrine aux bayonnettes, verser son sang, 25
chercher l'ennemi, chercher la mort, qu'il allait faire la
guerre à son tour et descendre sur le champ de bataille,
et que ce champ de bataille où il allait descendre c'était la
rue, et que cette guerre qu'il allait faire, c'était la guerre
civile !   Il vit la guerre civile ouverte comme un gouffre 30
devant lui et que c'était là qu'il allait tomber.   Et puis il
se mit à pleurer amèrement.

Cela était horrible. Mais que faire ? Vivre sans Cosette, il ne le pouvait. Puisqu'elle était partie, il fallait
bien qu'il mourût ? Ne lui avait-il pas donné sa parole
d'honneur qu'il mourrait ? Elle était partie sachant cela ;
5 c'est qu'il lui plaisait que Marius mourût. Et puis il était
clair qu'elle ne l'aimait plus puisqu'elle s'en était allée
ainsi, sans l'avertir, sans un mot, sans une lettre, et elle
avait son adresse ! A quoi bon vivre et pourquoi vivre à
présent ? Et puis, quoi ! être venu jusque-là, et reculer !
10 s'être approché du danger, et s'enfuir ! s'esquiver tout
tremblant, en disant : au fait, j'en ai assez comme cela,
j'ai vu, cela suffit, c'est la guerre civile, je m'en vais !
Abandonner ses amis qui l'attendaient ! qui avaient peut-
être besoin de lui ! qui étaient une poignée contre une
15 armée ! Manquer à tout à la fois, à l'amour, à l'amitié, à
sa parole ! Donner à sa poltronnerie le prétexte du pa-
triotisme ! Mais cela était impossible, et si le fantôme de
son père était là dans l'ombre et le voyait reculer, il lui
fouetterait les reins du plat de son épée et lui crierait :
20 Marche donc, lâche !

En proie au va-et-vient de ses pensées, il baissait la
tête.

Tout en songeant ainsi, accablé, mais résolu, hésitant
partout, et, en somme, frémissant devant ce qu'il allait
25 faire, son regard errait dans l'intérieur de la barricade.
Les insurgés y causaient à demi-voix, sans remuer, et l'on
y sentait ce quasi-silence qui marque la dernière phase de
l'attente.

[Sur ces entrefaites, Javert vient dans la barricade et le gamin
30 Gavroche le reconnaît comme espion. On le lie à un poteau et
l'on donne son fusil à Gavroche.]

Rien ne venait encore. Deux heures avaient sonné à

Saint-Merry.¹    Enjolras et Combeferre étaient allés s'asseoir, la carabine à la main, près de la coupure de la
grande barricade.   Ils ne se parlaient pas, ils écoutaient,
cherchant à saisir même le bruit de marche le plus sourd
et le plus lointain.                                                    5

Subitement, au milieu de ce calme lugubre, une voix
claire, jeune, gaie, qui semblait venir de la rue Saint-
Denis, s'éleva et se mit à chanter distinctement cette
poésie, terminée par une sorte de cri pareil au chant du
coq :                                                                  10

> Mon nez est en larmes,
> Mon ami Bugeaud,
> Prêt'moi tes gendarmes
> Pour leur dire un mot.
> En capote bleue,                                                     15
> La poule² au shako,
> Voici la banlieue !
> Co-cocorico !

Ils se serrèrent la main.

—C'est Gavroche, dit Enjolras.                                         20

—Il nous avertit, dit Combeferre.

Une course précipitée troubla la rue déserte ; on vit un
être plus agile qu'un clown grimper par-dessus un omnibus
renversé, et Gavroche bondit dans la barricade tout essoufflé, en disant :                                                   25

— Mon fusil !   Les voici.

Un frisson électrique parcourut toute la barricade, et
l'on entendit le mouvement des mains cherchant les fusils.

Quelques instants s'écoulèrent encore, puis un bruit de
pas, mesuré, pesant, nombreux se fit entendre distincte-    30
ment du côté de Saint-Leu.³   Ce bruit, d'abord faible,
puis précis, puis lourd et sonore, s'approchait lentement,
sans halte, sans interruption, avec une continuité tranquille

et terrible.   Le bruit de pas approcha ; il approcha encore, et s'arrêta.   Il sembla qu'on entendît au bout de la
rue le souffle de beaucoup d'hommes.   On ne voyait rien
pourtant, seulement on distinguait tout au fond dans cette
5 épaisse obscurité une multitude de fils métalliques, fins
comme des aiguilles et presque imperceptibles, qui s'agitaient, pareils à ces indescriptibles réseaux phosphoriques
qu'au moment de s'endormir on aperçoit, sous ses paupières fermées, dans les premiers brouillards du sommeil.
10 C'étaient les bayonnettes et les canons de fusil confusément éclairés par la réverbération lointaine de la torche.
Il y eut encore une pause, comme si des deux côtés on
attendait.   Tout à coup, du fond de cette ombre, une voix,
d'autant plus sinistre qu'on ne voyait personne, et qu'il
15 semblait que c'était l'obscurité elle-même qui parlait, cria :
        — Qui vive [1] ?
    En même temps on entendit le cliquetis des fusils qui
s'abattent.
    Enjolras répondit d'un accent vibrant et altier :
20       — Révolution française !
        — Feu ! dit la voix.
    Un éclair empourpra toutes les façades de la rue com-
me si la porte d'une fournaise s'ouvrait et se fermait brusquement.   Une effroyable détonation éclata sur la barri-
25 cade.   Des balles, qui avaient ricoché sur les corniches
des maisons, pénétrèrent dans la barricade et blessèrent
plusieurs hommes.
    L'impression de cette première décharge fut glaçante.
Il était évident qu'on avait au moins affaire à un régiment
30 tout entier.
        — Camarades, cria Courfeyrac, ne perdons pas la poudre.
Attendons pour riposter qu'ils soient engagés dans la rue.

On entendait au dehors le choc des baguettes dans les fusils; la troupe rechargeait les armes.

Pendant ce temps-là, le petit Gavroche, qui seul n'avait pas quitté son poste et était resté en observation, croyait voir des hommes s'approcher à pas de loup de la barricade. Tout à coup il cria:

— Méfiez vous!

Courfeyrac, Enjolras, Jean Prouvaire, Combeferre, Joly Bahorel, Bossuet, tous sortirent en tumulte d'un cabaret où ils s'étaient retirés. Il n'était presque déjà plus temps. On apercevait une étincelante épaisseur de bayonnettes ondulant au dessus de la barricade. Des gardes municipaux de haute taille pénétraient, les uns en enjambant la barricade, les autres par la coupure, poussant devant eux le gamin qui reculait, mais ne fuyait pas.

L'instant était critique. C'était cette première redoutable minute de l'inondation, quand le fleuve se soulève au niveau de la levée et que l'eau commence à s'infiltrer par les fissures de la digue. Une seconde encore, et la barricade était prise.

Bahorel s'élança sur le premier garde municipal qui entrait et le tua à bout portant d'un coup de carabine; le second tua Bahorel d'un coup de bayonnette. Un autre avait déjà terrassé Courfeyrac qui criait: A moi! Le plus grand de tous, une espèce de colosse, marchait sur Gavroche la bayonnette en avant. Le gamin prit dans ses petits bras l'énorme fusil de Javert, coucha résolûment en joue le géant, et lâcha son coup. Rien ne partit. Javert n'avait pas chargé son fusil. Le garde municipal éclata de rire et leva la bayonnette sur l'enfant. Avant que la bayonnette eût touché, le fusil échappait des mains du soldat, une balle avait frappé le garde municipal au

milieu du front et il tombait sur le dos.  Une seconde
balle frappait en pleine poitrine l'autre garde qui avait
assailli Courfeyrac, et le jetait sur le pavé.

C'était Marius qui venait d'entrer dans la barricade.
5 Il n'avait plus d'armes, il avait jeté ses pistolets déchar-
gés ; mais il avait aperçu un baril de poudre dans la salle
basse près de la porte.  Comme il se tournait à demi,
regardant de ce côté, un soldat le coucha en joue.  Au
moment où le soldat ajustait Marius, une main se posa sur
10 le bout du canon du fusil, et le boucha.  C'était quelqu'un qui s'était élancé, le jeune ouvrier en pantalon de
velours.  Le coup partit, traversa la main, et peut-être
aussi l'ouvrier car il tomba, mais la balle n'atteignit pas
Marius.  Tout cela dans la fumée, plutôt entrevu que vu.
15 Marius, qui entrait dans la salle basse, s'en aperçut à peine.
Cependant il avait confusément vu ce canon de fusil dirigé
sur lui et cette main qui l'avait bouché, et il avait entendu
le coup.  Mais dans des minutes comme celle-là, les choses
qu'on voit vacillent et se précipitent, et l'on ne s'arrête à
20 rien.  On se sent obscurément poussé vers plus d'ombre
encore, et tout est nuage.

Les insurgés, surpris, mais non effrayés, s'étaient ralliés.
Enjolras avait crié : Attendez ! ne tirez pas au hasard !
Dans la première confusion en effet ils pouvaient se blesser
25 les uns les autres.  La plupart étaient montés à la fenêtre
du premier étage et aux mansardes d'où ils dominaient
les assaillants.  Les plus déterminés avec Enjolras, Courfeyrac, Jean Prouvaire et Combeferre, s'étaient fièrement
adossés aux maisons du fond, à découvert et faisant face
30 aux rangées de soldats et de gardes qui couronnaient la
barricade.

Tout cela s'accomplit sans précipitation, avec cette

gravité étrange et menaçante qui précède les mêlées. Des deux parts on se couchait en joue, à bout portant, on était si près qu'on pouvait se parler à portée de voix. Quand on fut à ce point où l'étincelle va jaillir, un officier en hausse-col et à grosses épaulettes étendit son épée et 5 dit :

— Bas les armes !

— Feu ! dit Enjolras.

Les deux détonations partirent en même temps, et tout disparut dans la fumée. Fumée âcre et étouffante où se 10 traînaient, avec des gémissements faibles et sourds, des mourants et des blessés.

Quand la fumée se dissipa, on vit des deux côtés les combattants, éclaircis, mais toujours aux mêmes places, qui rechargeaient les armes en silence. Tout à coup on 15 entendit une voix tonnante qui criait :

— Allez-vous-en, ou je fais sauter la barricade !

Tous se retournèrent du côté d'où venait la voix.

Marius était entré dans la salle basse, et y avait pris le baril de poudre, puis il avait profité de la fumée et de 20 l'espèce de brouillard obscur qui emplissait l'enceinte retranchée, pour se glisser le long de la barricade jusqu'à une cage de pavés où était fixée la torche. En arracher la torche, y mettre le baril de poudre, pousser la pile de pavés sous le baril, qui s'était sur-le-champ défoncé, avec 25 une sorte d'obéissance terrible, tout cela avait été pour Marius le temps de se baisser et de se relever ; et mainte-nant tous, gardes nationaux, gardes municipaux, officiers, soldats, pelotonnés à l'autre extrémité de la barricade, le regardaient avec stupeur le pied sur les pavés, la torche à 30 la main, son fier visage éclairé par une résolution fatale, penchant la flamme de la torche vers ce monceau redoutable où l'on distinguait le baril de poudre brisé, et poussant ce cri terrifiant :

— Allez-vous-en, ou je fais sauter la barricade !

— Sauter la barricade ! dit un sergent, et toi aussi !

5 Marius répondit :

— Et moi aussi.

Et il approcha la torche du baril de poudre.

Mais il n'y avait déjà plus personne sur le barrage. Les assaillants, laissant leurs morts et leurs blessés, re-
10 fluaient pêle-mêle et en désordre vers l'extrémité de la rue et s'y perdaient de nouveau dans la nuit. Ce fut un sauve-qui-peut. La barricade était dégagée.

## VI

Marius avait eu toute une journée une fournaise dans le cerveau, maintenant c'était un tourbillon. Ce tourbillon
15 qui était en lui lui faisait l'effet d'être hors de lui et de l'emporter. Il lui semblait qu'il était déjà à une distance immense de la vie. Il était obligé de faire un effort d'esprit pour se rappeler que tout ce qui l'entourait était réel. Marius avait trop peu vécu encore pour savoir que rien
20 n'est plus imminent que l'impossible, et que ce qu'il faut toujours prévoir, c'est l'imprévu. Il assistait à son propre drame comme à une pièce qu'on ne comprend pas.

Dans cette brume où était sa pensée, il ne reconnut pas Javert qui, lié à son poteau, n'avait pas fait un mouvement
25 de tête pendant l'attaque de la barricade et qui regardait s'agiter autour de lui la révolte avec la résignation d'un martyr et la majesté d'un juge. Marius ne l'aperçut même pas.

Cependant les assaillants ne bougeaient plus, on les

entendait marcher et fourmiller au bout de la rue, mais ils
ne s'y aventuraient pas, soit qu'ils attendissent des ordres,
soit qu'avant de se ruer de nouveau sur cette imprenable
redoute, ils attendissent des renforts.    Les insurgés avaient
posé des sentinelles, et quelques-uns qui étaient étudiants ⁵
en médecine s'étaient mis à panser les blessés.

Une singularité de ce genre de guerre, c'est que l'attaque
des barricades se fait presque toujours de front, et qu'en
général les assaillants s'abstiennent de tourner les positions,
soit qu'ils redoutent des embuscades, soit qu'ils craignent ₁₀
de s'engager dans les rues tortueuses.    Toute l'attention
des insurgés se portait donc du côté de la grande barricade
qui était évidemment le point toujours menacé et où devait recommencer infailliblement la lutte.    Marius pourtant
songea à la petite barricade et y alla.    Comme il se re- ₁₅
tirait, il entendit son nom prononcé faiblement dans
l'obscurité.

— Monsieur Marius !

Il tressaillit, car il reconnut la voix qui l'avait appelé
deux heures auparavant à travers la grille de la rue Plumet. ₂₀
Seulement cette voix maintenant semblait n'être plus qu'un
souffle.

Il regarda autour de lui et ne vit personne.

Marius crut s'être trompé, et que c'était une illusion
ajoutée par son esprit aux réalités extraordinaires qui se ₂₅
heurtaient autour de lui.    Il fit un pas pour sortir de l'enfoncement reculé où était la barricade.

— Monsieur Marius ! répéta la voix.

Cette fois il ne pouvait douter, il avait distinctement
entendu ; il regarda, et ne vit rien.                                        ₃₀

— A vos pieds, dit la voix.

Il se courba et vit dans l'ombre une forme qui se traînait vers lui. Cela rampait sur le pavé. C'était cela qui lui parlait. Le lampion permettait de distinguer une blouse, un pantalon de gros velours déchiré, des pieds nus, et quelque chose qui ressemblait à une mare de sang.

5 Marius entrevit une tête pâle qui se dressait vers lui et qui lui dit :

— Vous ne me reconnaissez pas ?

— Non.

— Éponine.

10    Marius se baissa vivement. C'était en effet cette malheureuse enfant. Elle était habillée en homme.

— Comment êtes-vous ici ? Que faites-vous là ?

— Je meurs, lui dit-elle.

Il y a des mots et des incidents qui réveillent les êtres 15 accablés. Marius s'écria comme en sursaut :

— Vous êtes blessée ! Attendez, je vais vous porter dans la salle. On va vous panser. Est-ce grave ? Comment faut-il vous prendre pour ne pas vous faire de mal ? où souffrez-vous ? Du secours ! mon Dieu ! Mais qu'êtes-20 vous venu faire ici ?

Et il essaya de passer son bras sous elle pour la soulever. En la soulevant il rencontra sa main. Elle poussa un cri faible.

— Vous ai-je fait mal ? demanda Marius.

25    — Un peu.

— Mais je n'ai touché que votre main.

Elle leva sa main vers le regard de Marius, et Marius au milieu de cette main vit un trou noir.

— Qu'avez-vous donc à la main ? dit-il.

30    — Elle est percée.

— Percée !

— Oui.

— De quoi?

— D'une balle.

— Comment?

— Avez-vous vu un fusil qui vous couchait en joue?

— Oui, et une main qui l'a bouché.

— C'était la mienne.

Marius eut un frémissement.

— Quelle folie! Pauvre enfant! Mais tant mieux, si c'est cela, ce n'est rien, laissez-moi vous porter sur un lit. On va vous panser, on ne meurt pas d'une main percée.

Elle murmura:

— La balle a traversé la main, mais elle est sortie par le dos. C'est inutile de m'ôter d'ici. Je vais vous dire comment vous pouvez me panser, mieux qu'un chirurgien. Asseyez-vous près de moi sur cette pierre.

Il obéit; elle posa sa tête sur les genoux de Marius, et, sans le regarder, elle dit:

— Oh! que c'est bon! Comme on est bien! Voilà. Je ne souffre plus.

Elle demeura un moment en silence, puis elle tourna son visage avec effort et regarda Marius.

— Savez-vous cela, monsieur Marius? Cela me taquinait que vous entriez dans ce jardin: c'était bête, puisque c'était moi qui vous avais montré la maison; et enfin je devais bien me dire qu'un jeune homme comme vous...

Elle s'interrompit, et franchissant les sombres transitions qui étaient sans doute dans son esprit, elle reprit, avec un déchirant sourire:

— Vous me trouviez laide, n'est-ce pas?

Elle continua:

— Voyez-vous, vous êtes perdu! Maintenant personne ne sortira de la barricade. C'est moi qui vous ai amené ici, tiens ! Vous allez mourir, j'y compte bien.   Et pourtant quand j'ai vu qu'on vous visait, j'ai mis la main sur la bouche du canon de fusil.   Comme c'est drôle !   Mais c'est que je voulais mourir avant vous.

5   Elle appuyait en parlant sa main percée sur sa poitrine où il y avait un autre trou, et d'où il sortait par instants un flot de sang comme le jet de vin d'une bonde ouverte. Marius considérait cette créature infortunée avec une profonde compassion.

10   En ce moment la voix de jeune coq du petit Gavroche retentit dans la barricade.

L'enfant était monté sur une table pour charger son fusil et chantait gaîment la chanson alors si populaire :

En voyant Lafayette,
15          Le gendarme répète :
Sauvons-nous ! sauvons-nous ! sauvons-nous !

Éponine se souleva, et écouta, puis elle murmura :

— C'est lui.

Et se tournant vers Marius :

20   — Mon frère est là.   Il ne faut pas qu'il me voie.   Il me gronderait.

— Votre frère ? demanda Marius qui songeait dans le plus amer et le plus douloureux de son cœur aux devoirs que son père lui avait légués envers les Thénardier, qui 25 est votre frère ?

— Ce petit.

— Celui qui chante ?

— Oui.

Marius fit un mouvement.

30   — Oh ! ne vous en allez pas, dit-elle, cela ne sera pas long à présent.   Écoutez, je ne veux pas vous faire une farce.   J'ai dans ma poche une lettre pour vous.   Depuis

hier. On m'avait dit de la mettre à la poste. Je l'ai
gardée. Je ne voulais pas qu'elle vous parvînt. Mais
vous m'en voudriez peut-être quand nous allons nous
revoir tout à l'heure. On se revoit, n'est-ce pas ? Prenez
votre lettre.                                                        5

Elle saisit convulsivement la main de Marius avec sa
main trouée, mais elle semblait ne plus percevoir la souffrance. Elle mit la main de Marius dans la poche de sa
blouse. Marius y sentit en effet un papier.

— Prenez, dit-elle.                                                10

Marius prit la lettre.

Elle fit un signe de satisfaction et de consentement.

— Maintenant pour ma peine, promettez-moi . . .

Et elle s'arrêta.

— Quoi ? demanda Marius.                                           15

— Promettez-moi !

— Je vous promets.

— Promettez-moi de me donner un baiser sur le front
quand je serai morte. — Je le sentirai.

Elle laissa retomber sa tête sur les genoux de Marius et  20
ses paupières se fermèrent. Il crut cette pauvre âme partie.
Éponine restait immobile. Tout à coup, à l'instant où
Marius la croyait à jamais endormie, elle ouvrit lentement
ses yeux où apparaissait la sombre profondeur de la mort,
et lui dit avec un accent dont la douceur semblait déjà  25
venir d'un autre monde :

— Et puis, tenez, monsieur Marius, je crois que j'étais
un peu amoureuse de vous.

Elle essaya encore de sourire et expira.

Marius tint sa promesse. Il déposa un baiser sur ce  30
front livide où perlait une sueur glacée. Ce n'était pas
une infidélité à Cosette ; c'était un adieu pensif et doux à

une malheureuse âme. Il n'avait pas pris sans un tressaillement la lettre qu'Éponine lui avait donnée. Il avait
tout de suite senti là un événement. Il était impatient de
la lire. Le cœur de l'homme est ainsi fait, l'infortunée
5 enfant avait à peine fermé les yeux que Marius songeait
à déplier ce papier.

Il la reposa doucement sur la terre et s'en alla. Quelque chose lui disait qu'il ne pouvait lire cette lettre devant
ce cadavre. Il s'approcha d'une chandelle dans la salle
10 basse. C'était un petit billet plié et cacheté avec ce soin
élégant des femmes. L'adresse était d'une écriture de
femme et portait:

«A monsieur, monsieur Marius Pontmercy, chez M.
Courfeyrac, rue de la Verrerie, n° 16.»

15 Il défit le cachet et lut:

«Mon bien-aimé, hélas! mon père veut que nous par-
tions tout de suite. Nous serons ce soir rue de l'Homme-
Armé, n° 7. Dans huit jours nous serons en Angleterre.
COSETTE, 4 juin.»

20 Telle était l'innocence de ces amours que Marius ne
connaissait même pas l'écriture de Cosette.

Ce qui s'était passé peut être dit en quelques mots.
Éponine avait tout fait. Après la soirée du 3 juin, elle
avait eu une double pensée, déjouer les projets de son père
25 et des bandits sur la maison de la rue Plumet, et séparer
Marius de Cosette. Elle avait changé de guenilles avec
le premier jeune drôle venu qui avait trouvé amusant de
s'habiller en femme pendant qu'Éponine se déguisait en
homme. C'était elle qui au Champ de Mars avait donné
30 à Jean Valjean l'avertissement expressif: *Déménagez.*
Jean Valjean était rentré en effet et avait dit à Cosette:
*Nous partons ce soir et nous allons rue de l'Homme-Armé*

*avec Toussaint. La semaine prochaine nous serons à Londres.* Cosette, atterrée de ce coup inattendu, avait écrit en hâte deux lignes à Marius. Mais comment faire mettre la lettre à la poste? Elle ne sortait pas seule, et Toussaint, surprise d'une telle commission, eût à coup sûr montré la lettre à M. Fauchelevent. Dans cette anxiété, Cosette avait aperçu à travers la grille Éponine en habits d'homme, qui rôdait maintenant sans cesse autour du jardin. Cosette avait appelé «ce jeune ouvrier» et lui avait remis cinq francs et la lettre en lui disant: Portez cette lettre tout de suite à son adresse. Éponine avait mis la lettre dans sa poche. Le lendemain 5 juin, elle était allée chez Courfeyrac demander Marius, non pour lui remettre la lettre, mais, chose que toute âme jalouse comprendra, «pour voir». Là elle avait attendu Marius, ou au moins Courfeyrac, — toujours pour voir. — Quand Courfeyrac lui avait dit: Nous allons aux barricades, une idée lui traversa l'esprit. Se jeter dans cette mort-là comme elle se serait jetée dans toute autre, et y pousser Marius. Elle avait suivi Courfeyrac, s'était assurée de l'endroit où l'on construisait la barricade; et bien sûre, puisque Marius n'avait reçu aucun avis et qu'elle avait intercepté la lettre, qu'il serait à la nuit tombante au rendez-vous de tous les soirs, elle était allée rue Plumet, y avait attendu Marius et lui avait envoyé, au nom de ses amis, cet appel qui devait, pensait-elle, l'amener à la barricade. Elle comptait sur le désespoir de Marius quand il ne trouverait pas Cosette; elle ne se trompait pas. Elle était retournée de son côté rue de la Chanvrerie. On vient de voir ce qu'elle y avait fait. Elle était morte avec cette joie tragique des cœurs jaloux qui entraînent l'être aimé dans leur mort, et qui disent: personne ne l'aura!

Marius couvrit de baisers la lettre de Cosette. Elle l'aimait donc! Il eut un instant l'idée qu'il ne devait plus mourir. Puis il se dit: elle part. Son père l'emmène en Angleterre et mon grand-père se refuse au mariage. Rien
5 n'est changé dans la fatalité. Alors il songea qu'il lui restait deux devoirs à accomplir: informer Cosette de sa mort et lui envoyer un suprême adieu, et sauver de la catastrophe imminente qui se préparait ce pauvre enfant, frère d'Éponine et fils de Thénardier.
10    Il avait sur lui un portefeuille; il en arracha une feuille et écrivit au crayon ces quelques lignes:

«Notre mariage était impossible. J'ai demandé à mon grand-père, il a refusé; je suis sans fortune, et toi aussi. J'ai couru chez toi, je ne t'ai plus trouvée. Tu sais la
15 parole que je t'avais donnée, je la tiens. Je meurs. Je t'aime. Quand tu liras ceci, mon âme sera près de toi, et te sourira.»

N'ayant rien pour cacheter cette lettre, il se borna à plier le papier en quatre et y mit cette adresse:
20    «*A Mademoiselle Cosette Fauchelevent, chez M. Fauchelevent, rue de l'Homme Armé, n° 7.*»

La lettre pliée, il demeura un moment pensif, reprit son portefeuille, l'ouvrit, et écrivit avec le même crayon sur la première page ces quatre lignes:
25    «Je m'appelle Marius Pontmercy. Porter[1] mon cadavre chez mon grand-père, M. Gillenormand, rue des Filles-du-Calvaire, n° 6, au Marais.»

Il remit le portefeuille dans la poche de son habit, puis il appela Gavroche.
30    Le gamin, à la voix de Marius, accourut avec sa mine joyeuse et dévouée.

— Veux-tu faire quelque chose pour moi?

— Tout, dit Gavroche.

— Tu vois bien cette lettre?

— Oui.

— Prends-la. Sors de la barricade sur-le-champ (Ga-vroche, inquiet, commença à se gratter l'oreille), et demain matin tu la remettras à son adresse, à mademoiselle Cosette, chez M. Fauchelevent, rue de l'Homme-Armé, n° 7.

— C'est bon, dit Gavroche.

Et il partit en courant par la ruelle Mondétour.

## VII

Qu'est-ce que les convulsions d'une ville auprès des émeutes de l'âme? L'homme est une profondeur plus grande encore que le peuple. Jean Valjean, en ce moment-là même, était en proie à un soulèvement effrayant. Tous les gouffres s'étaient rouverts en lui. Lui aussi frissonnait, comme Paris, au seuil d'une révolution formidable et obs-cure. Quelques heures avaient suffi. Sa destinée et sa conscience s'étaient brusquement couvertes d'ombres. De lui aussi, comme de Paris, on pouvait dire: les deux prin-cipes sont en présence. L'ange blanc et l'ange noir vont se saisir corps à corps sur le pont de l'abîme. Lequel des deux précipitera l'autre? Qui l'emportera?

La veille de ce même jour 5 juin, Jean Valjean, accom-pagné de Cosette et de Toussaint, s'était installé rue de l'Homme-Armé. Une péripétie l'y attendait.

Jean Valjean avait emmené Toussaint, ce qu'il n'avait jamais fait dans ses précédentes absences. Il entrevoyait qu'il ne reviendrait peut-être pas rue Plumet, et il ne pou-vait ni laisser Toussaint derrière lui, ni lui dire son secret.

D'ailleurs, il la sentait dévouée et sûre.   De domestique à
maître, la trahison commence par la curiosité.   Or Toussaint, comme si elle eût été prédestinée à être la servante
de Jean Valjean, n'était pas curieuse.   Elle disait à travers
5 son bégayement : « Je suis ainsi ; je fais ma besogne, le
reste n'est pas mon affaire.»

Dans ce départ de la rue Plumet, qui avait été presque
une fuite, Jean Valjean n'avait rien emporté que la petite
valise embaumée, baptisée par Cosette l'*inséparable*.   Des
10 malles pleines eussent exigé des commissionnaires, et des
commissionnaires sont des témoins.   On avait fait venir
un fiacre à la porte de la rue de Babylone, et l'on s'en
était allé.

C'est à grand'peine que Toussaint avait obtenu la per-
15 mission d'empaqueter un peu de linge et des vêtements et
quelques objets de toilette.   Cosette, elle, n'avait emporté
que sa papeterie et son buvard.   Jean Valjean, pour accroître la solitude et l'ombre de cette disparition, s'était
arrangé de façon à ne quitter le pavillon de la rue Plumet
20 qu'à la chute du jour, ce qui avait laissé à Cosette le temps
d'écrire son billet à Marius.   On était arrivé rue de
l'Homme-Armé à la nuit close.

On se rassure presque aussi follement qu'on s'inquiète ;
la nature humaine est ainsi.   A peine Jean Valjean fut-il
25 rue de l'Homme-Armé, que son anxiété s'éclaircit et, par
degrés, se dissipa.   Son premier soin fut de mettre l'*insé-*
*parable* à côté de lui.

Il dormit bien.   La nuit conseille ; on peut ajouter :
la nuit apaise.   Le lendemain matin, il s'éveilla presque
30 gai.   Il trouva charmante la salle à manger qui était hideuse,
meublée d'une vieille table ronde, d'un buffet bas, que sur-
montait un miroir penché, d'un fauteuil vermoulu et de

quelques chaises encombrées des paquets de Toussaint.
Dans un de ces paquets, on apercevait par un hiatus l'uniforme de garde national de Jean Valjean. Quant à
Cosette, elle s'était fait apporter par Toussaint un bouillon
dans sa chambre, et ne parut que le soir. 5

Vers cinq heures, Toussaint, qui allait et venait, très
occupée de ce petit emménagement, avait mis sur la table
de la salle à manger une volaille froide que Cosette, par
déférence pour son père, avait consenti à regarder.

Cela fait, Cosette, prétextant une migraine persistante, 10
avait dit bonsoir à Jean Valjean et s'était enfermeé dans
sa chambre à coucher. Jean Valjean avait mangé une
aile de poulet avec appétit, et, accoudé sur la table, rassé-
réné peu à peu, rentrait en possession de sa sécurité.
Pendant qu'il faisait ce sobre dîner, il avait perçu confusé- 15
ment, à deux ou trois reprises, le bégayement de Toussaint
qui lui disait : — Monsieur, il y a du train, on se bat dans
Paris. Mais, absorbé dans une foule de combinaisons in-
térieures, il n'y avait point pris garde. A vrai dire, il n'avait
pas entendu. 20

Il se leva, et se mit à marcher de la fenêtre à la porte
et de la porte à la fenêtre, de plus en plus apaisé.

Tout en marchant de long en large à pas lents, son regard rencontra tout d'un coup quelque chose d'étrange.

Il aperçut en face de lui, dans le miroir incliné qui sur- 25
montait le buffet, et il lut distinctement les quatre lignes
que voici :

« Mon bien-aimé, hélas ! mon père veut que nous par-
tions tout de suite. Nous serons ce soir rue de l'Homme-
Armé, n°7. Dans huit jours nous serons en Angleterre. 30
—COSETTE. 4 juin.»

Jean Valjean s'arrêta hagard.

Cosette en arrivant avait posé son buvard sur le buffet devant le miroir, et, toute à sa douloureuse angoisse, l'avait oublié là, sans même remarquer qu'elle le laissait tout ouvert, et ouvert précisément à la page sur laquelle elle
5 avait appuyé, pour les sécher, les quatre lignes écrites par elle et dont elle avait chargé le jeune ouvrier passant rue Plumet. L'écriture s'était imprimée sur le buvard. Le miroir reflétait l'écriture. Il en résultait ce qu'on appelle en géométrie l'image symétrique; de telle sorte que
10 l'écriture renversée sur le buvard s'offrait redressée dans le miroir et présentait son sens naturel; et Jean Valjean avait sous les yeux la lettre écrite la veille par Cosette à Marius. C'était simple et foudroyant.

Jean Valjean alla au miroir. Il relut les quatre lignes,
15 mais il n'y crut point. Elles lui faisaient l'effet d'apparaître dans de la lueur d'éclair. C'était une hallucination. Cela était impossible. Cela n'était pas. Peu à peu sa perception devint plus précise : il regarda le buvard de Cosette, et le sentiment du fait réel lui revint. Tout à coup ses yeux
20 retombèrent sur le miroir, et il revit la vision. C'était l'écriture redressée dans le miroir. Il comprit.

Jean Valjean chancela, laissa échapper le buvard, et s'affaissa dans le vieux fauteuil à côté du buffet, la tête tombante, la prunelle vitreuse, égaré. Il se dit que c'était
25 évident, et que la lumière du monde était à jamais éclipsée, et que Cosette avait écrit cela à quelqu'un. Alors il entendit son âme, redevenue terrible, pousser dans les ténèbres un sourd rugissement. Allez donc ôter au lion le chien qu'il a dans sa cage !

30 Chose bizarre et triste, en ce moment-là, Marius n'avait pas encore la lettre de Cosette ; le hasard l'avait portée en traître à Jean Valjean avant de la remettre à Marius.

Jean Valjean jusqu'à ce jour n'avait pas été vaincu par l'épreuve. Il avait été soumis à des essais affreux; pas une voie de fait[1] de la mauvaise fortune ne lui avait été épargnée; la férocité du sort, armée de toutes les vindictes et de toutes les méprises sociales, l'avait pris pour sujet et s'était acharnée sur lui. Il n'avait reculé ni fléchi devant rien. Il avait accepté, quand il l'avait fallu, toutes les extrémités; il avait sacrifié son inviolabilité d'homme reconquise, livré sa liberté, risqué sa tête, tout perdu, tout souffert, et il était resté désintéressé et stoïque, au point que par moments on aurait pu le croire absent de lui-même comme un martyr. Sa conscience, aguerrie à tous les assauts possibles de l'adversité, pouvait sembler à jamais imprenable. Eh bien, quelqu'un qui eût vu son for intérieur eût été forcé de constater qu'à cette heure elle faiblissait.

C'est que de toutes les tortures qu'il avait subies dans cette longue question que lui donnait la destinée, celle-ci était la plus redoutable. Jamais pareille tenaille ne l'avait saisi. Il sentit le remuement mystérieux de toutes les sensibilités latentes. Il sentit le pincement de la fibre inconnue. Hélas, l'épreuve suprême, disons mieux, l'épreuve unique, c'est la perte de l'être aimé.

Son instinct n'hésita point. Il rapprocha certaines circonstances, certaines dates, certaines rougeurs et certaines pâleurs de Cosette, et il se dit: C'est lui. Dès sa première conjecture, il atteignit Marius. Il ne savait pas le nom, mais il trouva tout de suite l'homme. Il aperçut distinctement, au fond de l'implacable évocation du souvenir, le rôdeur inconnu du Luxembourg, ce misérable chercheur d'amourettes, ce fainéant de romance, cet imbécile, ce lâche, car c'est une lâcheté de venir faire les yeux doux à des filles qui ont à côté d'elles leur père qui les aime.

Tandis qu'il songeait, Toussaint entra. Jean Valjean se leva, et lui demanda :

—Ne m'avez-vous pas dit tout à l'heure qu'on se bat ?

—Ah ! oui, monsieur, répondit Toussaint. C'est du côté de Saint-Merry.

Il y a tel mouvement machinal qui nous vient, à notre insu même, de notre pensée la plus profonde. Ce fut sans doute sous l'impulsion d'un mouvement de ce genre, et dont il avait à peine conscience, que Jean Valjean se trouva cinq minutes après dans la rue.

Il était nu-tête, assis sur la borne de la porte de sa maison. Il semblait écouter. La nuit était venue. La rue était déserte. Quelques bourgeois inquiets, qui rentraient rapidement chez eux, l'aperçurent à peine. Chacun pour soi dans les temps de péril. L'allumeur de nuit vint comme à l'ordinaire allumer le réverbère qui était précisément placé en face de la porte du n° 7, et s'en alla. Jean Valjean, à qui l'eût examiné dans cette ombre, n'eût pas semblé un homme vivant. Cependant, à peu près vers ce moment-là, une brusque détonation éclata du côté des halles, une seconde la suivit, plus violente encore ; c'était probablement cette attaque de la barricade de la rue de la Chanvrerie que nous venons de voir repoussée par Marius. Jean Valjean tressaillit ; il se dressa du côté d'où le bruit venait ; puis il retomba sur la borne, il croisa les bras, et sa tête revint lentement se poser sur sa poitrine.

Il reprit son ténébreux dialogue avec lui-même.

Tout à coup, il leva les yeux, on marchait dans la rue, il entendit des pas près de lui. il regarda, et, à la lueur des réverbères, du côté de la rue qui aboutit aux Archives,[1] il aperçut une figure livide, jeune et radieuse.

Gavroche venait d'arriver rue de l'Homme-Armé. Il regardait en l'air et paraissait chercher. Il voyait parfaitement Jean Valjean, mais il ne s'en apercevait pas.

Jean Valjean, qui, l'instant d'auparavant, dans la situation d'âme où il était, n'eût parlé ni même répondu à personne, se sentit irrésistiblement poussé à adresser la parole à cet enfant.

—Petit, dit-il, qu'est-ce que tu as?

—J'ai que j'ai faim, répondit Gavroche nettement.

Jean Valjean fouilla dans son gousset et en tira une pièce de cinq francs.

—Pauvre être, dit-il à demi-voix et se parlant à lui-même, il a faim.

Et il lui mit la pièce de cent sous dans la main.

Gavroche leva le nez, étonné de la grandeur de ce gros sou; il le regarda dans l'obscurité, et la blancheur du gros sou l'éblouit. Il connaissait les pièces de cinq francs par ouï-dire; leur réputation lui était agréable; il fut charmé d'en voir une de près.

—Vous êtes un brave homme, dit Gavroche.

Et il mit la pièce de cinq francs dans une de ses poches. Sa confiance croissant, il ajouta:

—Êtes-vous de la rue?

—Oui, pourquoi?

—Pourriez-vous m'indiquer le numéro 7?

—Pourquoi faire[2] le numéro 7?

Ici l'enfant s'arrêta, il craignit d'en avoir trop dit, il plongea énergiquement ses ongles dans ses cheveux, et se borna à répondre:

—Ah! voilà.

Une idée traversa l'esprit de Jean Valjean. L'angoisse a de ces lucidités-là. Il dit à l'enfant:

— Est-ce que c'est toi qui m'apportes la lettre que j'attends?

5 — Vous? dit Gavroche. Vous n'êtes pas une femme?

— La lettre est pour mademoiselle Cosette, n'est-ce pas?

— Cosette? grommela Gavroche. Oui, je crois que c'est ce drôle de nom-là.

— Eh bien! reprit Jean Valjean, c'est moi qui dois lui
10 remettre la lettre. Donne.

— Au fait, continua Gavroche, vous m'avez l'air d'un brave homme.

— Donne vite.

— Tenez.

15 Et il remit le papier à Jean Valjean.

— Et dépêchez-vous, monsieur Chose,[1] puisque mamselle Chosette attend.

Cela dit, Gavroche s'en alla, ou, pour mieux dire, reprit vers le lieu d'où il venait son vol d'oiseau échappé. Il se
20 replongea dans l'obscurité comme s'il y faisait un trou, avec la rapidité rigide d'un projectile.

Jean Valjean rentra avec la lettre de Marius.

Il monta l'escalier à tâtons, satisfait des ténèbres comme le hibou qui tient sa proie, ouvrit et referma doucement sa
25 porte, écouta s'il n'entendait aucun bruit, constata que, selon toute apparence, Cosette et Toussaint dormaient, plongea dans la bouteille du briquet Fumade[2] trois ou quatre allumettes avant de pouvoir faire jaillir l'étincelle, tant sa main tremblait; il y avait du vol dans ce qu'il
30 venait de faire. Enfin, sa chandelle fut allumée, il s'accouda sur la table, déplia le papier, et lut. Dans le billet de Marius à Cosette, Jean Valjean ne vit que ces mots:

«. . . Je meurs. Quand tu liras ceci, mon âme sera près de toi.»

En présence de ces deux lignes, il eut un éblouissement horrible ; il resta un moment comme écrasé du change-ment d'émotion qui se faisait en lui.                                    5

Environ une heure après, Jean Valjean sortait en habit complet de garde national et en armes. Il avait un fusil chargé et une giberne pleine de cartouches.

# CINQUIÈME PARTIE

## JEAN VALJEAN

### I

[Grâce à son uniforme de garde national, Jean Valjean arrive sans difficulté à la barricade. Les insurgés renvoient tous ceux d'entre eux qui ont des familles, car ils sentent que la mort les attend tous. Jean Valjean donne son uniforme à un père de famille afin qu'il 5 puisse passer les sentinelles et se résout à mourir avec Marius et les autres insurgés.]

LE jour croissait rapidement. Mais pas une fenêtre ne s'ouvrait, pas une porte ne s'entre-bâillait; c'était l'aurore, non le réveil. L'extrémité de la rue de la Chanvrerie op-
10 posée à la barricade avait été évacuée par les troupes. On ne voyait rien, mais on entendait. Il se faisait à une certaine distance un mouvement mystérieux. Il était évident que l'instant critique arrivait. Comme la veille au soir les vedettes se replièrent; mais cette fois toutes. La barri-
15 cade était plus forte que lors de la première attaque. Depuis le départ des cinq, on l'avait exhaussée encore.

L'attente ne fut pas longue. Un canon apparut, poussé par les artilleurs. Pendant que les insurgés rechargeaient les fusils, les artilleurs chargeaient le canon.
20 L'anxiété était profonde dans la redoute.

Le coup partit, la détonation éclata.

—Présent ! cria une voix joyeuse.

Et en même temps que le boulet sur la barricade, Gavroche s'abattit dedans. Il fit plus d'effet dans la barri-

cade que le boulet qui s'était perdu dans le fouillis des
décombres.

— Continuez, cria Bossuet aux artilleurs.

Le feu des assaillants continuait. La mousqueterie et la
mitraille alternaient, sans grand ravage à la vérité. Le
haut de la façade du cabaret souffrait seul; la croisée du
premier étage et les mansardes du toit, criblées de chevro-
tines et de biscaïens, se déformaient lentement. Les combattants qui s'y étaient postés avaient dû s'effacer. Du
reste, ceci est une tactique de l'attaque des barricades;
tirailler longtemps, afin d'épuiser les munitions des insurgés, s'ils font la faute de répliquer. Quand on s'aperçoit, au ralentissement de leur feu, qu'ils n'ont plus ni
balles ni poudre, on donne l'assaut. Enjolras n'était pas
tombé dans ce piège; la barricade ne ripostait point.

Tout à coup Courfeyrac s'écria:

— Du nouveau.

Et, prenant une voix d'huissier qui annonce, il ajouta:

— Je m'appelle Pièce de Huit.[1]

En effet, un nouveau personnage venait d'entrer en
scène. C'était une deuxième bouche à feu. Les artilleurs firent rapidement la manœuvre de force,[2] et mirent
cette seconde pièce en batterie près de la première. Quelques instants après, les deux pièces, vivement servies, tiraient de front contre la redoute.

On entendait une autre canonnade à quelque distance.
En même temps que deux pièces s'acharnaient sur la redoute de la rue de la Chanvrerie, deux autres bouches à
feu criblaient la barricade Saint-Merry. Les quatre canons se faisaient lugubrement écho. Les aboiements des
sombres chiens de la guerre se répondaient. Des deux
pièces qui battaient maintenant la barricade de la rue de

la Chanvrerie, l'une tirait à mitraille, l'autre à boulet.
La pièce qui tirait à boulet était pointée un peu haut et
le tir était calculé de façon que le boulet frappait le bord
extrême de l'arête supérieure de la barricade, l'écrêtait, et
5 émiettait les pavés sur les insurgés en éclats de mitraille.
Ce procédé de tir avait pour but d'écarter les combattants
du sommet de la redoute, et de les contraindre à se pelotonner dans l'intérieur, c'est-à-dire que cela annonçait l'assaut.

Une fois les combattants chassés du haut de la barri-
10 cade par le boulet et des fenêtres du cabaret par la mitraille, les colonnes d'attaque pourraient s'aventurer dans
la rue sans être visées, peut-être même sans être aperçues,
escalader brusquement la redoute, comme la veille au
soir, et, qui sait? la prendre par surprise.

15 — Il faut absolument diminuer l'incommodité de ces
pièces, dit Enjolras, et il cria: Feu sur les artilleurs!

Tous étaient prêts. La barricade, qui se taisait depuis
longtemps, fit feu éperdument; sept ou huit décharges se
succédèrent avec une sorte de rage et de joie; la rue
20 s'emplit d'une fumée aveuglante, et, au bout de quelques
minutes, à travers cette brume toute rayée de flamme, on
put distinguer confusément les deux tiers des artilleurs
couchés sous les roues des canons. Ceux qui étaient restés debout continuaient de servir les pièces avec une
25 tranquillité sévère, mais le feu était ralenti.

— Voilà qui va bien, dit Bossuet à Enjolras. Succès.

Enjolras hocha la tête et répondit:

— Encore un quart d'heure de ce succès, et il n'y aura
plus dix cartouches dans la barricade.

30 Il paraît que Gavroche entendit ce mot.

Courfeyrac tout à coup aperçut quelqu'un au bas de la
barricade, dehors dans la rue, sous les balles. Gavroche

avait pris un panier à bouteilles dans le cabaret, était sorti par la coupure, et était paisiblement occupé à vider dans son panier les gibernes pleines de cartouches des gardes nationaux tués sur le talus de la redoute.

— Qu'est-ce que tu fais là ? dit Courfeyrac.

Gavroche leva le nez :

— Citoyen, j'emplis mon panier.

— Tu ne vois donc pas la mitraille ?

Gavroche répondit :

— Eh bien, il pleut.   Après ?[1]

Courfeyrac cria : — Rentre !

— Tout à l'heure, fit Gavroche.

Et d'un bond, il s'enfonça dans la rue.   Une vingtaine de morts gisaient çà et là dans toute la longueur de la rue sur le pavé.   Une vingtaine de gibernes pour Gavroche, une provision de cartouches pour la barricade.

La fumée était dans la rue comme un brouillard.   Sous les plis de ce voile de fumée et grâce à sa petitesse, Gavroche put s'avancer assez loin dans la rue sans être vu. Il dévalisa les sept ou huit premières gibernes sans grand danger.   A force d'aller en avant, il parvint au point où le brouillard de la fusillade devenait transparent.   Si bien que les tirailleurs de la ligne rangés et à l'affût derrière leur levée de pavés, et les tirailleurs de la banlieue massés à l'angle de la rue, se montrèrent soudainement quelque chose qui remuait dans la fumée.

Au moment où Gavroche débarrassait de ses cartouches un sergent gisant près d'une borne, une balle frappa le cadavre.

— Fichtre ! fit Gavroche.   Voilà qu'on me tue mes morts.

Une deuxième balle fit étinceler le pavé à côté de lui.

Une troisième renversa son panier. Gavroche regarda et vit que cela venait de la banlieue. Il se dressa tout droit, debout, les cheveux au vent, les mains sur les hanches, l'œil fixé sur les gardes nationaux qui tiraient, et il chanta :

5
On est laid à Nanterre,
C'est la faute à Voltaire,
Et bête à Palaiseau,
C'est la faute à Rousseau.

Puis il ramassa son panier, y remit, sans en perdre une
10 seule, les cartouches qui en étaient tombées, et avançant vers la fusillade, alla dépouiller une autre giberne. Là une quatrième balle le manqua encore. Gavroche chanta :

Je ne suis pas notaire,
C'est la faute à Voltaire ;
15
Je suis petit oiseau,
C'est la faute à Rousseau.

Une cinquième balle ne réussit qu'à tirer de lui un troi-sième couplet :

Joie est mon caractère,
20
C'est la faute à Voltaire ;
Misère est mon trousseau,
C'est la faute à Rousseau.

Cela continua ainsi quelque temps.

Le spectacle était épouvantable et charmant. Gavroche,
25 fusillé, taquinait la fusillade. Il avait l'air de s'amuser beaucoup. C'était le moineau becquetant les chasseurs. Il répondait à chaque décharge par un couplet. On le visait sans cesse, on le manquait toujours. Les gardes nationaux et les soldats riaient en l'ajustant. Il se cou-
30 chait, puis se redressait, s'effaçait dans un coin de porte, puis bondissait, disparaissait, reparaissait, se sauvait, re-venait, et cependant pillait les cartouches, vidait les giber-

nes et remplissait son panier. Les insurgés, haletants
d'anxiété, le suivaient des yeux. La barricade tremblait;
lui, il chantait. Ce n'était pas un enfant, ce n'était pas
un homme; c'était un étrange gamin-fée. On eût dit le
nain invulnérable de la mêlée. Les balles couraient après 5
lui, il était plus leste qu'elles.

Une balle pourtant, mieux ajustée ou plus traître que
les autres, finit par atteindre l'enfant feu follet. On vit
Gavroche chanceler, puis il s'affaissa. Toute la barricade
poussa un cri; mais il y avait de l'Antée[1] dans ce pyg- 10
mée; pour le gamin toucher le pavé, c'est comme pour le
géant toucher la terre; Gavroche n'était tombé que pour
se redresser; il resta assis sur son séant, un long filet de
sang rayait son visage, il éleva ses deux bras en l'air, regarda du côté d'où était venu le coup, et se mit à chanter: 15

> Je suis tombé par terre,
> C'est la faute à Voltaire:
> Le nez dans le ruisseau,
> C'est la faute à . . .

Il n'acheva point. Une seconde balle du même tireur 20
l'arrêta court. Cette fois il s'abattit la face contre le
pavé, et ne remua plus. Cette petite grande âme venait
de s'envoler.

Marius s'était lancé hors de la barricade. Combeferre
l'avait suivi. Mais il était trop tard. Gavroche était 25
mort. Combeferre rapporta le panier de cartouches;
Marius rapporta l'enfant. Hélas! pensait-il, ce que le
père avait fait pour son père, il le rendait au fils; seulement Thénardier avait rapporté son père vivant; lui, il
rapportait l'enfant mort. 30

[L'attaque continue et la barricade va être emportée par les soldats. Jean Valjean, pour avoir sauvé la vie à un citoyen mérite une

récompense.  Il réclame le droit de mettre Javert à mort, ce qui lui est accordé.]

Quand Jean Valjean fut seul avec Javert il défit la corde qui assujettissait le prisonnier par le milieu du corps, 5 et dont le nœud était sous la table.  Après quoi, il lui fit signe de se lever.  Javert obéit, avec cet indéfinissable sourire où se condense la suprématie de l'autorité enchaînée.

Jean Valjean prit Javert par la martingale[1] comme on prendrait une bête de somme par la bricole, et, l'entraî- 10 nant après lui, sortit du cabaret, lentement, car Javert, entravé aux jambes, ne pouvait faire que de très petits pas.

Jean Valjean avait le pistolet au poing.  Ils franchirent ainsi le trapèze intérieur de la barricade.  Les insurgés, 15 tout à l'attaque imminente tournaient le dos.

Jean Valjean fit escalader, avec quelque peine, à Javert garrotté, mais sans le lâcher un seul instant, le petit retranchement de la ruelle Mondétour.

Quand ils eurent enjambé ce barrage, ils se trouvèrent 20 seuls dans la ruelle.  Personne ne les voyait plus.  Le coude des maisons les cachait aux insurgés.  Les cadavres retirés de la barricade faisaient un monceau terrible à quelques pas.  Jean Valjean mit le pistolet sous son bras et fixa sur Javert un regard qui n'avait pas besoin de paroles 25 pour dire : Javert, c'est moi.

Javert répondit :

— Prends ta revanche.

Jean Valjean tira de son gousset un couteau, et l'ouvrit.

— Un surin[2] ! s'écria Javert.  Tu as raison.  Cela te 30 convient mieux.

Jean Valjean coupa la martingale que Javert avait au cou, puis il coupa les cordes qu'il avait aux poignets, puis,

se baissant, il coupa la ficelle qu'il avait aux pieds, et, se
redressant, il lui dit :

— Vous êtes libre.

Javert n'était pas facile à étonner. Cependant, tout
maître qu'il était de lui, il ne put se soustraire à une com- 5
motion.   Il resta béant et immobile.

Jean Valjean poursuivit :

— Je ne crois pas que je sorte d'ici.   Pourtant, si, par
hasard, j'en sortais, je demeure, sous le nom de Fauchelevent, rue de l'Homme-Armé, numéro sept.          10

Javert eut un froncement de tigre qui lui entr'ouvrit un
coin de la bouche, et il murmura entre ses dents :

— Prends garde.

— Allez, dit Jean Valjean.

Javert reprit :                                       15

— Tu as dit Fauchelevent, rue de l'Homme-Armé ?

— Numéro sept.

Javert répéta à demi-voix : — Numéro sept.

Il reboutonna sa redingote, remit de la roideur militaire
entre ses deux épaules[1], fit demi-tour, croisa les bras en 20
soutenant son menton dans une de ses mains, et se mit à
marcher dans la direction des halles.   Jean Valjean le
suivait des yeux.   Quand Javert eut disparu, Jean Valjean
déchargea le pistolet en l'air.   Puis il rentra dans la barricade et dit :                                            25

— C'est fait.

Tout à coup le tambour battit la charge.

L'attaque fut l'ouragan.   La veille, dans l'obscurité la
barricade avait été approchée silencieusement comme par
un boa.   A présent, en plein jour, dans cette rue évasée, 30
la surprise était décidément impossible, la vive force, d'ailleurs, s'était démasquée, le canon avait commencé le

rugissement, l'armée se rua sur la barricade. La furie
était maintenant l'habileté. Une puissante colonne d'in-
fanterie de ligne déboucha dans la rue au pas de course,
tambour battant, clairon sonnant, bayonnettes croisées,
5 sapeurs en tête, et, imperturbable sous les projectiles, arriva
droit sur la barricade avec le poids d'une poutre d'airain
sur un mur. Le mur tint bon.

Les insurgés firent feu impétueusement. La barricade
escaladée eut une crinière d'éclairs. L'assaut fut si for-
10 cené qu'elle fut un moment inondée d'assaillants; mais
elle secoua les soldats ainsi que le lion les chiens, et elle
ne se couvrit d'assiégeants que comme la falaise d'écume,
pour reparaître, l'instant d'après, escarpée, noire et formidable. Les assauts se succédèrent. L'horreur alla gran-
15 dissant.

Alors éclata sur ce tas de pavés, dans cette rue de la
Chanvrerie, une lutte digne d'une muraille de Troie. Ces
hommes hâves, déguenillés, épuisés, qui n'avaient pas mangé
depuis vingt-quatre heures, qui n'avaient pas dormi, qui
20 n'avaient plus que quelques coups à tirer, qui tâtaient leurs
poches vides de cartouches, presque tous blessés, la tête
ou le bras bandé d'un linge rouillé et noirâtre, ayant dans
leurs habits des trous d'où le sang coulait, à peine armés
de mauvais fusils et de vieux sabres ébréchés, devinrent
25 des titans.

Un suprême assaut y fut tenté et cet assaut réussit. La
masse hérissée de bayonnettes et lancée au pas gymnastique[1] arriva irrésistible, et l'épais front de bataille de la
colonne d'attaque apparut dans la fumée au haut de l'es-
30 carpement. Cette fois, c'était fini. Le groupe d'insurgés
qui défendait le centre recula pêle-mêle et se sauva dans
le cabaret.

Marius était resté dehors. Un coup de feu venait de lui casser la clavicule; il sentit qu'il s'évanouissait et qu'il tombait. En ce moment, les yeux déjà fermés, il eut la commotion d'une main vigoureuse qui le saisissait, et son évanouissement, dans lequel il se perdit, lui laissa à peine le temps de cette pensée mêlée au suprême souvenir de Cosette: — Je suis fait prisonnier. Je serai fusillé.

## II

Marius était prisonnier en effet. Prisonnier de Jean Valjean. La main qui l'avait étreint par derrière au moment où il tombait, et dont, en perdant connaissance, il avait senti le saisissement, était celle de Jean Valjean.

Jean Valjean n'avait pas pris au combat d'autre part que de s'y exposer. Sans lui, à cette phase suprême de l'agonie, personne n'eût songé aux blessés. Grâce à lui, partout présent dans le carnage comme une providence, ceux qui tombaient étaient relevés, transportés dans la salle basse, et pansés. Dans les intervalles, il réparait la barricade. Mais rien qui pût ressembler à un coup, à une attaque, ou même à une défense personnelle, ne sortit de ses mains. Il se taisait et secourait.

Jean Valjean, dans la nuée épaisse du combat, n'avait pas l'air de voir Marius; le fait est qu'il ne le quittait pas des yeux. Quand un coup de feu renversa Marius, Jean Valjean bondit avec une agilité de tigre, s'abattit sur lui comme sur une proie, et l'emporta.

Le tourbillon de l'attaque était en cet instant-là si violemment concentré sur Enjolras et sur la porte du cabaret que personne ne vit Jean Valjean, soutenant dans ses bras Marius, traverser le champ dépavé de la barricade et disparaître derrière l'angle du cabaret.

Là Jean Valjean s'arrêta, il laissa glisser à terre Marius, s'adossa au mur et jeta les yeux autour de lui.

La situation était épouvantable.

Pour l'instant, pour deux ou trois minutes peut-être, ce
5 pan de muraille était un abri, mais comment sortir de ce massacre? Il se rappelait l'angoisse où il s'était trouvé rue Polonceau, huit ans auparavant, et de quelle façon il était parvenu à s'échapper; c'était difficile alors, aujourd'hui c'était impossible. Il avait devant lui une maison à
10 six étages; il avait à sa droite la barricade assez basse qui fermait la Petite-Truanderie; enjamber cet obstacle paraissait facile, mais on voyait au-dessus de la crête du barrage une rangée de pointes de bayonnettes. C'était la troupe de ligne, postée au delà de cette barricade, et aux
15 aguets. Il était évident que toute tête qui se risquerait à dépasser le haut de la muraille de pavés servirait de cible à soixante coups de fusil. Il avait à sa gauche le champ du combat. La mort était derrière l'angle du mur.

Que faire? Un oiseau seul eût pu se tirer de là.
20    Et il fallait se décider sur le champ, trouver un expédient, prendre un parti. On se battait à quelques pas de lui; par bonheur tout s'acharnait sur un point unique, sur la porte du cabaret; mais qu'un soldat, un seul, eût l'idée de tourner la maison, ou de l'attaquer en flanc, tout était
25 fini.

Jean Valjean regarda la maison en face de lui, il regarda la barricade à côté de lui, puis il regarda la terre, avec la violence de l'extrémité suprême, éperdu, et comme s'il eût voulu y faire un trou avec ses yeux.
30    A force de regarder, on ne sait quoi de vaguement saisissable dans une telle agonie se dessina et prit forme à ses pieds, comme si c'était une puissance du regard de

faire éclore la chose demandée. Il aperçut à quelques pas
de lui une grille de fer posée à plat et de niveau avec le
sol. Cette grille, faite de forts barreaux transversaux,
avait environ deux pieds carrés. A travers les barreaux,
on entrevoyait une ouverture obscure, quelque chose de 5
pareil au conduit d'une cheminée ou au cylindre d'une
citerne. Jean Valjean s'élança. Sa vieille science des
évasions lui monta au cerveau comme une clarté. Écarter
les pavés, soulever la grille, charger sur ses épaules Marius
inerte comme un corps mort, descendre, dans cette espèce 10
de puits heureusement peu profond, laisser retomber au-
dessus de sa tête la lourde trappe de fer sur laquelle les
pavés ébranlés croulèrent de nouveau, prendre pied sur
une surface dallée à trois mètres au-dessous du sol, cela
fut exécuté comme ce qu'on fait dans le délire, avec une 15
force de géant et une rapidité d'aigle ; cela dura quelques
minutes à peine.

Jean Valjean se trouva, avec Marius toujours évanoui,
dans une sorte de long corridor souterrain.

Là, paix profonde, silence absolu, nuit.                    20

C'est dans l'égout de Paris que se trouvait Jean Valjean.
La transition était inouïe. Au milieu même de la ville,
Jean Valjean était sorti de la ville, et, en un clin d'œil, le
temps de lever un couvercle et de le refermer, il avait
passé du plein jour à l'obscurité complète, de midi à mi- 25
nuit, du fracas au silence, du tourbillon des tonnerres à la
stagnation de la tombe, et du plus extrême péril à la sécurité la plus absolue.

Seulement, le blessé ne remuait point, et Jean Valjean
ne savait pas si ce qu'il emportait dans cette fosse était un 30
vivant ou un mort. Sa première sensation fut l'aveugle-
ment. Brusquement, il ne vit plus rien. Il lui sembla

aussi qu'en une minute il était devenu sourd. Il n'entendait plus rien. Le frénétique orage de meurtre qui se déchaînait à quelques pieds au-dessus de lui n'arrivait jusqu'à lui, grâce à l'épaisseur de terre qui l'en séparait,
5 qu'éteint et indistinct, et comme une rumeur dans une profondeur. Il sentait que c'était solide sous ses pieds ; voilà tout ; mais cela suffisait.

Au bout de quelques instants, il n'était plus aveugle. Un peu de lumière tombait du soupirail par où il s'était
10 glissé, et son regard s'était fait à cette cave. Il commença à distinguer quelque chose. Le couloir où il s'était terré, nul autre mot n'exprime mieux la situation, était muré derrière lui. C'était un de ces culs-de-sac que la langue spéciale appelle branchements. Devant lui, il y avait un
15 autre mur, un mur de nuit. La clarté du soupirail expirait à dix ou douze pas du point où était Jean Valjean, et faisait à peine une blancheur blafarde sur quelques mètres de la paroi humide de l'égout. Au delà, l'opacité était massive ; y pénétrer paraissait horrible, et l'entrée y sem-
20 blait un engloutissement. On pouvait s'enfoncer pourtant dans cette muraille de brume, et il le fallait. Il fallait même se hâter. Il n'y avait pas une minute à perdre. Il avait déposé Marius sur le sol, il le ramassa, ceci est encore le mot vrai, le reprit sur ses épaules et se mit en marche.
25 Il entra résolûment dans cette obscurité.

Il avança aussi rapidement qu'il put. Les deux bras de Marius étaient passés autour de son cou et les pieds pendaient derrière lui. Il tenait les deux bras d'une main et tâtait le mur de l'autre. La joue de Marius touchait la
30 sienne et s'y collait, étant sanglante. Il sentait couler sur lui et pénétrer sous ses vêtements un ruisseau tiède qui venait de Marius. Cependant une chaleur humide à son

oreille que touchait la bouche du blessé indiquait de la
respiration, et par conséquent de la vie. Le couloir où
Jean Valjean cheminait maintenant était moins étroit que
le premier. Jean Valjean y marchait assez péniblement.
Les pluies de la veille n'étaient pas encore écoulées et fai- 5
saient un petit torrent au centre du radier, et il était forcé
de se serrer contre le mur pour ne pas avoir les pieds dans
l'eau.

Par degrés, disons-le, quelque horreur le gagnait. L'ombre qui l'enveloppait entrait dans son esprit. Il marchait 10
dans une énigme. Cet aqueduc du cloaque est redoutable ;
il s'entre-croise vertigineusement. C'est une chose lugubre d'être pris dans ce Paris de ténèbres. Jean Valjean
était obligé de trouver et presque d'inventer sa route sans
la voir. Dans cet inconnu, chaque pas qu'il risquait pou- 15
vait être le dernier. Comment sortirait-il de là ? trouverait-il une issue ? la trouverait-il à temps ? cette colossale
éponge souterraine aux alvéoles de pierre se laisserait-elle
pénétrer et percer ? y rencontrerait-on quelque nœud inattendu d'obscurité ? arriverait-on à l'inextricable et à l'in- 20
franchissable ? Marius y mourrait-il d'hémorragie, et lui
de faim ? finiraient-ils par se perdre là tous les deux, et par
faire deux squelettes dans un coin de cette nuit ? Il l'ignorait. Il se demandait tout cela et ne pouvait se répondre.

Il marchait depuis une demi-heure environ, du moins au 25
calcul qu'il faisait lui-même, et n'avait pas encore songé à
se reposer ; seulement il avait changé la main qui soutenait
Marius. L'obscurité était plus profonde que jamais, mais
cette profondeur le rassurait.

Tout à coup il vit son ombre devant lui. Elle se découpait 30
sur une faible rougeur presque indistincte qui empourprait
vaguement le radier à ses pieds et la voûte sur sa tête, et

qui glissait à sa droite et à sa gauche sur les deux murailles visqueuses du corridor. Stupéfait, il se retourna. Derrière lui, dans la partie du couloir qu'il venait de dépasser, à une distance qui lui parut immense, flamboyait, rayant
5 l'épaisseur obscure, une sorte d'astre horrible qui avait l'air de le regarder. C'était la sombre étoile de la police qui se levait dans l'égout. Derrière cette étoile remuaient confusément huit ou dix formes noires, droites, indistinctes, terribles.

## III

10 Dans la journée du 6 juin, une battue des égouts avait été ordonnée. On craignit qu'ils ne fussent pris pour refuge par les vaincus. Trois pelotons d'agents [1] et d'égoutiers [2] explorèrent la voirie souterraine de Paris. Ce qui était en ce moment dirigé sur Jean Valjean, c'était la lan-
15 terne de la ronde. Heureusement, s'il voyait bien la lanterne, la lanterne le voyait mal. Elle était la lumière et il était l'ombre. Il était très loin, et mêlé à la noirceur du lieu. Il se rencogna le long du mur et s'arrêta.

Les hommes de la ronde écoutaient et n'entendaient rien,
20 ils regardaient et ne voyaient rien. Ils se consultèrent. Le résultat de ce conseil tenu par les chiens de garde fut qu'on s'était trompé, qu'il n'y avait pas eu de bruit, qu'il n'y avait là personne.

Avant de s'en aller, le sergent, pour l'acquit de la con-
25 science de la police, déchargea sa carabine du côté qu'on abandonnait, dans la direction de Jean Valjean. La détonation roula d'écho en écho dans la crypte. Un plâtras qui tomba dans le ruisseau et fit clapoter l'eau à quelques pas de Jean Valjean l'avertit que la balle avait frappé la voûte
30 au-dessus de sa tête.

Des pas mesurés et lents résonnèrent quelque temps sur le radier, de plus en plus amortis par l'augmentation progressive de l'éloignement; le groupe des formes noires s'enfonça, une lueur oscilla et flotta, faisant à la voûte un cintre rougeâtre qui décrut, puis disparut; le silence redevint 5 profond, l'obscurité redevint complète.

Après avoir attendu quelque temps, Jean Valjean avait repris sa marche et ne s'était plus arrêté. Cette marche était de plus en plus laborieuse. Le niveau de ces voûtes varie; la hauteur moyenne est d'environ cinq pieds six 10 pouces, et a été calculée pour la taille d'un homme; Jean Valjean était forcé de se courber pour ne pas heurter Marius à la voûte; il fallait à chaque instant se baisser, puis se redresser, tâter sans cesse le mur. La moiteur des pierres et la viscosité du radier en faisaient de mauvais 15 points d'appui, soit pour la main, soit pour le pied. Jean Valjean avait faim et soif; soif surtout; et c'est là, comme la mer, un lieu plein d'eau où l'on ne peut boire. Sa force, qui était prodigieuse, on le sait, et fort peu diminuée par l'âge, grâce à sa vie chaste et sobre, commençait pourtant 20 à fléchir. La fatigue lui venait; et la force en décroissant faisait croître le poids du fardeau. Marius, mort peut-être, pesait comme pèsent les corps inertes. Jean Valjean le soutenait de façon que la poitrine ne fût pas gênée et que la respiration pût toujours passer le mieux possible. Il sentait 25 entre ses jambes le glissement rapide des rats. Un d'eux fut effaré au point de le mordre.

Il pouvait être trois heures de l'après-midi quand il arriva à l'égout de ceinture.[1] Il fut d'abord étonné de cet élargissement subit. Il se trouva brusquement dans une 30 galerie dont ses mains étendues n'atteignaient point les deux murs et sous une voûte que sa tête ne touchait pas.

Le Grand Égout, en effet, a huit pieds de large sur sept de haut.

Il fit halte. Il était très las. Un soupirail assez large donnait une lumière presque vive. Jean Valjean, avec la douceur de mouvements qu'aurait un frère pour son frère blessé, déposa Marius sur la banquette de l'égout. La face sanglante de Marius apparut sous la lueur blanche du soupirail comme au fond d'une tombe. Il avait les yeux fermés, les cheveux appliqués aux tempes comme des pinceaux séchés dans de la couleur rouge, les mains pendantes et mortes, les membres froids, du sang coagulé au coin des lèvres. Jean Valjean, écartant du bout des doigts les vêtements, lui posa la main sur la poitrine; le cœur battait encore. Jean Valjean déchira sa chemise, banda les plaies le mieux qu'il put et arrêta le sang qui coulait; puis, se penchant dans ce demi-jour sur Marius toujours sans connaissance et presque sans souffle, il le regarda avec une inexprimable haine.

En dérangeant les vêtements de Marius, il avait trouvé dans les poches deux choses, le pain qui y était oublié depuis la veille, et le portefeuille de Marius. Il mangea le pain et ouvrit le portefeuille. Sur la première page, il trouva les quatre lignes écrites par Marius.

On s'en souvient:

«Je m'appelle Marius Pontmercy. Porter mon cadavre chez mon grand-père M. Gillenormand, rue des Filles-du-Calvaire, N°. 6, au Marais.»

Jean Valjean lut, à la clarté du soupirail, ces quatre lignes, et resta un moment comme absorbé en lui-même, répétant à demi-voix: rue des Filles-du-Calvaire, numéro six, monsieur Gillenormand. Il replaça le portefeuille dans la poche de Marius. Il avait mangé, la force lui était revenue; il reprit Marius sur son dos, lui appuya soigneusement la tête sur son épaule droite, et se remit à descendre l'égout.

Il avança tâtonnant dans l'ombre. Là où il y a moins de maisons et moins de rues, l'égout a moins de soupiraux. 5 Bientôt il sentit qu'il entrait dans l'eau, et qu'il avait sous ses pieds, non plus du pavé, mais de la vase.

Jean Valjean se trouvait en présence d'un fontis.[1] Ce fontis avait pour cause l'averse de la veille. Un fléchissement du pavé mal soutenu par le sable sousjacent avait 10 produit un engorgement d'eau pluviale. L'infiltration s'étant faite, l'effondrement avait suivi. Le radier, disloqué, s'était affaissé dans la vase. Sur quelle longueur? Impossible de le dire. L'obscurité était là plus épaisse que partout ailleurs. C'était un trou de boue dans une 15 caverne de nuit.

Jean Valjean sentit le pavé se dérober sous lui. Il entra dans cette fange. C'était de l'eau à la surface, de la vase au fond. Il fallait bien passer. Revenir sur ses pas était impossible. Marius était expirant, et Jean Valjean 20 exténué. Où aller d'ailleurs? Jean Valjean avança. Du reste la fondrière parut peu profonde aux premiers pas. Mais à mesure qu'il avançait, ses pieds plongeaient. Il eut bientôt de la vase jusqu'à mi-jambes et de l'eau plus haut que les genoux. Il marchait, exhaussant de ses deux 25 bras Marius le plus qu'il pouvait au-dessus de l'eau. La vase lui venait maintenant aux jarrets et l'eau à la ceinture. Il ne pouvait déjà plus reculer. Il enfonçait de plus en plus. Cette vase, assez dense pour le poids d'un homme, ne pouvait évidemment en porter deux. Marius et Jean 30 Valjean eussent eu chance de s'en tirer isolément. Jean Valjean continua d'avancer, soutenant ce mourant qui était un cadavre peut-être.

L'eau lui venait aux aisselles; il se sentait sombrer;
c'est à peine s'il pouvait se mouvoir dans la profondeur
de la bourbe où il était.   La densité, qui était le soutien,
était aussi l'obstacle.   Il soulevait toujours Marius, et,
5 avec une dépense de force inouïe, il avançait; mais il
enfonçait.   Il n'avait plus que la tête hors de l'eau, et ses
deux bras élevant Marius.   Il fit un effort désespéré et
lança son pied en avant; son pied heurta on ne sait quoi
de solide; un point d'appui.   Il était temps.

10    Il se dressa et se tordit et s'enracina avec une sorte de
furie sur ce point d'appui.   Cela lui fit l'effet de la première marche d'un escalier remontant à la vie.

Ce point d'appui, rencontré dans la vase au moment
suprême, était le commencement de l'autre versant du
15 radier, qui avait plié sans se briser et s'était courbé sous
l'eau comme une planche et d'un seul morceau.   Ce fragment du radier submergé en partie, mais solide, était une
véritable rampe, on était sauvé.   Jean Valjean remonta ce
plan incliné et arriva de l'autre côté de la fondrière.   En
20 sortant de l'eau, il se heurta à une pierre et tomba sur les
genoux.   Il trouva que c'était juste, et y resta quelque
temps, l'âme abîmée dans on ne sait quelle parole à Dieu.
Il se redressa frissonnant, glacé, infect, courbé sous ce
mourant qu'il traînait, tout ruisselant de fange, l'âme pleine
25 d'une étrange clarté.

Il se remit en route encore une fois.   Sa lassitude était
maintenant telle, que tous les trois ou quatre pas, il était
obligé de reprendre haleine, et s'appuyait au mur.   Une
fois il dut s'asseoir sur la banquette pour changer la posi-
30 tion de Marius, et il crut qu'il demeurerait là.   Mais si sa
vigueur était morte, son énergie ne l'était point.   Il se
releva.

Il marcha désespérément, presque vite, fit ainsi une centaine de pas, sans dresser la tête, presque sans respirer, et tout à coup se cogna au mur. Il était parvenu à un coude de l'égout, et, en arrivant tête basse au tournant, il avait rencontré la muraille. Il leva les yeux, et à 5 l'extrémité du souterrain, là-bas devant lui, loin, très loin, il aperçut une lumière. Cette fois, ce n'était pas la lumière terrible; c'était la lumière bonne et blanche. C'était le jour. Il voyait l'issue.

Jean Valjean ne sentit plus la fatigue, il ne sentit plus 10 le poids de Marius, il retrouva ses jarrets d'acier, il courut plus qu'il ne marcha. A mesure qu'il s'approchait, l'issue se dessinait de plus en plus distinctement. Arrivé à l'issue, il s'arrêta.

C'était bien la sortie, mais on ne pouvait sortir. 15

L'arche était fermée d'une forte grille, et la grille, qui, selon toute apparence, tournait rarement sur ses gonds oxydés, était assujettie à son chambranle de pierre par une serrure épaisse qui, rouge de rouille, semblait une énorme brique. On voyait le trou de la clef, et le pêne 20 robuste profondément plongé dans la gâche de fer.

Au delà de la grille, le grand air, la rivière, le jour, la berge très étroite, mais suffisante pour s'en aller. Les quais lointains, Paris, ce gouffre où l'on se dérobe si aisément, le large horizon, la liberté. On distinguait à droite, 25 en aval, le pont d'Iéna, et à gauche, en amont, le pont des Invalides; l'endroit eût été propice pour attendre la nuit et s'évader. C'était un des points les plus solitaires de Paris.[1] Il pouvait être huit heures et demie du soir. Le jour baissait. 30

Jean Valjean déposa Marius le long du mur sur la partie sèche du radier, puis marcha à la grille et crispa ses

deux poings sur les barreaux ; la secousse fut frénétique, l'ébranlement nul. La grille ne bougea pas. Jean Valjean saisit les barreaux l'un après l'autre, espérant pouvoir arracher le moins solide et s'en faire un levier pour soule-
5 ver la porte ou pour briser la serrure. Aucun barreau ne remua. Les dents d'un tigre ne sont pas plus solides dans leurs alvéoles. Pas de levier ; pas de pesée[1] possible. L'obstacle était invincible. Aucun moyen d'ouvrir la porte. On n'avait réussi qu'à s'évader dans une
10 prison. C'était fini. Tout ce qu'avait fait Jean Valjean était inutile. L'épuisement aboutissait à l'avortement.

Il tourna le dos à la grille, et tomba sur le pavé, plutôt terrassé qu'assis, près de Marius toujours sans mouvement, et sa tête s'affaissa entre ses genoux. Pas d'issue.
15 C'était la dernière goutte de l'angoisse.

À qui songeait-il dans ce profond accablement ? Ni à lui-même, ni à Marius, il pensait à Cosette.


## IV

Au milieu de cet anéantissement, une main se posa sur son épaule, et une voix qui parlait bas lui dit :
20 — Part à deux.[2]

Quelqu'un dans cette ombre ? Rien ne ressemble au rêve comme le désespoir, Jean Valjean crut rêver. Il n'avait point entendu de pas. Était-ce possible ? Il leva les yeux.
25 Un homme était devant lui.

Cet homme était vêtu d'une blouse ; il avait les pieds nus ; il tenait ses souliers dans sa main gauche ; il les avait évidemment ôtés pour pouvoir arriver jusqu'à Jean Valjean, sans qu'on l'entendît marcher.

Jean Valjean n'eut pas un moment d'hésitation. Si imprévue que fût la rencontre, cet homme lui était connu. Cet homme était Thénardier.

Quoique réveillé, pour ainsi dire, en sursaut, Jean Valjean, habitué aux alertes et aguerri aux coups inattendus qu'il faut parer vite, reprit possession sur le champ de toute sa présence d'esprit.

Il y eut un instant d'attente.

Thénardier, élevant sa main droite à la hauteur de son front, s'en fit un abat-jour, puis il rapprocha les sourcils en clignant les yeux, ce qui, avec un léger pincement de la bouche, caractérise l'attention sagace d'un homme qui cherche à en reconnaître un autre. Il n'y réussit point. Jean Valjean, on vient de le dire, tournait le dos au jour, et était d'ailleurs si défiguré, si fangeux et si sanglant qu'en plein midi il eût été méconnaissable. Au contraire, éclairé de face par la lumière de la grille, clarté de cave, il est vrai, livide, mais précise dans sa lividité, Thénardier, comme dit l'énergique métaphore banale, sauta tout de suite aux yeux de Jean Valjean.

Jean Valjean s'aperçut tout de suite que Thénardier ne le reconnaissait pas. Ils se considérèrent un moment dans cette pénombre, comme s'ils se prenaient mesure. Thénardier rompit le premier le silence.

— Comment vas tu faire pour sortir ?

Jean Valjean ne répondit pas. Thénardier continua :

— Impossible de crocheter la porte. Il faut pourtant que tu t'en ailles d'ici.

— C'est vrai, dit Jean Valjean.

— Eh bien, part à deux.

— Que veux-tu dire ?

— Tu as tué l'homme ; c'est bien. Moi j'ai la clef.

Thénardier montrait du doigt Marius.   Il poursuivit :

— Je ne te connais pas, mais je veux t'aider.   Tu dois être un ami.

Jean Valjean commença à comprendre.   Thénardier le prenait pour un assassin.   Thénardier reprit :

— Écoute, camarade.   Tu n'as pas tué cet homme sans regarder ce qu'il avait dans ses poches.   Donne-moi ma moitié.   Je t'ouvre la porte.

Et il tira à demi une grosse clef de dessous sa blouse.

Jean Valjean «demeura stupide» au point de douter que ce qu'il voyait fût réel.   C'était la providence apparaissant horrible, et le bon ange sortant de terre sous la forme de Thénardier.

Thénardier fourra son poing dans une large poche cachée sous sa blouse, en tira une corde et la tendit à Jean Valjean.

— Tiens, dit-il, je te donne la corde par-dessus le marché.

— Pourquoi faire, une corde ?

— Il te faut aussi une pierre, mais tu en trouveras dehors.   Il y a là un tas de gravats.

— Pourquoi faire, une pierre ?

— Imbécile, puisque tu vas jeter le pantre¹ à la rivière, il te faut une pierre et une corde, sans quoi ça flotterait sur l'eau.

Jean Valjean prit la corde.   Il n'est personne qui n'ait de ces acceptations machinales.   Thénardier fit claquer ses doigts comme à l'arrivée d'une idée subite.

— Ah çà, camarade, comment as-tu fait pour te tirer là-bas de la fondrière ?   Je n'ai pas osé m'y risquer.

Plus Thénardier était loquace, plus Jean Valjean était muet.

Thénardier lui secoua de nouveau l'épaule.

— Maintenant, concluons l'affaire. Partageons. Tu as vu ma clef, montre-moi ton argent.

Thénardier était hagard, fauve, louche, un peu menaçant pourtant amical.

Il y avait une chose étrange ; les allures de Thénardier n'étaient pas simples ; il n'avait pas l'air tout à fait à son aise ; tout en n'affectant pas d'air mystérieux, il parlait bas ; de temps en temps il mettait son doigt sur sa bouche et murmurait : chut ! Il était difficile de deviner pourquoi. Il n'y avait là personne qu'eux deux. Jean Valjean pensa que d'autres bandits étaient peut-être cachés dans quelque recoin, pas très loin, et que Thénardier ne se souciait pas de partager avec eux.

Thénardier reprit :

— Finissons. Combien le pantre avait-il dans ses profondes ¹ ?

Jean Valjean se fouilla.

C'était, on s'en souvient, son habitude d'avoir toujours de l'argent sur lui. La sombre vie d'expédient à laquelle il était condamné lui en faisait une loi. Cette fois pourtant il était pris au dépourvu. En mettant, la veille au soir, son uniforme de garde national, il avait oublié, lugubrement absorbé qu'il était, d'emporter son portefeuille. Il n'avait que quelque monnaie dans le gousset de son gilet. Il retourna sa poche, toute trempée de fange, et étala sur la banquette du radier un louis d'or, deux pièces de cinq francs et cinq ou six gros sous.

Thénardier avança la lèvre inférieure avec une torsion de cou significative.

— Tu l'as tué pour pas cher, dit-il.

Il se mit à palper, en toute familiarité, les poches de

Jean Valjean et les poches de Marius. Jean Valjean, préoccupé surtout de tourner le dos au jour, le laissait faire.
Tout en maniant l'habit de Marius, Thénardier, avec une
dextérité d'escamoteur, trouva moyen d'en arracher, sans
5 que Jean Valjean s'en aperçût, un lambeau qu'il cacha
sous sa blouse, pensant probablement que ce morceau d'é-
toffe pourrait lui servir plus tard à reconnaître l'homme
assassiné et l'assassin. Il ne trouva du reste rien de plus
que les trente francs.

10 — C'est vrai, dit-il, l'un portant l'autre, vous n'avez pas
plus que ça.

Et, oubliant son mot : *part à deux*, il prit tout. Cela
fait, il tira de nouveau la clef de dessous sa blouse.

— Maintenant, l'ami, il faut que tu sortes. C'est ici
15 comme à la foire, on paye en sortant. Tu as payé, sors.

Thénardier aida Jean Valjean à replacer Marius sur
ses épaules, puis il se dirigea vers la grille sur la pointe
de ses pieds nus, faisant signe à Jean Valjean de le
suivre, il regarda au dehors, posa le doigt sur sa bouche,
20 et demeura quelques secondes comme en suspens ; l'inspection faite, il mit la clef dans la serrure. Le pêne glissa
et la porte tourna.

Thénardier entre-bâilla la porte, livra tout juste passage
à Jean Valjean, referma la grille, tourna deux fois la clef
25 dans la serrure et replongea dans l'obscurité, sans faire
plus de bruit qu'un souffle. Il semblait marcher avec les
pattes de velours du tigre.

Jean Valjean se trouva dehors.

Il laissa glisser Marius sur la berge.

30 Les miasmes, l'obscurité, l'horreur, étaient derrière lui.
L'air salubre, pur, vivant, joyeux, librement respirable,
l'inondait. Partout autour de lui le silence, mais le silence

charmant du soleil couché en plein azur. Le crépuscule s'était fait ; la nuit venait, la grande libératrice, l'amie de tous ceux qui ont besoin d'un manteau d'ombre pour sortir d'une angoisse. C'était l'heure indécise et exquise qui ne dit ni oui ni non. Il y avait déjà assez de nuit pour qu'on pût s'y perdre à quelque distance, et encore assez de jour pour qu'on pût s'y reconnaître de près.

Jean Valjean fut pendant quelques secondes irrésistiblement vaincu par toute cette sérénité auguste et caressante. Puis, vivement, comme si le sentiment d'un devoir lui revenait, il se courba vers Marius, et, puisant de l'eau dans le creux de sa main, il lui en jeta doucement quelques gouttes sur le visage. Les paupières de Marius ne se soulevèrent pas ; cependant sa bouche entr'ouverte respirait. Jean Valjean allait plonger de nouveau sa main dans la rivière, quand tout à coup il sentit je ne sais quelle gêne, comme lorsqu'on a, sans le voir, quelqu'un derrière soi.

Il se retourna. Comme tout à l'heure, quelqu'un en effet était derrière lui. Un homme de haute stature, enveloppé d'une longue redingote, les bras croisés, et portant dans son poing droit un casse-tête dont on voyait la pomme de plomb, se tenait debout à quelques pas en arrière de Jean Valjean accroupi sur Marius. C'était, l'ombre aidant, une sorte d'apparition. Un homme simple en eût eu peur à cause du crépuscule, et un homme réfléchi à cause du casse-tête.

Jean Valjean reconnut Javert qui traquait Thénardier. Javert, après sa sortie inespérée de la barricade, était allé à la préfecture de police, avait rendu verbalement compte au préfet en personne, dans une courte audience, puis avait repris immédiatement son service, qui impliquait une

certaine surveillance de la berge de la rive droite aux
Champs-Élysées,[1] laquelle depuis un certain temps éveillait
l'attention de la police. Là, il avait aperçu Thénardier et
l'avait suivi. On sait le reste.

5 Jean Valjean était passé d'un écueil à l'autre.

Ces deux rencontres coup sur coup, tomber de Thénardier en Javert, c'était rude. Javert ne reconnut pas Jean
Valjean qui, nous l'avons dit, ne se ressemblait plus à lui-
même. Il ne décroisa pas les bras, assura son casse-tête
10 dans son poing par un mouvement imperceptible, et dit
d'une voix brève et calme :

— Qui êtes-vous ?

— Moi.

— Qui, vous ?

15 — Jean Valjean.

Javert mit le casse-tête entre ses dents, ploya les jarrets,
inclina le torse, posa ses deux mains puissantes sur les
épaules de Jean Valjean, l'examina, et le reconnut.

Jean Valjean demeura inerte sous l'étreinte de Javert
20 comme un lion qui consentirait à la griffe d'un lynx.

— Inspecteur Javert, dit-il, vous me tenez. D'ailleurs,
depuis ce matin je me considère comme votre prisonnier.
Je ne vous ai point donné mon adresse pour chercher à
vous échapper. Prenez-moi. Seulement, accordez-moi
25 une chose.

Javert semblait ne pas entendre. Il appuyait sur Jean
Valjean sa prunelle fixe. Enfin, il lâcha Jean Valjean, se
dressa tout d'une pièce, reprit à plein poignet[2] le casse-tête,
et, comme dans un songe, murmura plutôt qu'il ne pro-
30 nonça cette question :

— Que faites-vous là ? et qu'est-ce que c'est que cet
homme ?

Jean Valjean répondit, et le son de sa voix parut réveiller Javert:

— C'est de lui précisément que je voulais vous parler. Disposez de moi comme il vous plaira; mais aidez-moi d'abord à le rapporter chez lui. Je ne vous demande que 5 cela.

La face de Javert se contracta comme cela lui arrivait toutes les fois qu'on semblait le croire capable d'une concession. Cependant il ne dit pas non.

Il saisit la main de Marius, cherchant le pouls. 10

— C'est un blessé, dit Jean Valjean.

— C'est un mort, dit Javert.

Jean Valjean répondit:

— Non. Pas encore.

— Vous l'avez donc apporté de la barricade ici? observa 15 Javert.

Il fallait que sa préoccupation fût profonde pour qu'il n'insistât point sur cet inquiétant sauvetage par l'égout et pour qu'il ne remarquât même pas le silence de Jean Valjean après sa question. Jean Valjean, de son côté, sem- 20 blait avoir une pensée unique. Il reprit:

— Il demeure au Marais, rue des Filles-du-Calvaire, chez son aïeul . . . — Je ne sais plus le nom.

Jean Valjean fouilla dans l'habit de Marius, et tira le portefeuille, l'ouvrit à la page crayonnée par Marius, et le 25 tendit à Javert. Il y avait encore dans l'air assez de clarté flottante pour qu'on pût lire. Javert déchiffra les quelques lignes écrites par Marius, et grommela: — Gillenormand, rue des Filles-du-Calvaire numéro 6.

Puis il cria: — Cocher! 30

Un fiacre attendait, en cas.[1]

Javert garda le portefeuille de Marius.

Un moment après, la voiture, descendue par la rampe de l'abreuvoir,¹ était sur la berge. Marius était déposé sur la banquette du fond, et Javert s'asseyait près de Jean Valjean sur la banquette de devant.

5 La portière refermée, le fiacre s'éloigna rapidement. Il était nuit close quand il arriva au numéro 6 de la rue des Filles-du-Calvaire. Tout dormait dans la maison. On se couche de bonne heure au Marais, surtout les jours d'émeute. Ce bon vieux quartier effarouché par la révo-
10 lution, se réfugie dans le sommeil, comme les enfants, lorsqu'ils entendent venir Croquemitaine, cachent bien vite leur tête sous leur couverture.

Cependant Jean Valjean et le cocher tiraient Marius du fiacre, Jean Valjean le soutenant sous les aisselles et le
15 cocher sous les jarrets.

Javert interpella le portier du ton qui convient au gouvernement, en présence du portier d'un factieux.

— Quelqu'un qui s'appelle Gillenormand?

— C'est ici. Que lui voulez-vous?

20 — On lui rapporte son fils.

— Son fils? dit le portier avec hébétement.²

— Il est mort.

Jean Valjean, qui venait déguenillé et souillé, derrière Javert, et que le portier regardait avec quelque horreur,
25 lui fit signe de la tête que non. Le portier ne parut comprendre ni le mot de Javert, ni le signe de Jean Valjean. Il se borna à réveiller Basque. Basque réveilla Nicolette; Nicolette réveilla la tante Gillenormand.

Quant au grand-père, on le laissa dormir, pensant qu'il
30 saurait toujours la chose assez tôt.

On monta Marius au premier étage, sans que personne, du reste, s'en aperçût dans les autres parties de la maison,

et on le déposa sur un vieux canapé dans l'antichambre de
M. Gillenormand ; et, tandis que Basque allait chercher
un médecin et que Nicolette ouvrait les armoires au linge,
Jean Valjean sentit Javert qui lui touchait l'épaule.  Il
comprit, et redescendit, ayant derrière lui le pas de Javert 5
qui le suivait.

Le portier les regarda partir comme il les avait regardés
arriver, avec une somnolence épouvantée.  Ils remontèrent
dans le fiacre, et le cocher sur son siège.

— Inspecteur Javert, dit Jean Valjean, accordez-moi en- 10
core une chose.

— Laquelle ? demanda rudement Javert.

— Laissez-moi rentrer un instant chez moi.  Ensuite
vous ferez de moi ce que vous voudrez.

Javert demeura quelques instants silencieux, le menton 15
rentré dans le collet de sa redingote, puis il baissa la vitre
de devant.

— Cocher, dit-il, rue de l'Homme-Armé, numéro 7.

Que voulait Jean Valjean ?  Achever ce qu'il avait commencé ; avertir Cosette, lui dire où était Marius, lui donner 20
peut-être quelque autre indication utile, prendre, s'il le
pouvait, de certaines dispositions suprêmes.  Quant à lui,
quant à ce qui le concernait personnellement, c'était fini ;
il était saisi par Javert et n'y résistait pas.

A l'entrée de la rue de l'Homme-Armé, le fiacre s'arrêta, 25
cette rue étant trop étroite pour que les voitures puissent
y pénétrer.  Javert et Jean Valjean descendirent.  Ils
s'engagèrent dans la rue.  Elle était comme d'habitude
déserte.  Javert suivait Jean Valjean.  Ils arrivèrent au
numéro 7.  Jean Valjean frappa.  La porte s'ouvrit.  30

— C'est bien, dit Javert.  Montez.

Il ajouta avec une expression étrange et comme s'il faisait effort en parlant de la sorte :

—Je vous attends ici.

Jean Valjean regarda Javert. Cette façon de faire était peu dans les habitudes de Javert. Cependant que Javert eût maintenant en lui une sorte de confiance hautaine, la confiance du chat qui accorde à la souris une liberté de la longueur de sa griffe, résolu qu'était Jean Valjean à se livrer et à en finir, cela ne pouvait le surprendre beaucoup. Il poussa la porte, entra dans la maison, cria au portier qui était couché : C'est moi ! et monta l'escalier.

Parvenu au premier étage, il fit une pause. Toutes les voies douloureuses ont des stations. La fenêtre du palier était ouverte. Comme dans beaucoup d'anciennes maisons, l'escalier prenait jour [1] et avait vue sur la rue. Jean Valjean, soit pour respirer, soit machinalement, mit la tête à cette fenêtre. Il se pencha sur la rue. Elle est courte et le réverbère l'éclairait d'un bout à l'autre. Jean Valjean eut un éblouissement de stupeur ; il n'y avait plus personne. Javert s'en était allé.

Basque et le portier avaient transporté dans le salon Marius toujours étendu sans mouvement sur le canapé où on l'avait déposé en arrivant. Le médecin, qu'on avait été chercher, était accouru. La tante Gillenormand s'était levée. Sur l'ordre du médecin, un lit de sangle avait été dressé près du canapé. Le médecin examina Marius, et, après avoir constaté que le pouls persistait, que le blessé n'avait à la poitrine aucune plaie pénétrante, il le fit poser à plat sur un lit, sans oreiller, la tête sur le même plan que le corps, et même un peu plus basse, le buste nu, afin de faciliter la respiration.

Le torse n'était atteint d'aucune lésion intérieure ; une balle, amortie par le portefeuille, avait dévié et fait le tour des côtes avec une déchirure hideuse, mais sans profondeur, et par conséquent sans danger. La longue marche souterraine avait achevé la dislocation de la clavicule cassée, et il y avait là de sérieux désordres.

Basque et Nicolette déchiraient des linges et préparaient des bandes ; Nicolette les cousait, Basque les roulait. La charpie manquant, le médecin avait provisoirement arrêté le sang des plaies avec des galettes d'ouate. A côté du lit, trois bougies brûlaient sur une table où la trousse de chirurgie était étalée. Le médecin lava le visage et les cheveux de Marius avec de l'eau froide. Un seau plein fut rouge en un instant. Le portier, sa chandelle à la main, éclairait.

Au moment où le médecin essuyait la face et touchait légèrement du doigt les paupières toujours fermées, une porte s'ouvrit au fond du salon, et une longue figure pâle apparut. C'était le grand-père. L'émeute, depuis deux jours, l'avait fort agité, indigné et préoccupé. Il n'avait pu dormir la nuit précédente, et il avait eu la fièvre toute la journée. Le soir, il s'était couché de très bonne heure, recommandant qu'on verrouillât tout dans la maison, et, de fatigue, il s'était assoupi.

Les vieillards ont le sommeil fragile ; la chambre de M. Gillenormand était contiguë au salon, et, quelques précautions qu'on eût prises, le bruit l'avait réveillé. Surpris de la fente de lumière qu'il voyait à sa porte, il était sorti de son lit et était venu à tâtons. Il aperçut le lit, et sur le matelas ce jeune homme sanglant, blanc d'une blancheur de cire, les yeux fermés, la bouche ouverte, les lèvres blêmes, nu jusqu'à la ceinture, taillade partout de plaies vermeilles, immobile, vivement éclairé.

L'aïeul eut de la tête aux pieds tout le frisson que peuvent avoir des membres ossifiés, ses yeux, dont la cornée était jaune à cause du grand âge, se voilèrent d'une sorte de miroitement vitreux, toute sa face prit en un instant les angles terreux d'une tête de squelette, ses bras tombèrent pendants comme si un ressort s'y fût brisé, et sa stupeur se traduisit par l'écartement des doigts de ses deux vieilles mains toutes tremblantes et il murmura :

— Marius.

— Monsieur, dit Basque, on vient de rapporter monsieur. Il est allé à la barricade, et . . .

— Il est mort ! cria le vieillard d'une voix terrible. Ah ! le brigand.

Alors une sorte de transfiguration sépulcrale redressa ce centenaire droit comme un jeune homme.

— Monsieur, dit-il, c'est vous le médecin. Commencez par me dire une chose. Il est mort, n'est-ce pas ?

Le médecin, au comble de l'anxiété, garda le silence. M. Gillenormand alla à la fenêtre, l'ouvrit toute grande comme s'il étouffait, et, debout devant l'ombre, il se mit à parler dans la rue à la nuit :

— Percé, sabré, égorgé, exterminé, déchiqueté, coupé en morceaux ! voyez-vous ça, le gueux ! Il savait bien que je l'attendais, et que je lui avais fait arranger sa chambre, et que j'avais mis au chevet de mon lit son portrait du temps qu'il était petit enfant ! Il savait bien qu'il n'avait qu'à revenir, et que depuis des ans je le rappelais et que je restais le soir au coin de mon feu les mains sur mes genoux ne sachant que faire, et que j'en étais imbécile ! Tu savais bien cela, que tu n'avais qu'à rentrer et qu'à dire : c'est moi, et que tu serais le maître de la maison, et que je t'obéirais, et que tu ferais tout ce que tu voudrais de ta vieille ganache de grand-père ! Tu le savais bien, et tu as dit : non, c'est un royaliste, je n'irai pas ! Et tu es allé aux barricades, et tu t'es fait tuer par méchanceté !

Il s'approcha de Marius toujours livide et sans mouvement, et auquel le médecin était revenu, et il recommença à se tordre les bras. Les lèvres blanches du vieillard remuaient comme machinalement, et laissaient passer, comme des souffles dans un râle, des mots presque in- 5 distincts qu'on entendait à peine :

— Ah! sans cœur! Ah! clubiste[1]! Ah! scélérat! Ah! septembriseur[2]! Oui, ce temps-ci est infâme, infâme, infâme, et voilà ce que je pense de vous, de vos idées, de vos systèmes, de vos maîtres, de vos oracles, de vos docteurs, 10 de vos garnements d'écrivains, de vos gueux de philosophes et de toutes les révolutions qui effarouchent depuis soixante ans les nuées de corbeaux des Tuileries! Et puisque tu as été sans pitié en te faisant tuer comme cela, je n'aurais même pas de chagrin de ta mort, entends-tu, assassin! 15

En ce moment Marius ouvrit lentement les paupières, et son regard, encore voilé par l'étonnement léthargique, s'arrêta sur M. Gillenormand.

— Marius! cria le vieillard. Marius! mon petit Marius! mon enfant! mon fils bien-aimé! Tu ouvres les yeux, tu 20 me regardes, tu es vivant, merci!

Et il tomba évanoui.


## V

Javert s'était éloigné à pas lents de la rue de l'Homme-Armé. Il marchait la tête baissée, pour la première fois de sa vie, et pour la première fois de sa vie également, les 25 mains derrière le dos. Il coupa par le plus court vers la Seine et s'arrêta à l'angle du pont Notre-Dame.[3] Là il appuya ses deux coudes sur le parapet, son menton dans les deux mains, et, pendant que ses ongles se cris-

paient machinalement dans l'épaisseur de ses favoris, il
songea.   Il voyait devant lui deux routes également droites
toutes deux, mais il en voyait deux; et cela le terrifiait,
lui qui n'avait jamais connu dans sa vie qu'une ligne
5 droite.   Et, angoisse poignante, ces deux routes étaient
contraires.   L'une de ces deux lignes droites excluait
l'autre.   Laquelle des deux était la vraie?

Devoir la vie à un malfaiteur, accepter cette dette et la
rembourser; être, en dépit de soi-même, de plain-pied[1]
10 avec un repris de justice, et lui payer un service avec un
autre service; se laisser dire: Va-t'en, et lui dire à son
tour: Sois libre; sacrifier à des motifs personnels le devoir, cette obligation générale, et sentir dans ces motifs
personnels quelque chose de général aussi, et de supérieur
15 peut-être; trahir la société pour rester fidèle à sa conscience; que toutes ces absurdités se réalisassent et
qu'elles vinssent s'accumuler sur lui-même, c'est ce dont il
était atterré.

Jean Valjean le déconcertait.   Tous les axiomes qui
20 avaient été les points d'appui de toute sa vie s'écroulaient
devant cet homme.   La générosité de Jean Valjean envers
lui Javert l'accablait.   D'autres faits, qu'il se rappelait et
qu'il avait autrefois traités de mensonges et de folies, lui
revenaient maintenant comme des réalités.   M. Madeleine
25 reparaissait derrière Jean Valjean, et les deux figures se
superposaient de façon à n'en plus faire qu'une, qui était
vénérable.   Javert sentait que quelque chose d'horrible
pénétrait dans son âme, l'admiration pour un forçat.   Le
respect d'un galérien, est-ce que c'est possible?   Il en fré-
30 missait, et ne pouvait s'y soustraire.   Il avait beau se débattre, il était réduit à confesser dans son for intérieur la
sublimité de ce misérable.   Cela était odieux.

État violent, s'il en fut. Il n'y avait que deux manières d'en sortir. L'une, d'aller résolûment à Jean Valjean, et de rendre au cachot l'homme du bagne. L'autre . . .

L'endroit où Javert s'était accoudé était précisément situé au-dessus du rapide de la Seine à pic sur cette re- 5 doutable spirale de tourbillons qui se dénoue et se renoue comme une vis sans fin.

Javert pencha la tête et regarda. Tout était noir. On ne distinguait rien. On entendait un bruit d'écume ; mais on ne voyait pas la rivière. Ce qu'on avait au-dessous de 10 soi, ce n'était pas de l'eau, c'était du gouffre. Le mur du quai, abrupt, confus, mêlé à la vapeur, tout de suite dérobé, faisait l'effet d'un escarpement de l'infini. On ne voyait rien, mais on sentait la froideur hostile de l'eau et l'odeur fade des pierres mouillées. Un souffle farouche 15 montait de cet abîme.

Javert demeura quelques minutes immobile, regardant cette ouverture de ténèbres ; il considérait l'invisible avec une fixité qui ressemblait à de l'attention. L'eau bruissait. Tout à coup, il ôta son chapeau et le posa sur le re- 20 bord du quai. Un moment après, une figure haute et noire, que de loin quelque passant attardé eût pu prendre pour un fantôme, apparut debout sur le parapet, se courba vers la Seine, puis se redressa et tomba droite dans les ténèbres ; il y eut un clapotement sourd ; et l'ombre seule 25 fut dans le secret des convulsions de cette forme obscure disparue sous l'eau.

[Pendant quatre mois on ne sait si Marius va vivre ou mourir. Enfin sa bonne constitution triomphe. Pendant sa convalescence il se réconcilie avec son grand-père qui consent à son mariage avec 30 Cosette et la fait venir.]

Cosette et Marius se revirent. Ce que fut l'entrevue,

nous renonçons à le dire.   Il y a des choses qu'il ne faut pas essayer de peindre ; le soleil est du nombre.

Toute la famille, y compris Basque et Nicolette, était réunie dans la chambre de Marius au moment où Cosette 5 entra.   Elle apparut sur le seuil; il semblait qu'elle était dans un nimbe.

Avec Cosette et derrière elle était entré un homme en cheveux blancs, grave, souriant néanmoins, mais d'un vague et poignant sourire.   C'était «monsieur Fauchele-10 vent» ; c'était Jean Valjean.

M. Fauchelevent, dans la chambre de Marius, restait comme à l'écart près de la porte.   Il avait sous le bras un paquet assez semblable à un volume in-octavo, enveloppé dans du papier.   Le papier de l'enveloppe était verdâtre 15 et semblait moisi.

— Est-ce que ce monsieur a toujours comme cela des livres sous le bras? demanda à voix basse à Nicolette mademoiselle Gillenormand qui n'aimait point les livres.

— Eh bien, répondit du même ton M. Gillenormand 20 qui l'avait entendue, c'est un savant.

Et, saluant, il dit à haute voix :

— Monsieur Tranchelevent . . .

Le père Gillenormand ne le fit pas exprès, mais l'inattention aux noms propres était chez lui une manière aris-25 tocratique.

— Monsieur Tranchelevent, j'ai l'honneur de vous demander pour mon petit-fils, monsieur le baron Marius Pontmercy, la main de mademoiselle.

«Monsieur Tranchelevent» s'inclina.

30 — C'est dit, fit l'aïeul.

Et, se tournant vers Marius et Cosette, les deux bras étendus et bénissant, il cria :

— Permission de vous adorer.

Ils ne se le firent pas dire deux fois. Tant pis! le gazouillement commença. Ils se parlaient bas, Marius accoudé sur sa chaise longue, Cosette debout près de lui.

— O mon Dieu! murmurait Cosette, je vous revois! C'est toi! c'est vous! Être allé se battre comme cela! Mais pourquoi? C'est horrible. Pendant quatre mois j'ai été morte. Oh! que c'est méchant d'avoir été à cette bataille! Qu'est-ce que je vous avais fait? Je vous pardonne, mais vous ne le ferez plus.

— Ange! disait Marius.

*Ange* est le seul mot de la langue qui ne puisse s'user. Aucun autre mot ne résisterait à l'emploi impitoyable qu'en font les amoureux. Puis, comme il y avait des assistants, ils s'interrompirent et ne dirent plus un mot, se bornant à se toucher tout doucement la main.

La tante Gillenormand assistait avec stupeur à cette irruption de lumière dans son intérieur vieillot. Cette stupeur n'avait rien d'agressif; ce n'était pas le moins du monde le regard scandalisé et envieux d'une chouette à deux ramiers; c'était l'œil bête d'une pauvre innocente de cinquante-sept ans; c'était la vie manquée regardant ce triomphe, l'amour.

— Mademoiselle Gillenormand aînée, lui disait son père, je t'avais bien dit que cela t'arriverait.

Il resta un moment silencieux et ajouta:

— Regarde le bonheur des autres.

Il s'assit près d'eux, fit asseoir Cosette, et prit leurs quatre mains dans ses vieilles mains ridées:

— Elle est exquise, cette mignonne. C'est un chef-d'œuvre, cette Cosette-là! Elle est très petite fille et très grande dame. Elle ne sera que baronne, c'est déroger;

elle est née marquise. Vous a-t-elle des cils ? Mes enfants, adorez-vous. Seulement, ajouta-t-il rembruni tout à coup, quel malheur ! Voilà que j'y pense ! Plus de la moitié de ce que j'ai est en viager ; tant que je vivrai, cela ira encore, mais après ma mort, dans une vingtaine d'années d'ici, ah ! mes pauvres enfants, vous n'aurez pas le sou.

Ici on entendit une voix grave et tranquille qui disait :

— Mademoiselle Euphrasie Fauchelevent a six cent mille francs.

C'était la voix de Jean Valjean.

— Qu'est-ce que c'est que mademoiselle Euphrasie en question ? demanda le grand-père effaré.

— C'est moi, répondit Cosette.

— Six cent mille francs ? répondit M. Gillenormand.

— Moins quatorze ou quinze mille francs peut-être, dit Jean Valjean, et il posa sur la table le paquet que la tante Gillenormand avait pris pour un livre.

Jean Valjean ouvrit lui-même le paquet ; c'était une liasse de billets de banque. On les feuilleta et on les compta. Il y avait cinq cents billets de mille francs et cent soixante-huit de cinq cents. En tout cinq cent quatre-vingt-quatre mille francs.

— Voilà un bon livre, dit M. Gillenormand.

— Cinq cent quatre-vingt-quatre mille francs ! murmura la tante. Cinq cent quatre-vingt-quatre ! autant dire six cent mille, quoi !

Quant à Marius et à Cosette, ils se regardaient pendant ce temps-là ; ils firent à peine attention à ce détail.

## VI

On prépara tout pour le mariage. Le médecin, consulté, déclara qu'il pourrait avoir lieu en février. On était en décembre. Quelques ravissantes semaines de bonheur parfait s'écoulèrent.

Le moins heureux n'était pas le grand-père. Il restait 5 des quarts d'heure en contemplation devant Cosette.

Jean Valjean fit tout, aplanit tout, concilia tout, rendit tout facile. Quant aux cinq cent quatre-vingt-quatre mille francs, c'était un legs fait à Cosette par une personne morte qui désirait rester inconnue. Le legs primitif avait 10 été de cinq cent quatre-vingt-quatorze mille francs ; mais dix mille francs avaient été dépensés pour l'éducation de mademoiselle Euphrasie, dont cinq mille francs payés au couvent même. Ce legs, déposé dans les mains d'un tiers,¹ devait être remis à Cosette à sa majorité ou à l'é- 15 poque de son mariage.

Cosette apprit qu'elle n'était pas la fille de ce vieux homme qu'elle avait si longtemps appelé père. Ce n'était qu'un parent ; un autre Fauchelevent était son père véritable. Dans tout autre moment, cela l'eût navrée. Mais 20 à l'heure ineffable où elle était, ce ne fût qu'un peu d'ombre, un rembrunissement, et elle avait tant de joie que ce nuage dura peu. Elle avait Marius. Le jeune homme arrivait, le bonhomme s'effaçait ; la vie est ainsi.

Elle continua pourtant de dire à Jean Valjean : Père. 25

Du reste, Jean Valjean se savait délivré de Javert. On avait raconté devant lui, et il avait vérifié le fait dans le *Moniteur*, qui l'avait publié, qu'un inspecteur de police nommé Javert avait été trouvé noyé sous un bateau de blanchisseuses entre le pont au Change² et le Pont-Neuf, 30 et qu'un écrit laissé par cet homme, d'ailleurs irréprochable et fort estimé de ses chefs, faisait croire à un accès d'aliénation mentale et à un suicide. — Au fait, pensa Jean Valjean, puisque, me tenant, il m'a laissé en liberté, c'est qu'il fallait qu'il fût déjà fou.

L'enchantement, si grand qu'il fût, n'effaça point dans l'esprit de Marius d'autres préoccupations. Pendant que le mariage s'apprêtait et en attendant l'époque fixée, il fit faire de difficiles et scrupuleuses recherches rétrospectives. Il devait de la reconnaissance de plusieurs côtés ; il en devait pour son père, il en devait pour lui-même. Il y avait Thénardier ; il y avait l'inconnu qui l'avait rapporté, lui Marius, chez M. Gillenormand. Marius tenait à retrouver ces deux hommes, n'entendant point se marier, être heureux, et les oublier, et craignant que ces dettes du devoir non-payées ne fissent ombre sur sa vie, si lumineuse désormais.

Aucun des divers agents que Marius employa ne parvint à saisir la piste de Thénardier. L'effacement semblait complet de ce côté-là. La Thénardier était morte en prison pendant l'instruction du procès.[1] Thenardier et sa fille Azelma, les deux seuls qui restassent de ce groupe lamentable, avaient replongé dans l'ombre. Quant à l'autre, quant à l'homme ignoré qui avait sauvé Marius, les recherches eurent d'abord quelque résultat, puis s'arrêtèrent court. On réussit à retrouver le fiacre qui avait rapporté Marius rue des Filles-du-Calvaire dans la soirée du 6 juin.

Le cocher déclara que le 6 juin, d'après l'ordre d'un agent de police, il avait «stationné», depuis trois heures de l'après-midi jusqu'à la nuit, sur le quai des Champs-Élysées, au-dessus de l'issue du Grand Égout ; que, vers neuf heures du soir, la grille de l'égout, qui donne sur la berge de la rivière, s'était ouverte ; qu'un homme en était sorti, portant sur ses épaules un autre homme, qui semblait mort ; que l'agent, lequel était en observation sur ce point, avait arrêté l'homme vivant et saisi l'homme mort ; 5 que, sur l'ordre de l'agent, lui cocher avait reçu «tout ce monde-là» dans son fiacre ; qu'on était allé d'abord rue des Filles-du-Calvaire ; qu'on y avait déposé l'homme mort ; que l'homme mort, c'était monsieur Marius, et que lui, cocher, le reconnaissait bien, quoiqu'il fût vivant «cette 10 fois-ci»; qu'ensuite on était remonté dans sa voiture, qu'il avait fouetté ses chevaux ; que, à quelques pas de la porte des Archives, on lui avait crié de s'arrêter ; que là, dans la rue, on l'avait payé et quitté, et que l'agent avait emmené l'autre homme ; qu'il ne savait rien de plus ; que la 15 nuit était très noire.

Marius, nous l'avons dit, ne se rappelait rien. Il se souvenait seulement d'avoir été saisi en arrière par une main énergique au moment où il tombait à la renverse dans la barricade; puis tout s'effaçait pour lui. 20

Il n'avait repris connaissance que chez M. Gillenormand. Il se perdait en conjectures.

Tout, dans cette étrange énigme, était inexplicable.

Cet homme, ce mystérieux homme, que le cocher avait vu sortir de la grille du Grand Égout portant sur son dos 25 Marius évanoui, et que l'agent de police aux aguets avait arrêté en flagrant délit de sauvetage d'un insurgé, qu'était-il devenu ? qu'était devenu l'agent lui-même ? Pourquoi cet agent avait-il gardé le silence ? L'homme avait-il réussi à s'évader? avait-il corrompu l'agent? Pourquoi cet homme 30 ne donnait-il aucun signe de vie à Marius qui lui devait tout? Le désintéressement n'était pas moins prodigieux que

le dévouement.    Pourquoi cet homme ne reparaissait-il pas? Peut-être était-il au-dessus de la récompense, mais personne n'est au-dessus de la reconnaissance.    Était-il mort? quel homme était-ce? quelle figure avait-il? Per-
5 sonne ne pouvait le dire.

Dans l'espoir d'en tirer parti¹ pour ses recherches, Marius fit conserver les vêtements ensanglantés qu'il avait sur le corps, lorsqu'on l'avait ramené chez son aïeul.    En examinant l'habit, on remarqua qu'un pan était bizarre-
10 ment déchiré.    Un morceau manquait.

Un soir, Marius parlait devant Cosette et Jean Valjean de toute cette singulière aventure, des informations sans nombre qu'il avait prises et de l'inutilité de ses efforts. Le visage froid de «monsieur Fauchelevent» l'impatientait.
15 Il s'écria avec une vivacité qui avait presque la vibration de la colère:

—Oui, cet homme-là, quel qu'il soit, a été sublime. Savez-vous ce qu'il a fait, monsieur?  Il est intervenu comme l'archange.   Il a fallu qu'il se jetât au milieu du
20 combat, qu'il me dérobât, qu'il ouvrît l'égout, qu'il m'y traînât, qu'il m'y portât! Il a fallu qu'il fît plus d'une lieue et demie dans d'affreuses galeries souterraines, courbé, ployé, dans les ténèbres, dans le cloaque, plus d'une lieue et demie, monsieur, avec un cadavre sur le dos! Et dans
25 quel but? Dans l'unique but de sauver ce cadavre.   Et ce cadavre, c'était moi.   Qu'étais-je? Un insurgé.  Qu'é- tais-je? Un vaincu.  Oh! si les six cent mille francs de Cosette étaient à moi . . .

—Ils sont à vous, interrompit Jean Valjean.
30  —Eh bien, reprit Marius, je les donnerais pour re- trouver cet homme!

Jean Valjean garda le silence.

Le mariage se fit donc le 16 février. Il pleuvait ce
jour-là, mais il y a toujours dans le ciel un petit coin
d'azur au service du bonheur, que les amants voient,
même quand le reste de la création serait sous un parapluie. La veille, Jean Valjean avait remis à Marius, en 5
présence de M. Gillenormand, les cinq cent quatre-vingt-
quatre mille francs.

Quelques jours avant le jour fixé pour le mariage, il
était arrivé un accident à Jean Valjean ; il s'était un peu
écrasé le pouce de la main droite. Ce n'était point grave ; 10
et il n'avait pas permis que personne s'en occupât, ni le
pansât, ni même vît son mal, pas même Cosette. Cela
pourtant l'avait forcé de s'emmitoufler la main d'un linge,
et de porter le bras en écharpe, et l'avait empêché de rien
signer. M. Gillenormand l'avait suppléé. 15

Cosette n'avait jamais été plus tendre avec Jean Valjean.
Elle était à l'unisson du père Gillenormand ; pendant
qu'il érigeait la joie en aphorismes et en maximes, elle
exhalait l'amour et la bonté comme un parfum. Le bonheur veut tout le monde heureux. Elle retrouvait, pour 20
parler à Jean Valjean, des inflexions de voix du temps
qu'elle était petite fille. Elle le caressait du sourire.

Un banquet avait été dressé dans la salle à manger.

Jean Valjean s'était assis sur une chaise dans le salon,
derrière la porte, dont le battant se repliait sur lui de façon 25
à le cacher presque. Quelques instants avant qu'on se
mît à table, Cosette vint, comme par coup de tête, lui faire
une grande révérence en étalant de ses deux mains sa
toilette de mariée, et, avec un regard tendrement espiègle,
elle lui demanda : 30

— Père, êtes-vous content ?

— Oui, dit Jean Valjean, je suis content.

— Eh bien, riez alors.

Jean Valjean se mit à rire.

Quelques instants après, Basque annonça que le dîner était servi. Les convives entrèrent dans la salle à manger, 5 et se répandirent, selon l'ordre voulu, autour de la table. Deux grands fauteuils y figuraient, à droite et à gauche de la mariée, le premier pour M. Gillenormand, le second pour Jean Valjean. M. Gillenormand s'assit. L'autre fauteuil resta vide.

10 On chercha des yeux « monsieur Fauchelevent.»

Il n'était plus là. M. Gillenormand interpella Basque.

— Sais-tu où est M. Fauchelevent?

— Monsieur, répondit Basque. Précisément. M. Fauchelevent m'a dit de dire à monsieur qu'il souffrait un peu 15 de sa main malade, et qu'il ne pourrait dîner avec monsieur le baron et madame la baronne. Qu'il priait qu'on l'excusât, qu'il viendrait demain matin. Il vient de sortir.

Ce fauteuil vide refroidit un moment l'effusion du repas de noces. Mais, M. Fauchelevent absent, M. Gillenor-20 mand était là, et le grand-père rayonnait pour deux. Il affirma que M. Fauchelevent faisait bien de se coucher de bonne heure, s'il souffrait, mais que ce n'était qu'un « bobo.» Cette déclaration suffit.

Qu'était devenu Jean Valjean?

25 Immédiatement après avoir ri, sur la gentille injonction de Cosette, personne ne faisant attention à lui, Jean Valjean s'était levé, et, inaperçu, il avait gagné l'antichambre. Basque en habit noir disposait des couronnes de roses autour de chacun des plats qu'on allait servir. Jean Val-30 jean lui avait montré son bras en écharpe, l'avait chargé d'expliquer son absence, et était sorti.

Jean Valjean rentra chez lui. Il alluma sa chandelle

et monta. L'appartement était vide. Toussaint elle-même n'y était plus. Le pas de Jean Valjean faisait dans les chambres plus de bruit qu'à l'ordinaire. Toutes les armoires étaient ouvertes. Il pénétra dans la chambre de Cosette. Il n'y avait pas de draps au lit. L'oreiller de coutil, sans taie et sans dentelles, était posé sur les couvertures pliées au pied des matelas dont on voyait la toile et où personne ne devait plus coucher. Tous les petits objets féminins auxquels tenait Cosette avaient été emportés ; il ne restait que les gros meubles et les quatre murs. Le lit de Toussaint était également dégarni. Un seul lit était fait et semblait attendre quelqu'un, c'était celui de Jean Valjean.

Jean Valjean regarda les murailles, ferma quelques portes d'armoires, alla et vint d'une chambre à l'autre.

Puis il se retrouva dans sa chambre, et il posa sa chandelle sur une table. Il avait dégagé son bras de l'écharpe, et il se servait de sa main droite comme s'il n'en souffrait pas. Il s'approcha de son lit, et ses yeux s'arrêtèrent, fut-ce par hasard ? fut-ce avec intention ? sur l'*inséparable*, dont Cosette avait été jalouse, sur la petite malle qui ne le quittait jamais. Le 4 juin, en arrivant rue de l'Homme-Armé, il l'avait déposée sur un guéridon près de son chevet. Il alla à ce guéridon avec une sorte de vivacité, prit dans sa poche une clef, et ouvrit la valise.

Il en tira lentement les vêtements avec lesquels, dix ans auparavant, Cosette avait quitté Montfermeil ; d'abord la petite robe noire, puis le fichu noir, puis les bons gros souliers d'enfant que Cosette aurait presque pu mettre encore, tant elle avait le pied petit, puis la brassière ¹ de futaine bien épaisse, puis le jupon de tricot, puis le tablier à poche, puis les bas de laine. Ces bas, où était encore

gracieusement marquée la forme d'une petite jambe n'é-
taient guère plus longs que la main de Jean Valjean. Tout
cela était de couleur noire. C'était lui qui avait apporté
ces vêtements pour elle à Montfermeil. A mesure qu'il
5 les ôtait de la valise, il les posait sur le lit. Il pensait.
Il se rappelait. C'était en hiver, un mois de décembre
très froid, elle grelottait à demi nue dans des guenilles, ses
pauvres petits pieds tout rouges dans des sabots. Lui,
Jean Valjean, il lui avait fait quitter ces haillons pour lui
10 faire mettre cet habillement de deuil. La mère avait dû
être contente dans sa tombe de voir sa fille porter son deuil,
et surtout de voir qu'elle était vêtue et qu'elle avait chaud.
Il pensait à cette forêt de Montfermeil ; ils l'avaient traver-
sée ensemble, Cosette et lui ; il pensait au temps qu'il fai-
15 sait, aux arbres sans feuilles, au bois sans oiseaux, au ciel
sans soleil ; c'est égal, c'était charmant. Il rangea les
petites nippes sur le lit, le fichu près du jupon, les bas à
côté des souliers, la brassière à côté de la robe, et il les
regarda l'une après l'autre.

20   Alors sa vénérable tête blanche tomba sur le lit, ce
vieux cœur stoïque se brisa, sa face s'abîma pour ainsi
dire dans les vêtements de Cosette, et si quelqu'un eût
passé dans l'escalier en ce moment, on eût entendu d'effrayants sanglots.

25   La vieille lutte formidable, dont nous avons déjà vu
plusieurs phases, recommença. Jacob ne lutta avec l'ange
qu'une nuit. Hélas ! combien de fois avons-nous vu Jean
Valjean saisi corps à corps dans les ténèbres par sa conscience, et luttant éperdûment contre elle !

30   Lutte inouïe ! Combien de fois cette conscience l'avait-
elle étreint et accablé ! Combien de fois la vérité, inexorable, lui avait-elle mis le genou sur la poitrine ! Combien

de fois s'était-il redressé dans le combat, retenu au rocher, adossé au sophisme, traîné dans la poussière, tantôt renversant sa conscience sous lui, tantôt renversé par elle. Combien de fois s'était-il relevé sanglant, meurtri, brisé, éclairé, le désespoir au cœur, la sérénité dans l'âme ! et, 5 vaincu, il se sentait vainqueur. Et, après l'avoir disloqué, tenaillé et rompu, sa conscience, debout au-dessus de lui, redoutable, lumineuse, tranquille, lui disait : «Maintenant, va en paix !»

Cette nuit-là pourtant, Jean Valjean sentit qu'il livrait 10 son dernier combat.

La question qui se présentait, la voici :

De quelle façon Jean Valjean allait-il se comporter avec le bonheur de Cosette et de Marius ? Cosette avait Marius, Marius possédait Cosette. Ils avaient tout, même 15 la richesse. Et c'était son œuvre.

Mais ce bonheur, maintenant qu'il existait, maintenant qu'il était là, qu'allait-il en faire, lui Jean Valjean ? S'imposerait-il à ce bonheur ? Le traiterait-il comme lui appartenant ? Sans doute Cosette était à un autre ; mais lui 20 Jean Valjean retiendrait-il de Cosette tout ce qu'il en pourrait retenir ? Resterait-il l'espèce de père, entrevu, mais respecté, qu'il avait été jusqu'alors ? S'introduirait-il tranquillement dans la maison de Cosette ? Apporterait-il, sans dire un mot, son passé à cet avenir ? En un mot se- 25 rait-il, près de ces deux êtres heureux, le sinistre muet de la destinée ?

Sa rêverie vertigineuse dura toute la nuit. Il resta là jusqu'au jour, dans la même attitude, ployé en deux sur ce lit, prosterné sous l'énormité du sort, écrasé peut-être, 30 hélas ! Il demeura douze heures d'une longue nuit d'hiver, glacé, sans relever la tête et sans prononcer une pa-

role. A le voir ainsi sans mouvement on eût dit un mort;
tout à coup il tressaillait convulsivement et sa bouche,
collée aux vêtements de Cosette, les baisait; alors on
voyait qu'il vivait.

## VII

Le matin du 17 février, il était un peu plus de midi
quand Basque, la serviette et le plumeau sous le bras, occupé «à faire son antichambre,» entendit un léger frappement à la porte. Basque ouvrit et vit M. Fauchelevent.
Il l'introduisit dans le salon, encore encombré et sens dessus dessous, et qui avait l'air du champ de bataille des
joies de la veille.

— Dame, monsieur, observa Basque, nous nous sommes
réveillés tard.

— Votre maître est-il levé? demanda Jean Valjean.

— Lequel? l'ancien ou le nouveau?

— Monsieur Pontmercy.

— Monsieur le baron? fit Basque en se redressant. Je
vais voir. Je vais lui dire que monsieur Fauchelevent
est là.

— Non. Ne lui dites pas que c'est moi. Dites-lui que
quelqu'un demande à lui parler en particulier, et ne lui
dites pas de nom. Je veux lui faire une surprise.

— Ah! reprit Basque, et il sortit.

Jean Valjean resta seul.

Quelques minutes s'écoulèrent. Jean Valjean était immobile à l'endroit où Basque l'avait quitté. Un bruit se fit
à la porte, il leva les yeux. Marius entra, la tête haute, la
bouche riante, on ne sait quelle lumière sur le visage, l'œil
triomphant.

— C'est vous, père! s'écria-t-il en apercevant Jean Val-

jean; cet imbécile de Basque qui avait un air mystérieux!
Mais vous venez de trop bonne heure. Il n'est encore que
midi et demi. Cosette dort.

Ce mot: Père, dit à M. Fauchelevent par Marius, signi-
fiait: Félicité suprême. Il y avait toujours eu, on le sait, 5
escarpement,¹ froideur et contrainte entre eux; glace à
rompre ou à fondre. Marius était à ce point d'enivrement
que l'escarpement s'abaissait, que la glace se dissolvait, et
que M. Fauchelevent était pour lui, comme pour Cosette,
un père. 10

Il continua; les paroles débordaient de lui, ce qui est
propre à ces divins paroxysmes de la joie:

— Que je suis content de vous voir! Si vous saviez
comme vous nous avez manqué hier! Bonjour, père.
Comment va votre main? Mieux n'est-ce pas? 15

Et, satisfait de la bonne réponse qu'il se faisait à lui-
même, il poursuivit:

— Nous avons bien parlé de vous tous les deux. Cosette
vous aime tant! Vous n'oublierez pas que vous avez votre
chambre ici. Nous ne voulons plus de l'Homme-Armé. 20
Nous n'en voulons plus du tout. Comment aviez-vous pu
aller demeurer dans une rue comme ça, qui est grognon,
qui est laide, qui a une barrière à un bout, où l'on a froid,
où l'on ne peut pas entrer? Vous viendrez vous installer
ici. Et dès aujourd'hui. Ou vous aurez affaire à Cosette. 25
Elle entend nous mener tous par le bout du nez, je vous en
préviens. Nous vivrons ensemble. Nous sommes absolument décidés à être heureux. Et vous en serez, de notre
bonheur, entendez-vous, père. Ah ça, vous déjeunez avec
nous aujourd'hui? 30

— Monsieur, dit Jean Valjean, j'ai une chose à vous dire.
Je suis un ancien forçat.

La limite des sons aigus perceptibles peut être tout aussi bien dépassée pour l'esprit que pour l'oreille. Ces mots: *Je suis un ancien forçat*, sortant de la bouche de M. Fauche-levent et entrant dans l'oreille de Marius, allaient au delà 5 du possible. Marius n'entendit pas. Il lui sembla que quelque chose venait de lui être dit; mais il ne sut quoi. Il resta béant.

Il s'aperçut alors que l'homme qui lui parlait était effra-yant. Tout à son éblouissement, il n'avait pas jusqu'à ce 10 moment remarqué cette pâleur terrible.

Jean Valjean dénoua la cravate noire qui lui soutenait le bras droit, défit le linge roulé autour de sa main, mit son pouce à nu et le montra à Marius.

— Je n'ai rien à la main, dit-il.

15 Marius regarda le pouce.

— Je n'y ai jamais rien eu, reprit Jean Valjean.

Il n'y avait, en effet, aucune trace de blessure.

Jean Valjean poursuivit:

— Il convenait que je fusse absent de votre mariage. Je 20 me suis fait absent le plus que j'ai pu. J'ai supposé cette blessure pour ne point faire un faux[1], pour ne point intro-duire de nullité dans les actes du mariage, pour être dispensé de signer.

Marius bégaya.

25 — Qu'est-ce que cela veut dire?

— Cela veut dire, répondit Jean Valjean, que j'ai été aux galères.

Marius avait beau reculer devant la réalité, refuser le fait, résister à l'évidence, il fallait s'y rendre. Il commença à 30 comprendre, et comme cela arrive toujours en cas pareil, il comprit au delà. Il entrevit dans l'avenir, pour lui-même, une destinée difforme.

— Dites tout, dites tout ! cria-t-il. Vous êtes le père de Cosette !

Et il fit deux pas en arrière avec un mouvement d'indicible horreur.

Jean Valjean redressa la tête dans une telle majesté d'attitude qu'il sembla grandir jusqu'au plafond.

— Il est nécessaire que vous me croyiez ici, monsieur ; quoique notre serment à nous autres ne soit pas reçu en justice...

Ici il fit un silence, puis, avec une sorte d'autorité souveraine et sépulcrale, il ajouta en articulant lentement et en pesant sur les syllabes :

— ... Vous me croirez. Le père de Cosette, moi ! devant Dieu, non. Monsieur le baron Pontmercy, je suis un paysan de Faverolles. Je gagnais ma vie à émonder des arbres. Je ne m'appelle pas Fauchelevent, je m'appelle Jean Valjean. Je ne suis rien à Cosette. Rassurez-vous.

Marius balbutia :

— Qui me prouve ?

— Moi. Puisque je le dis.

Marius regarda cet homme. Il était lugubre et tranquille. Aucun mensonge ne pouvait sortir d'un tel calme.

— Je vous crois, dit Marius.

Jean Valjean inclina la tête comme pour prendre acte, et continua :

— Que suis-je pour Cosette ? un passant. Il y a dix ans, je ne savais pas qu'elle existât. Je l'aime, c'est vrai. Une enfant qu'on a vue petite, étant soi-même déjà vieux, on l'aime. Quand on est vieux, on se sent grand-père pour tous les petits enfants. Vous pouvez, ce me semble, supposer que j'ai quelque chose qui ressemble à un cœur. Elle était orpheline. Sans père ni mère. Elle avait besoin de moi. Voilà pourquoi je me suis mis à l'aimer. C'est si faible les enfants, que le premier venu, même un homme comme moi, peut être leur protecteur. Aujourd'hui, Cosette quitte ma vie ; nos deux chemins se séparent. Désormais je ne puis plus rien pour elle. Elle est madame Pontmercy. Sa providence a changé. Et Cosette gagne au change. Tout est bien. Quant aux six cent mille francs, vous ne m'en parlez pas, mais je vais au-devant de votre pensée, c'est un dépôt. Comment ce dépôt était-il entre mes mains ? Qu'importe ? Je rends le dépôt. On n'a rien de plus à me demander.

Et Jean Valjean regarda Marius en face.

— Mais enfin, s'écria Marius, pourquoi me dites-vous tout cela ? Qu'est-ce qui vous y force ? Vous pouviez vous garder le secret à vous-même. Vous n'êtes ni dénoncé, ni poursuivi, ni traqué. Vous avez une raison pour faire, de gaîté de cœur, une telle révélation. Achevez. Il ÿ a autre chose. A quel propos faites-vous cet aveu ? Pour quel motif ?

— Pour quel motif ? répondit Jean Valjean d'une voix si basse et si sourde qu'on eût dit que c'était à lui-même qu'il parlait plus qu'à Marius. Pour quel motif, en effet, ce forçat vient-il dire : Je suis un forçat ? Eh bien oui ! le motif est étrange. C'est par honnêteté. — Je pouvais mentir, c'est vrai, vous tromper tous, rester monsieur Fauchelevent. Tant que cela a été pour elle, j'ai pu mentir ; mais maintenant ce serait pour moi, je ne le dois pas. Il suffisait de me taire, c'est vrai, et tout continuait. Vous me demandez ce qui me force à parler ? une drôle de chose ; ma conscience. Me taire, c'était pourtant bien facile. Ah ! vous croyez que je ne me suis pas dit qu'en cachant mon nom je ne faisais de mal à personne, que le nom de Fauchelevent m'avait été donné par Fauchelevent lui-même en reconnaissance d'un service rendu, et que je pouvais bien le garder, et que je serais heureux dans cette chambre que vous m'offrez, que je ne gênerais rien, que je serais dans mon petit coin, et que, tandis que vous auriez Cosette, moi j'aurais l'idée d'être dans la même maison qu'elle. Chacun aurait eu son bonheur proportionné. Continuer d'être monsieur Fauchelevent, cela arrangeait tout. Oui, excepté mon âme. Il y avait de la joie partout sur moi, le fond de mon âme restait noir. Ce n'est pas assez d'être heureux, il faut être content. Non, ce n'est pas simple. Il y a un silence qui ment. Et mon mensonge, et ma fraude, et mon indignité, et ma lâcheté, et ma trahison, et mon crime, je l'aurais bu goutte à goutte, et mon bonjour aurait menti, et mon bonsoir aurait menti, et j'aurais dormi là-dessus, et j'aurais mangé cela avec mon pain, et j'aurais regardé Cosette en face, et j'aurais répondu au sourire de l'ange par le sourire du damné, et j'aurais été un fourbe abominable ! Pourquoi faire ? pour être heureux. Pour être heureux, moi ! Est-ce que j'ai le droit d'être heureux ? je suis hors de la vie, monsieur.

Jean Valjean s'arrêta. Marius écoutait. De tels enchaînements d'idées et d'angoisses ne se peuvent interrompre. Jean Valjean baissa la voix de nouveau, mais ce n'était plus la voix sourde, c'était la voix sinistre.

-- Vous demandez pourquoi je parle ? je ne suis ni dénoncé, ni poursuivi, ni traqué, dites-vous. Si ! je suis dénoncé ! si ! je suis poursuivi ! si ! je suis traqué ! Par qui ? par moi. C'est moi qui me barre à moi-même le passage, et je me traîne, et je me pousse, et je m'arrête, et je m'exécute, et quand on se tient soi-même, on est bien tenu.

Et, avec une accentuation poignante, il ajouta :

—Monsieur Pontmercy, cela n'a pas le sens commun, je suis un honnête homme. C'est en me dégradant à vos yeux que je m'élève aux miens. Ceci m'est déjà arrivé une fois, mais c'était moins douloureux; ce n'était rien. 5 Oui, un honnête homme. Je ne le serais pas si vous aviez, par ma faute, continué de m'estimer; maintenant que vous me méprisez, je le suis. Je suis un galérien qui obéit à sa conscience. Je sais bien que cela n'est pas ressemblant. Mais que voulez-vous que j'y fasse? cela est. J'ai pris 10 des engagements envers moi-même; je les tiens. Il y a des rencontres qui nous lient, il y a des hasards qui nous entraînent dans des devoirs. Voyez-vous, monsieur Pontmercy, il m'est arrivé des choses dans ma vie.

Il respira péniblement, et jeta ce dernier mot:

15 —Pour vivre, autrefois, j'ai volé un pain; aujourd'hui, pour vivre, je ne veux pas voler un nom.

—Pour vivre! interrompit Marius. Vous n'avez pas besoin de ce nom pour vivre?

—Ah! je m'entends, répondit Jean Valjean, en levant 20 et en abaissant la tête lentement plusieurs fois de suite.

Puis il se tourna vers Marius:

—Et maintenant, monsieur, figurez-vous ceci: Je n'ai rien dit, je suis resté M. Fauchelevent, j'ai pris ma place chez vous, je suis des vôtres, je suis dans ma chambre, je 25 viens déjeuner le matin en pantoufles, les soirs nous allons au spectacle tous les trois, j'accompagne madame Pontmercy aux Tuileries [1] et à la place Royale, nous sommes ensemble, vous me croyez votre semblable; un beau jour, je suis là, vous êtes là, nous causons, nous rions, tout à 30 coup vous entendez une voix crier ce nom: Jean Valjean! et voilà que cette main épouvantable, la police, sort de l'ombre et m'arrache mon masque brusquement!

Il se tut encore ; Marius s'était levé avec un frémissement.   Jean Valjean reprit :

— Qu'en dites-vous ?

Le silence de Marius répondait.

Jean Valjean continua :

— Vous voyez bien que j'ai raison de ne pas me taire.
Tenez, soyez heureux, soyez dans le ciel, soyez l'ange d'un
ange, soyez dans le soleil, et contentez-vous-en, et ne vous
inquiétez pas de la manière dont un pauvre damné s'y
prend pour s'ouvrir la poitrine et faire son devoir ; vous 10
avez un misérable homme devant vous monsieur.

Marius traversa lentement le salon et quand il fut près
de Jean Valjean, lui tendit la main.

Mais Marius dut aller prendre cette main qui ne se
présentait point, Jean Valjean se laissa faire, et il sembla 15
à Marius qu'il étreignait une main de marbre.

— Mon grand-père a des amis, dit Marius ; je vous aurai
votre grâce.

— C'est inutile, répondit Jean Valjean.   On me croit
mort, cela suffit.                                         20

Et dégageant sa main que Marius tenait, il ajouta avec
une sorte de dignité inexorable :

— D'ailleurs, faire mon devoir, voilà l'ami auquel j'ai
recours ; et je n'ai besoin que d'une grâce, celle de ma
conscience.                                               25

En ce moment, à l'autre extrémité du salon, la porte
s'entrouvrit doucement et dans l'entre-bâillement la tête de
Cosette apparut.

— Parions que vous parlez politique.   Comme c'est bête,
au lieu d'être avec moi !                                 30

Jean Valjean tressaillit.

— Cosette ! . . . balbutia Marius.

Et il s'arrêta.   On eût dit deux coupables.

Cosette, radieuse, continuait de les regarder tous les deux.

—Je vous prends en flagrant délit, dit Cosette.   Je viens d'entendre à travers la porte mon père Fauchelevent qui disait : «La conscience . . . — Faire son devoir . . .»

— C'est de la politique, ça.   Je ne veux pas.   On ne doit pas parler politique dès le lendemain.   Ce n'est pas juste.

— Tu te trompes, Cosette, répondit Marius.   Nous parlons affaires.   Nous parlons du meilleur placement à trouver pour tes six cent mille francs. . . .

— Ce n'est pas tout ça, interrompit Cosette.   Je viens. Veut-on de moi ici?

Et, passant résolûment la porte, elle entra dans le salon.

— Voilà, dit-elle, je vais m'installer près de vous sur un fauteuil, on déjeune dans une demi-heure, vous direz tout ce que vous voudrez, je sais bien qu'il faut que les hommes parlent.   Je serai bien sage.

Marius lui prit le bras, et lui dit amoureusement :

— Nous parlons affaires.   Il faut que nous soyons seuls.

— Eh bien, est-ce que je suis quelqu'un ?

Jean Valjean ne prononçait pas une parole.   Cosette se tourna vers lui :

— D'abord père, vous, je veux que vous veniez m'embrasser.   Qu'est-ce que vous faites là à ne rien dire au lieu de prendre mon parti? qu'est-ce qui m'a donné un père comme ça?   Vous voyez bien que je suis très malheureuse en ménage.   Mon mari me bat.   Allons, embrassez-moi tout de suite.

Jean Valjean s'approcha.

Cosette se tourna vers Marius.

— Vous, je vous fais la grimace.

Puis elle tendit son front à Jean Valjean.

Jean Valjean déposa un baiser sur ce front où il y avait un reflet céleste.

— Souriez.

Jean Valjean obéit. Ce fut le sourire d'un spectre. 5

— Maintenant défendez-moi contre mon mari.

— Cosette ! . . . fit Marius.

— Fâchez-vous, père. Dites-lui qu'il faut que je reste. On peut bien parler devant moi. Vous me trouvez donc bien sotte. C'est donc bien étonnant ce que vous dites ! 10 des affaires, placer de l'argent à une banque, voilà grand'-chose. Les hommes font les mystérieux pour rien. Monsieur mon mari, monsieur mon papa, vous êtes des tyrans. Je vais le dire à grand-père. Si vous croyez que je vais revenir et vous faire des platitudes, vous vous trompez. 15 Je suis fière. Je vous attends à présent. Vous allez voir que c'est vous qui allez vous ennuyer sans moi. Je m'en vais, c'est bien fait.

Et elle sortit.

Deux secondes après, la porte se rouvrit, sa fraîche 20 tête vermeille passa encore une fois entre les deux battants, et elle leur cria :

— Je suis très en colère.

La porte se referma et les ténèbres se refirent.

Ce fut comme un rayon de soleil fourvoyé qui, sans 25 s'en douter, aurait traversé brusquement de la nuit.

Marius s'assura que la porte était bien refermée.

— Pauvre Cosette ! murmura-t-il, quand elle va savoir . . .

A ce mot, Jean Valjean trembla de tous ses membres. 30 Il fixa sur Marius un œil égaré.

— Cosette ! oh oui, c'est vrai, vous allez dire cela à

Cosette. C'est juste. Tiens, je n'y avais pas pensé. On a de la force pour une chose, on n'en a pas pour une autre. Monsieur, je vous en conjure, je vous en supplie, monsieur, donnez-moi votre parole la plus sacrée, ne lui
5 dites pas. Est-ce qu'il ne suffit pas que vous le sachiez, vous? j'ai pu le dire de moi-même sans y être forcé, je l'aurais dit à l'univers, à tout le monde, ça m'était égal. Mais elle, elle ne sait pas ce que c'est, cela l'épouvanterait. Un forçat, quoi! on serait forcé de lui expliquer, de lui
10 dire: C'est un homme qui a été aux galères. Elle a vu un jour passer la chaîne.¹ Oh! mon Dieu!

Il s'affaissa sur un fauteuil et cacha son visage dans ses deux mains.

On ne l'entendait pas, mais aux secousses de ses épau-
15 les, on voyait qu'il pleurait. Pleurs silencieux, pleurs terribles.

Il y a de l'étouffement dans le sanglot. Une sorte de convulsion le prit, il se renversa en arrière sur le dossier du fauteuil comme pour respirer, laissant pendre ses bras
20 et laissant voir à Marius sa face inondée de larmes, et Marius l'entendit murmurer si bas que sa voix semblait être dans une profondeur sans fond:

—Oh! je voudrais mourir!

— Soyez tranquille, dit Marius, je garderai votre secret
25 pour moi seul.

—Je vous en remercie, monsieur, répondit Jean Valjean avec douceur.

Il resta pensif un moment, passant machinalement le bout de son index sur l'ongle de son pouce, puis il éleva
30 la voix:

— Tout est à peu près fini. Il me reste une dernière chose . . .

— Laquelle?

Jean Valjean eut comme une suprême hésitation, et, sans voix, presque sans souffle, il balbutia plus qu'il ne dit :

— A présent que vous savez, croyez-vous, monsieur, vous qui êtes le maître, que je ne dois plus voir Cosette ?  5

— Je crois que ce serait mieux, répondit froidement Marius.

— Je ne la verrai plus, murmura Jean Valjean.

Et il se dirigea vers la porte.

Il mit la main sur le bec-de-cane,¹ le pêne céda, la porte 10 s'entrebâilla, Jean Valjean l'ouvrit assez pour pouvoir passer, demeura une seconde immobile, puis referma la porte et se retourna vers Marius.

Il n'était plus pâle, il était livide.  Il n'y avait plus de larmes dans ses yeux, mais une sorte de flamme tragique. 15 Sa voix était redevenue étrangement calme.

— Tenez, monsieur, dit-il, si vous voulez, je viendrai la voir.  Je vous assure que je le désire beaucoup.  Si je n'avais pas tenu à voir Cosette, je ne vous aurais pas fait l'aveu que je vous ai fait, je serais parti ; mais voulant 20 rester dans l'endroit où est Cosette et continuer de la voir, j'ai dû honnêtement tout vous dire.  Vous suivez mon raisonnement, n'est-ce pas ? c'est là une chose qui se comprend.  Voyez-vous, il y a neuf ans passés que je l'ai près de moi.  J'étais comme son père, et elle était mon enfant. 25 Je ne sais pas si vous me comprenez, monsieur Pontmercy, mais s'en aller à présent, ne plus la voir, ne plus lui parler, n'avoir plus rien, ce serait difficile.  Si vous ne le trouvez pas mauvais, je viendrai de temps en temps voir Cosette.  Je ne viendrais pas souvent.  Je ne resterais 30 pas longtemps.  Vous diriez qu'on me reçoive dans la petite salle basse.  Au rez-de-chaussée.  J'entrerais bien

par la porte de derrière, qui est pour les domestiques, mais cela étonnerait peut-être, il vaut mieux, je crois, que j'entre par la porte de tout le monde. Monsieur, vraiment. Je voudrais bien voir encore un peu Cosette.
5 Aussi rarement qu'il vous plaira. Mettez-vous à ma place, je n'ai plus que cela. Et puis, il faut prendre garde. Si je ne venais plus du tout, il y aurait un mauvais effet, on trouverait cela singulier. Par exemple, ce que je puis faire, c'est de venir le soir, quand il commence à être nuit.

10     —Vous viendrez tous les soirs, dit Marius, et Cosette vous attendra.

—Vous êtes bon, monsieur, dit Jean Valjean.

Marius salua Jean Valjean et ces deux hommes se quittèrent.

15     Marius était bouleversé. L'espèce d'éloignement qu'il avait toujours eu pour l'homme près duquel il voyait Cosette lui était désormais expliqué. Il y avait dans ce personnage un on ne sait quoi énigmatique dont son instinct l'avertissait. Cette énigme, c'était la plus hideuse des
20 hontes, le bagne. Ce M. Fauchelevent était le forçat Jean Valjean.


## VIII

Le lendemain, à la nuit tombante, Jean Valjean frappait à la porte cochère de la maison Gillenormand. Ce fut Basque qui le reçut. Basque se trouvait dans la cour à
25 point nommé, et comme s'il avait eu des ordres. Il arrive quelquefois qu'on dit à un domestique : Vous guetterez monsieur un tel, quand il arrivera.

Basque, sans attendre que Jean Valjean vînt à lui, lui adressa la parole :

— Monsieur le baron m'a chargé de demander à monsieur s'il désire monter ou rester en bas?

— Rester en bas, répondit Jean Valjean.

Basque, d'ailleurs absolument respectueux, ouvrit la porte de la salle basse et dit : Je vais prévenir madame. 5

La pièce où Jean Valjean entra était un rez-de-chaussée voûté et humide, servant de cellier dans l'occasion, donnant sur la rue, carrelé de carreaux rouges, et mal éclairé d'une fenêtre à barreaux de fer. Un feu y était allumé ; ce qui indiquait qu'on avait compté sur la réponse de Jean 10 Valjean : *Rester en bas.*

Deux fauteuils étaient placés aux deux coins de la cheminée. Entre les fauteuils était étendue, en guise de tapis, une vieille descente de lit,[1] montrant plus de corde que de laine. 15

Jean Valjean était fatigué. Depuis plusieurs jours il ne mangeait ni ne dormait. Il se laissa tomber sur un des fauteuils. Basque revint, posa sur la cheminée une bougie allumée et se retira. Jean Valjean, la tête ployée et le menton sur la poitrine, n'aperçut ni Basque, ni la 20 bougie. Tout à coup, il se dressa comme en sursaut. Cosette était derrière lui. Il ne l'avait pas vue entrer, mais il avait senti qu'elle entrait. Il se retourna. Il la contempla. Elle était adorablement belle. Mais ce qu'il regardait de ce profond regard ce n'était pas la beauté, c'était l'âme. 25

— Ah bien, s'écria Cosette, père, je savais que vous étiez singulier, mais jamais je ne me serais attendue à celle-là. Voilà une idée ! Marius me dit que c'est vous qui voulez que je vous reçoive ici.

— Oui, c'est moi. 30

— Mais pourquoi choisissez-vous pour me voir la chambre la plus laide de la maison ? C'est horrible ici.

— Tu sais . . .

Jean Valjean se reprit.

— Vous savez, madame, je suis particulier, j'ai mes lubies.

5  Cosette frappa ses petites mains l'une contre l'autre.

— Madame ! . . . vous savez ! . . . encore du nouveau ! Qu'est-ce que cela veut dire ?

Jean Valjean attacha sur elle ce sourire navrant auquel il avait parfois recours :

10  — Vous avez voulu être madame.   Vous l'êtes.

— Pas pour vous, père.

— Ne m'appelez plus père.

— Comment ?

— Appelez-moi monsieur Jean.   Jean, si vous voulez.

15  — Vous n'êtes plus père ?  Je ne suis plus Cosette ? monsieur Jean ?   Qu'est-ce que cela signifie ?  Je n'y comprends rien.   Tout cela est idiot.   Je demanderai à mon mari la permission que vous soyez monsieur Jean.   J'espère qu'il n'y consentira pas.   Vous me faites beaucoup

20  de peine.   On a des lubies, mais on ne fait pas du chagrin à sa petite Cosette.   C'est mal.   Vous n'avez pas le droit d'être méchant, vous qui êtes bon.

Il ne répondit pas.  Elle lui prit vivement les deux mains, et d'un mouvement irrésistible, les élevant vers son

25  visage, elle les pressa contre son cou sous son menton, ce qui est un profond geste de tendresse.

— Oh ! lui dit-elle, soyez bon !

Et elle poursuivit :

— Voici ce que j'appelle être bon : être gentil, venir

30  demeurer ici, il y a des oiseaux ici comme rue Plumet, vivre avec nous, quitter ce trou de la rue de l'Homme-Armé, ne pas nous donner des charades à deviner, être

comme tout le monde, dîner avec nous, déjeuner avec nous, être mon père.

Et, sérieuse subitement, elle regarda fixement Jean Valjean, et ajouta :

— Vous m'en voulez donc de ce que je suis heureuse ?

La naïveté, à son insu, pénètre quelquefois très avant. Cette question, simple pour Cosette, était profonde pour Jean Valjean. Cosette voulait égratigner, elle déchirait.

Jean Valjean pâlit.

Il resta un moment sans répondre, puis d'un accent inexprimable et se parlant à lui-même, il murmura :

— Son bonheur, c'était le but de ma vie. A présent, Dieu peut me signer ma sortie. Cosette, tu es heureuse, mon temps est fait.

— Ah ! vous m'avez dit *tu* ! s'écria Cosette.

Et elle lui sauta au cou.

Jean Valjean se retira doucement des bras de Cosette, et prit son chapeau.

— Eh bien ? dit Cosette.

Jean Valjean répondit :

— Je vous quitte, madame, on vous attend.

Et, du seuil de la porte, il ajouta :

— Je vous ai dit *tu*. Dites à votre mari que cela ne m'arrivera plus. Pardonnez-moi.

Jean Valjean sortit, laissant Cosette stupéfaite de cet adieu énigmatique.

Le jour suivant, à la même heure, Jean Valjean vint. Cosette ne lui fit pas de questions, ne s'étonna plus, ne s'écria plus qu'elle avait froid, ne parla plus du salon ; elle évita de dire ni père, ni monsieur Jean. Elle se laissa dire vous. Il est probable qu'elle avait eu avec Marius une de ces conversations dans lesquelles l'homme aimé dit ce qu'il veut, n'explique rien, et satisfait la femme aimée. La curiosité des amoureux ne va pas très loin au delà de leur amour.

Tous les lendemains qui suivirent ramenèrent à la même 5 heure Jean Valjean. Il n'eut pas la force de prendre les paroles de Marius autrement qu'à la lettre. Marius s'arrangea de manière à être absent aux heures où Jean Valjean venait.

Plusieurs semaines se passèrent ainsi. Une vie nou-10 velle s'empara peu à peu de Cosette; les relations que crée le mariage, les visites, le soin de la maison, les plaisirs, ces grandes affaires. Les plaisirs de Cosette n'étaient pas coûteux, ils consistaient en un seul: être avec Marius. Sortir avec lui, rester avec lui, c'était là la 15 grande occupation de sa vie. C'était pour eux une joie toujours toute neuve de sortir, bras dessus, bras dessous, à la face du soleil, en pleine rue, sans se cacher, devant tout le monde, tous les deux tout seuls. Jean Valjean venait tous les jours.

20 Le tutoiement disparu, le vous, le madame, le monsieur Jean, tout cela le faisait autre pour Cosette. Le soin qu'il avait pris lui-même de la détacher de lui lui réussissait. Elle était de plus en plus gaie et de moins en moins tendre. Pourtant elle l'aimait toujours bien, et il le sentait.

25 Il demeurait toujours rue de l'Homme-Armé, ne pouvant se résoudre à s'éloigner du quartier qu'habitait Cosette. Dans les premiers temps il ne restait près de Cosette que quelques minutes, puis s'en allait. Peu à peu il prit l'habitude de faire ses visites moins courtes. On 30 eût dit qu'il profitait de l'autorisation des jours qui s'allongeaient: il arriva plus tôt et partit plus tard.

Un jour il échappa à Cosette de lui dire: «Père.» Un

éclair de joie illumina le vieux visage sombre de Jean Valjean.  Il la reprit: «Dites Jean.» — Ah! c'est vrai, répondit-elle avec un éclat de rire, monsieur Jean.

— C'est bien, dit-il.  Et il se détourna pour qu'elle ne
le vît pas essuyer ses yeux.                                      5

Apercevant que ses visites ne sont pas agréables à
Marius, il les cesse peu à peu.

Pendant les derniers mois du printemps et les premiers
mois de l'été de 1833, les passants clairsemés du Marais,
les marchands des boutiques, les oisifs sur le pas des  10
portes, remarquaient un vieillard proprement vêtu de noir,
qui, tous les jours, vers la même heure, à la nuit tombante,
sortait de la rue de l'Homme-Armé et entrait dans la rue
Saint-Louis.

Là il marchait à pas lents, la tête tendue en avant, ne  15
voyant rien, n'entendant rien, l'œil immuablement fixé sur
un point toujours le même, qui semblait pour lui étoilé, et
qui n'était autre que l'angle de la rue des Filles-du-Calvaire.  Plus il approchait de ce coin de rue, plus son œil
s'éclairait: une sorte de joie illuminait ses prunelles com-  20
me une aurore intérieure, il avait l'air fasciné et attendri,
ses lèvres faisaient des mouvements obscurs, comme s'il
parlait à quelqu'un qu'il ne voyait pas, il souriait vaguement, et il avançait le plus lentement qu'il pouvait.  Quelque temps qu'il mît à faire durer l'arrivée, il fallait bien  25
arriver; il atteignait la rue des Filles-du-Calvaire; alors
il s'arrêtait, il tremblait, il passait sa tête avec une sorte de
timidité sombre au delà du coin de la dernière maison, et
il regardait dans cette rue, et il y avait dans ce tragique
regard quelque chose qui ressemblait à l'éblouissement de  30
l'impossible et à la réverbération d'un paradis fermé.
Puis une larme, qui s'était peu à peu amassée dans l'angle

des paupières, devenue assez grosse pour tomber, glissait sur sa joue, et quelquefois s'arrêtait sur sa bouche. Le vieillard en sentait la saveur amère. Il restait ainsi quelques minutes comme s'il eût été de pierre, puis il s'en retournait par le même chemin et du même pas, et, à mesure qu'il s'éloignait, son regard s'éteignait.

Peu à peu, ce vieillard cessa d'aller jusqu'à l'angle de la rue des Filles-du-Calvaire; il s'arrêtait à mi-chemin dans la rue Saint-Louis; tantôt un peu plus loin, tantôt un peu plus près.

Tous les jours, il sortait de chez lui à la même heure, il entreprenait le même trajet, mais il ne l'achevait plus, et, peut-être sans qu'il en eût conscience, il le raccourcissait sans cesse. Tout son visage exprimait cette unique idée : A quoi bon ? La prunelle était éteinte; plus de rayonnement. La larme aussi était tarie; elle ne s'amassait plus dans l'angle des paupières; cet œil pensif était sec. Quelquefois, quand le temps était mauvais, il avait sous le bras un parapluie, qu'il n'ouvrait point.

Les bonnes femmes du quartier disaient : C'est un innocent. Les enfants le suivaient en riant.

Un jour Jean Valjean descendit son escalier, fit trois pas dans la rue, s'assit sur une borne, sur cette même borne où Gavroche, dans la nuit du 5 au 6 juin, l'avait trouvé songeant; il resta là quelques minutes, puis remonta. Ce fut la dernière oscillation du pendule. Le lendemain, il ne sortit pas de chez lui. Le surlendemain, il ne sortit pas de son lit.

Du temps qu'il sortait encore, il avait acheté à un chaudronnier, pour quelques sous, un petit crucifix de cuivre qu'il avait accroché à un clou en face de son lit. Ce gibet-là est toujours bon à voir.

Une semaine s'écoula sans que Jean Valjean fît un pas dans sa chambre, il demeurait toujours couché. La portière disait à son mari : — Le bonhomme de là-haut ne se lève plus, il ne mange plus, il n'ira pas loin. Ça a des chagrins, ça. On ne m'ôtera pas de la tête que sa fille est mal mariée. Le portier répliqua avec l'accent de la souveraineté maritale :

— S'il est riche, qu'il ait un médecin. S'il n'est pas riche, qu'il n'en ait pas. S'il n'a pas de médecin, il mourra.

— Et s'il en a un ?

— Il mourra, dit le portier.

La portière se mit à gratter avec un vieux couteau de l'herbe qui poussait dans ce qu'elle appelait son pavé, et, tout en arrachant l'herbe, elle grommelait :

— C'est dommage. Un vieillard qui est si propre !

Elle aperçut au bout de la rue un médecin du quartier qui passait ; elle prit sur elle de le prier de monter.

Le médecin vit Jean Valjean et lui parla.

Quand il redescendit, la portière l'interpella :

— Eh bien, docteur ?

— Votre malade est bien malade.

— Qu'est-ce qu'il a ?

— Tout et rien. C'est un homme qui, selon toute apparence, a perdu une personne chère. On meurt de cela.

— Qu'est-ce qu'il vous a dit ?

— Il m'a dit qu'il se portait bien.

— Reviendrez-vous, docteur ?

— Oui, répondit le médecin. Mais il faudrait qu'un autre que moi revînt.

Un soir Jean Valjean eut de la peine à se soulever sur le coude ; il reconnut qu'il était plus faible qu'il ne l'avait

encore été. Alors, sans doute sous la pression de quelque préoccupation suprême, il fit un effort, se dressa sur son séant et s'habilla. Il mit son vieux vêtement d'ouvrier. Ne sortant plus, il y était revenu, et il le préférait. Il dut
5 s'interrompre plusieurs fois en s'habillant; rien que pour passer les manches de la veste, la sueur lui coulait du front.

Il ouvrit la valise, en tira le trousseau de Cosette et l'é·
tala sur son lit. Les chandeliers de l'évêque étaient à
10 leur place, sur la cheminée. Il prit dans un tiroir deux bougies de cire et les mit dans les chandeliers. Puis, quoiqu'il fît encore grand jour, c'était en été, il les alluma. On voit ainsi quelquefois des flambeaux allumés en plein jour dans les chambres où il y a des morts.

15 Chaque pas qu'il faisait en allant d'un meuble à l'autre l'exténuait et il était obligé de s'asseoir. Une des chaises où il se laissa tomber était placée devant le miroir, si fatal pour lui, si providentiel pour Marius, où il avait lu sur le buvard l'écriture renversée de Cosette. Il se vit
20 dans ce miroir, et ne se reconnut pas. Il avait quatre-vingts ans; avant le mariage de Marius, on lui eût à peine donné cinquante ans; cette année avait compté trente. Ce qu'il avait sur le front, ce n'était plus la ride de l'âge, c'était la marque mystérieuse de la mort.

25 La nuit était venue. Il traîna laborieusement une table et le vieux fauteuil près de la cheminée, et posa sur la table une plume, de l'encre et du papier. Cela fait, il eut un évanouissement. Quand il reprit connaissance, il avait soif. Ne pouvant soulever le pot à l'eau, il le pencha
30 péniblement vers sa bouche, et but une gorgée.

Puis il se tourna vers le lit, et, toujours assis, car il ne pouvait rester debout, il regarda la petite robe noire et tous ces chers objets. Ces contemplations-là durent des heures qui semblent des minutes. Tout à coup il eut un frisson, il sentit que le froid lui venait ; il s'accouda à la table que les flambeaux de l'évêque éclairaient, et prit la plume. Comme la plume ni l'encre n'avaient servi depuis 5 longtemps, le bec de la plume était recourbé, l'encre desséchée, il fallut qu'il se levât et qu'il mît quelques gouttes d'eau dans l'encre, ce qu'il ne put faire sans s'arrêter et s'asseoir deux ou trois fois, et il fut forcé d'écrire avec le dos de la plume. Il s'essuyait le front de temps en temps. 10 Sa main tremblait. Il écrivit lentement quelques lignes que voici :

«Cosette, je te bénis. Je vais t'expliquer. Ton mari a eu raison de me faire comprendre que je devais m'en aller ; cependant il y a un peu d'erreur dans ce qu'il a 15 cru, mais il a eu raison. Il est excellent. Aime-le toujours bien quand je serai mort. Monsieur Pontmercy, aimez toujours mon enfant bien-aimé. Cosette, on trouvera ce papier-ci ; voici ce que je veux te dire, tu vas voir les chiffres, si j'ai la force de me les rappeler, écoute bien, cet 20 argent est bien à toi. Voici toute la chose : Le jais blanc vient de Norvège, le jais noir vient d'Angleterre, la verroterie noire vient d'Allemagne. Le jais est plus léger, plus précieux, plus cher. On peut faire en France des imitations, comme en Allemagne. Il faut une petite enclume 25 de deux pouces carrés et une lampe à esprit-de-vin pour amollir la cire. La cire se faisait avec de la résine et du noir de fumée et coûtait quatre francs la livre. J'ai imaginé de la faire avec de la gomme laque et de la térébenthine. Elle ne coûte plus que trente sous, et elle 30 est bien meilleure. Les boucles se font avec un verre violet qu'on colle au moyen de cette cire sur une petite mem-

brure¹ en fer noire.  Le verre doit être violet pour les
bijoux de fer, et noir pour les bijoux d'or.  L'Espagne en
achète beaucoup.  C'est le pays du jais. . .»

Ici il s'interrompit, la plume tomba de ses doigts, il lui
5 vint un de ces sanglots désespérés qui montaient par moments des profondeurs de son être ; le pauvre homme prit
sa tête dans ses deux mains, et songea.

—Oh ! s'écriait-il au dedans de lui-même (cris lamentables, entendus de Dieu seul), c'est fini.  Je ne la verrai
10 plus.  C'est un sourire qui a passé sur moi.  Je vais entrer dans la nuit sans même la revoir.  Oh ! une minute,
un instant, entendre sa voix, toucher sa robe, la regarder,
elle, l'ange ! et puis mourir !  Ce n'est rien de mourir, ce
qui est affreux, c'est de mourir sans la voir.  Elle me
15 sourirait, elle me dirait un mot, est-ce que cela ferait du
mal à quelqu'un ?  Non, c'est fini, jamais.  Me voilà tout
seul.  Mon Dieu ! mon Dieu ! je ne la reverrai plus.

En ce moment on frappa à sa porte.

[Ce jour-là, Thénardier déguisé vient chez Marius lui dire que
20 Jean Valjean est un voleur et un assassin.  Marius reconnaît Thénardier et lui parle ainsi.]

—Thénardier, je vous ai dit votre nom.  A présent,
votre secret, ce que vous veniez m'apprendre, voulez-vous
que je vous le dise? J'ai mes informations aussi, moi.
25 Vous allez voir que j'en sais plus long que vous.  Jean
Valjean, comme vous l'avez dit, est un assassin et un voleur.  Un voleur, parce qu'il a volé un riche manufacturier dont il a causé la ruine, M. Madeleine.  Un assassin,
parce qu'il a assassiné l'agent de police Javert.
30 —Monsieur le baron, fit Thénardier, ce sont des chimères.  La confiance dont monsieur le baron m'honore
me fait un devoir de le lui dire.  Avant tout la vérité et

la justice. Je n'aime pas voir accuser les gens injustement. Monsieur le baron, Jean Valjean n'a point volé
M. Madeleine, et Jean Valjean n'a point tué Javert.

—Voilà qui est fort! comment cela?

—Pour deux raisons. 5

—Lesquelles? parlez.

—Voici la première: il n'a pas volé M. Madeleine, attendu que c'est lui-même Jean Valjean qui est M. Madeleine.

—Que me contez-vous là? 10

Et voici la seconde: il n'a pas assassiné Javert, attendu
que celui qui a tué Javert, c'est Javert.

—Que voulez-vous dire?

—Que Javert s'est suicidé.

—Prouvez! prouvez! cria Marius hors de lui. 15

Thénardier reprit en scandant sa phrase à la façon d'un
alexandrin¹ antique:

—L'agent-de-police-Javert-a-été-trouvé-no-yé-sous-un-ba-
teau-du-pont-au-Change.

—Mais prouvez donc! 20

Thénardier tira de sa poche de côté une large enveloppe
de papier gris qui semblait contenir des feuilles pliées de
diverses grandeurs. Il en extrayait deux numéros de
journaux, jaunis, fanés et fortement saturés de tabac.
L'un de ces journaux, cassé à tous les plis et tombant en 25
lambeaux carrés, semblait beaucoup plus ancien que
l'autre. Il tendit à Marius les deux journaux déployés.
L'un, le plus ancien, un numéro du *Drapeau blanc* du 25
juillet 1823, établissait l'identité de M. Madeleine et de Jean
Valjean. L'autre, un *Moniteur* du 15 juin 1832, consta- 30
tait le suicide de Javert.²

—Toujours, fit Thénardier. Jean Valjean n'a pas volé

Madeleine, mais c'est un voleur.   Il n'a pas tué Javert,
mais c'est un meurtrier.

— Voulez-vous parler, reprit Marius, de ce misérable
voľ d'il y a quarante ans, expié, cela résulte de vos journaux mêmes, par toute une vie de repentir, d'abnégation
et de vertu ?

— Je dis assassinat et vol, monsieur le baron.   Et je
répète que je parle de faits actuels.   Ce que j'ai à vous
révéler est absolument inconnu.   Je vais dire tout, laissant
la récompense à votre générosité.   Ce secret vaut de l'or
massif.   Monsieur le baron, le 6 juin 1832, il y a un an
environ, le jour de l'émeute, un homme était dans le
Grand Égout de Paris, du côté où l'égout vient rejoindre
la Seine, entre le pont des Invalides et le pont d'Iéna.

Marius rapprocha brusquement sa chaise de celle de
Thénardier.   Thénardier remarqua ce mouvement et continua avec la lenteur d'un orateur qui tient son interlocu-
teur et qui sent la palpitation de son adversaire sous ses
paroles :

— Cet homme, forcé de se cacher, pour des raisons du
reste étrangères à la politique, avait pris l'égout pour do-
micile et en avait une clef.   C'était, je le répète, le 6 juin ;
il pouvait être huit heures du soir.   L'homme entendit du
bruit dans l'égout.   Très surpris, il se blottit, et guetta.
C'était un bruit de pas, on marchait dans l'ombre, on venait de son côté.   Chose étrange, il y avait dans l'égout
un autre homme que lui.   La grille de l'égout n'était pas
loin.   Un peu de lumière qui en venait lui permit de reconnaître le nouveau venu et de voir que cet homme portait quelque chose sur son dos.   Il marchait courbé.
L'homme qui marchait courbé était un ancien forçat, et ce
qu'il traînait sur ses épaules était un cadavre.   Flagrant

délit d'assassinat, s'il en fut. Quant au vol, il va de soi; on ne tue pas un homme gratis. Ce forçat allait jeter ce cadavre dans la rivière.

La chaise de Marius se rapprocha encore. Thénardier en profita pour respirer longuement. Il poursuivit: 5

— Monsieur le baron, un égout n'est pas le Champ de Mars. On y manque de tout, et même de place. Quand deux hommes sont là, il faut qu'ils se rencontrent. C'est ce qui arriva. Le domicilié et le passant furent forcés de se dire bonjour, à regret l'un et l'autre. Le passant dit 10 au domicilié: — *Tu vois ce que j'ai sur le dos, il faut que je sorte, tu as la clef, donne-la-moi.* Ce forçat était un homme d'une force terrible. Il n'y avait pas à refuser. Pourtant celui qui avait la clef parlementa uniquement pour gagner du temps. Il examina ce mort, mais il ne 15 put rien voir, sinon qu'il était jeune, bien mis, l'air d'un riche, et tout défiguré par le sang. Tout en causant, il trouva moyen de déchirer et d'arracher par derrière sans que l'assassin s'en aperçût, un morceau de l'habit de l'homme assassiné. Pièce à conviction, vous comprenez; 20 moyen de ressaisir la trace des choses et de prouver le crime au criminel. Il mit la pièce à conviction dans sa poche. Après quoi il ouvrit la grille, fit sortir l'homme avec son embarras sur le dos, referma la grille et se sauva, se souciant peu d'être mêlé au surplus de l'aventure et 25 surtout ne voulant pas être là quand l'assassin jetterait l'assassiné à la rivière. Vous comprenez à présent. Celui qui portait le cadavre c'est Jean Valjean; celui qui avait la clef vous parle en ce moment; et le morceau de l'habit...

Thénardier acheva la phrase en tirant de sa poche et en 30 tenant à la hauteur de ses yeux, pincé entre ses deux pouces et ses deux index, un lambeau de drap noir déchiqueté tout couvert de taches sombres.

Marius s'était levé, pâle, respirant à peine, l'œil fixé sur le morceau de drap noir, et, sans prononcer une parole, sans quitter ce haillon du regard, il reculait vers le mur et, de sa main droite étendue derrière lui, cherchait en tâton-
5 nant sur la muraille une clef qui était à la serrure d'un placard près de la cheminée.

Il trouva cette clef, ouvrit le placard et y enfonça son bras sans y regarder, et, sans que sa prunelle effarée se détachât du chiffon que Thénardier tenait déployé.

10 Cependant Thénardier continuait :

—Monsieur le baron, j'ai les plus fortes raisons de croire que le jeune homme assassiné était un opulent étranger attiré par Jean Valjean dans un piège et porteur d'une somme énorme.

15 —Le jeune homme était moi, et voici l'habit ! cria Marius, et il jeta sur le parquet un vieil habit noir tout sanglant. Puis, arrachant le morceau des mains de Thé- nardier, il s'accroupit sur l'habit, et rapprocha du pan dé- chiqueté le morceau déchiré. La déchirure s'adaptait
20 exactement, et le lambeau complétait l'habit.

Thénardier était pétrifié. Il pensa ceci : Je suis épaté.¹
Marius se redressa frémissant, désespéré, rayonnant.

Il fouilla dans sa poche, et marcha furieux vers Thé- nardier, lui présentant et lui appuyant presque sur le visage
25 son poing rempli de billets de cinq cents francs et de mille francs.

—Vous êtes un infâme ! vous êtes un menteur, un calomniateur, un scélérat. Vous veniez accuser cet homme, vous l'avez justifié ; vous vouliez le perdre, vous n'avez
30 réussi qu'à le glorifier. Et c'est vous qui êtes un voleur ! Et c'est vous qui êtes un assassin ! Je vous ai vu Thé- nardier Jondrette, dans ce bouge du boulevard de l'Hôpital.

J'en sais assez sur vous pour vous envoyer au bagne, et plus loin même si je voulais. Tenez, voilà mille francs, sacripant que vous êtes !

Et il jeta un billet de mille francs à Thénardier.

— Ah ! Jondrette Thénardier, vil coquin ! Je vous dis que vous avez commis tous les crimes. Partez ! disparaissez ! Soyez heureux seulement, c'est tout ce que je vous désire. Ah ! monstre ! Voilà encore trois mille francs. Prenez-les. Vous partirez dès demain, pour l'Amérique, avec votre fille ; car votre femme est morte, abominable menteur. Je veillerai à votre départ, bandit, et je vous compterai à ce moment-là vingt-mille francs. Allez vous faire pendre ailleurs !

— Monsieur le baron, répondit Thénardier en saluant jusqu'à terre, reconnaissance éternelle.

Et Thénardier sortit, n'y concevant rien, stupéfait et ravi de ce doux écrasement sous des sacs d'or et de cette foudre éclatant sur sa tête en billets de banque.

Foudroyé, il l'était, mais content aussi ; et il eût été fâché d'avoir un paratonnerre contre cette foudre-là.

Finissons-en tout de suite avec cet homme.

Deux jours après les événements que nous racontons en ce moment, il partit, par les soins de Marius, pour l'Amérique sous un faux nom, avec sa fille Azelma, muni d'une traite de vingt mille francs sur New-York.

La misère morale de Thénardier, le bourgeois manqué, était irrémédiable ; il fut en Amérique ce qu'il était en Europe. Avec l'argent de Marius, Thénardier se fit négrier.

Dès que Thénardier fut dehors, Marius courut au jardin où Cosette se promenait encore :

— Cosette ! Cosette ! cria-t-il. Viens ! viens vite. Par-

tons. Basque, un fiacre ! Cosette, viens. Ah ! mon Dieu !
C'est lui qui m'avait sauvé la vie ! Ne perdons pas une
minute ! Mets ton châle.

Cosette le crut fou et obéit.

En un instant un fiacre fut devant la porte.

Marius y fit monter Cosette et s'y élança.

— Cocher, dit-il, rue de l'Homme-Armé, numéro 7.

Le fiacre partit.

— Ah ! quel bonheur ! fit Cosette, rue de l'Homme-
Armé. Je n'osais plus t'en parler. Nous allons voir M.
Jean.

Au coup qu'il entendit frapper à sa porte, Jean Valjean
se retourna.

— Entrez, dit-il faiblement.

La porte s'ouvrit. Cosette et Marius parurent. Cosette se précipita dans la chambre. Marius resta sur le
seuil, debout, appuyé contre le montant de la porte.

— Cosette ! dit Jean Valjean.

Et il se dressa sur sa chaise, les bras ouverts et trem-
blants, hagard, livide, sinistre, une joie immense dans les
yeux. Cosette, suffoquée d'émotion, tomba sur la poitrine
de Jean Valjean.

— Père ! dit-elle.

Jean Valjean, bouleversé, bégayait :

— Cosette ! elle ! vous, madame ! c'est toi ! Ah ! mon
Dieu ! Et, serré dans les bras de Cosette, il s'écria :

— C'est toi ! tu es là ! tu me pardonnes donc !

Marius, baissant les paupières pour empêcher ses
larmes de couler, fit un pas et murmura entre ses lèvres
contractées convulsivement pour arrêter les sanglots :

— Mon père !

— Et vous aussi, vous me pardonnez ! dit Jean Valjean.

Marius ne put trouver une parole, et Jean Valjean ajouta :

— Merci.

Cosette arracha son châle et jeta son chapeau sur le lit. 5

— Cela me gêne, dit-elle.

Et, s'asseyant sur les genoux du vieillard, elle écarta ses cheveux blancs d'un mouvement adorable, et lui baisa le front. Jean Valjean se laissait faire, égaré.

Cosette, qui ne comprenait que très confusément, re- 10 doublait ses caresses, comme si elle voulait payer la dette de Marius.

Jean Valjean balbutiait :

— Comme on est bête ! Je croyais que je ne la verrais plus. Figurez-vous, monsieur Pontmercy, qu'au moment 15 où vous êtes entré, je me disais. «C'est fini. Voilà sa petite robe, je suis un misérable homme, je ne verrai plus Cosette,» je disais cela au moment même où vous montiez l'escalier. Étais-je idiot ! Voilà comme on est idiot ! Mais on compte sans le bon Dieu. 20

Il fut un moment sans pouvoir parler, puis il poursuivit :

— J'avais vraiment besoin de voir Cosette une petite fois de temps en temps. Un cœur, cela veut un os à ronger. Cependant je sentais bien que j'étais de trop. Je me donnais des raisons : Ils n'ont pas besoin de toi, 25 reste dans ton coin, on n'a pas le droit de s'éterniser.

Et Cosette reprenait :

— Quelle méchanceté de nous avoir laissés comme cela ! Où êtes-vous donc allé ? pourquoi avez-vous été si longtemps ? Savez-vous que vous êtes très changé ? Ah ! 30 le vilain père ! il a été malade et nous ne l'avons pas su ! Tiens, Marius, tâte sa main comme elle est froide !

—Ainsi vous voilà! Monsieur Pontmercy, vous me par·
donnez! répéta Jean Valjean.

A ce mot, que Jean Valjean venait de redire, tout ce qui
se gonflait dans le cœur de Marius trouva une issue.

Il éclata :

—Cosette, entends-tu? il en est là! il me demande
pardon. Et sais-tu ce qu'il m'a fait, Cosette? il m'a sauvé
la vie. Il a fait plus. Il t'a donnée à moi. Et, après
m'avoir sauvé, et après t'avoir donnée à moi, Cosette, qu'a-
t-il fait de lui-même? Il s'est sacrifié. Voilà l'homme.
Et, à moi l'ingrat, à moi l'oublieux, à moi l'impitoyable, à
moi le coupable, il me dit : Merci! Cosette, toute ma vie
passée aux pieds de cet homme, ce sera trop peu. Cette
barricade, cet égout, cette fournaise, ce cloaque, il a tout
traversé pour moi, pour toi, Cosette! il m'a emporté à
travers toutes les morts qu'il écartait de moi et qu'il acceptait pour lui. Tous les courages, toutes les vertus,
tous les héroïsmes, toutes les saintetés, il les a. Cosette,
cet homme-là, c'est l'ange!

—Chut! chut! dit tout bas Jean Valjean. Pourquoi
dire tout cela?

—Mais vous! s'écria Marius avec une colère où il y
avait de la vénération, pourquoi ne l'avez-vous pas dit?
C'est votre faute aussi. Vous sauvez la vie aux gens, et
vous le leur cachez! Vous faites plus, sous prétexte de
vous démasquer, vous vous calomniez. C'est affreux.

—J'ai dit la vérité, répondit Jean Valjean.

—Non, reprit Marius, la vérité, c'est toute la vérité; et
vous ne me l'avez pas dite. Vous étiez monsieur Madeleine, pourquoi ne pas l'avoir dit? Vous aviez sauvé Ja·
vert, pourquoi ne pas l'avoir dit? Je vous devais la vie,
pourquoi ne pas l'avoir dit?

—Parce que je pensais comme vous. Je trouvais que
vous aviez raison. Il fallait que je m'en allasse. Si vous
aviez su cette affaire de l'égout, vous m'auriez fait rester
près de vous. Je devais donc me taire. Si j'avais parlé,
cela aurait tout gêné.                                              5

—Gêné quoi ? gêné qui ? repartit Marius. Est-ce que
vous croyez que vous allez rester ici ? Nous vous emmenons ! Ah ! mon Dieu ! quand je pense que c'est par hasard que j'ai appris tout cela ! Nous vous emmenons.
Vous faites partie de nous-mêmes. Vous êtes son père et  10
le mien. Vous ne passerez pas dans cette affreuse maison
un jour de plus. Ne vous figurez pas que vous serez demain ici.

—Demain, dit Jean Valjean, je ne serai pas ici, mais je
ne serai pas chez vous.                                            15

—Que voulez-vous dire ? répliqua Marius. Ah ça,
nous ne permettons plus de voyage. Vous ne nous quit-
terez plus. Vous nous appartenez. Nous ne vous lâ-
chons pas.

—Cette fois-ci, c'est pour de bon, ajouta Cosette.    20
Nous avons une voiture en bas. Je vous enlève. S'il le
faut, j'emploierai la force.

Et, riant, elle fit le geste de soulever le vieillard dans
ses bras.

Jean Valjean l'écoutait sans l'entendre. Il entendait la  25
musique de sa voix plutôt que le sens de ses paroles ;
une de ces grosses larmes qui sont les sombres perles de
l'âme, germait lentement dans son œil. Il murmura :

—La preuve que Dieu est bon, c'est que la voilà.

—Mon père ! dit Cosette.                                       30

Cosette prit les deux mains du vieillard dans les
siennes.

— Mon Dieu! dit-elle, vos mains sont encore plus froides. Est-ce que vous êtes malade? Est-ce que vous souffrez?

— Moi? non, répondit Jean Valjean, je suis très bien. Seulement . . .

5   Il s'arrêta.

— Seulement quoi?

— Je vais mourir tout à l'heure.

Cosette et Marius frissonnèrent.

— Mourir! s'écria Marius.

10   — Oui, mais ce n'est rien, dit Jean Valjean.

Cosette poussa un cri déchirant:

— Père! mon père! vous vivrez. Vous allez vivre. Je veux que vous viviez, entendez-vous!

Jean Valjean leva la tête vers elle avec adoration.

15   — Oh! oui, défends-moi de mourir. Qui sait? J'obéirai peut-être. J'étais en train de mourir quand vous êtes arrivés. Cela m'a arrêté, il m'a semblé que je renaissais.

— Vous êtes plein de force et de vie, s'écria Marius. Est-ce que vous vous imaginez qu'on meurt comme cela?

20 Vous avez eu du chagrin, vous n'en aurez plus. C'est moi qui vous demande pardon, et à genoux encore! Vous allez vivre, et vivre avec nous, et vivre longtemps. Nous vous reprenons. Nous sommes deux ici qui n'aurons désormais qu'une pensée, votre bonheur.

25   — Vous voyez bien, reprit Cosette tout en larmes, que Marius dit que vous ne mourrez pas.

Jean Valjean continuait de sourire.

— Quand vous me reprendriez, monsieur Pontmercy, cela ferait-il que je ne sois pas ce que je suis? Non, Dieu

30 a pensé comme vous et moi, et il ne change pas d'avis: il est utile que je m'en aille. La mort est un bon arrangement. Dieu sait mieux que nous ce qu'il nous faut.

Un bruit se fit à la porte. C'était le médecin qui entrait.

— Bonjour et adieu, docteur, dit Jean Valjean. Voici mes pauvres enfants.

Marius s'approcha du médecin. Il lui adressa ce seul mot : Monsieur ?... mais dans la manière de la prononcer, 5 il y avait une question complète.

Le médecin lui tâta le pouls.

— Ah ! c'est vous qu'il lui fallait ! murmura-t-il en regardant Cosette et Marius.

Et, se penchant à l'oreille de Marius, il ajouta très bas : 10

— Trop tard.

Jean Valjean, presque sans cesser de regarder Cosette, considéra Marius et le médecin avec sérénité.

On entendit sortir de sa bouche cette parole articulée :

— Ce n'est rien de mourir ; c'est affreux de ne pas vivre. 15

Tout à coup il se leva. Ces retours de force sont quelquefois un signe même de l'agonie. Il marcha d'un pas ferme à la muraille, écarta Marius et le médecin qui voulait l'aider, détacha du mur le petit crucifix de cuivre qui y était suspendu, revint s'asseoir avec toute la liberté de mouve- 20 ment de la pleine santé, et dit d'une voix haute en posant le crucifix sur la table :

— Voici le grand martyr.

Puis sa poitrine s'affaissa, sa tête eut une vacillation, comme si l'ivresse de la tombe le prenait. 25

On pourrait dire que l'agonie serpente. Elle va, vient, s'avance vers le sépulcre, et se retourne vers la vie. Il y a du tâtonnement dans l'action de mourir.

Jean Valjean, après cette demi-syncope, se raffermit, secoua son front comme pour en faire tomber les ténèbres, 30 et redevint presque lucide.

Il prit un pan de la manche de Cosette et le baisa.

—Il revient, docteur, il revient! cria Marius.

—Vous êtes bons tous les deux, dit Jean Valjean. Je vais vous dire ce qui m'a fait de la peine. Ce qui m'a fait de la peine, monsieur Pontmercy, c'est que vous n'ayez pas 5 voulu toucher à cet argent. Cet argent-là est bien à votre femme. Je vais vous expliquer, mes enfants, c'est même pour cela que je suis content de vous voir. Le jais noir vient d'Angleterre, le jais blanc vient de Norvège. Tout ceci est dans le papier que voilà, que vous lirez. Vous 10 comprenez tout l'argent qu'on peut gagner. La fortune de Cosette est donc bien à elle. Je vous donne ces détails-là pour que vous ayez l'esprit en repos.

La portière était montée et regardait par la porte entre-bâillée. Le médecin la congédia.

15 Mais il ne put empêcher qu'avant de disparaître cette bonne femme zélée ne criât au mourant:

Voulez-vous un prêtre?

—J'en ai un, répondit Jean Valjean.

Et, du doigt, il sembla désigner un point au-dessus de 20 sa tête où l'on eût dit qu'il voyait quelqu'un.

Il est probable que l'évêque assistait en effet à cette agonie. Cosette, doucement, lui glissa un oreiller sous les reins.

D'instant en instant, Jean Valjean déclinait. Il bais-25 sait; il se rapprochait de l'horizon sombre.

Son souffle était devenu intermittent; un peu de râle l'entrecoupait. Il avait de la peine à déplacer son avant-bras, ses pieds avaient perdu tout mouvement, et en même temps que la misère des membres et l'accablement 30 du corps croissaient, toute la majesté de l'âme montait et se déployait sur son front. La lumière du monde in-connu était déjà visible dans sa prunelle.

Il fit signe à Cosette d'approcher, puis à Marius ; c'était évidemment la dernière minute de la dernière heure. Il se mit à leur parler d'une voix si faible qu'elle semblait venir de loin, et qu'on eût dit qu'il y avait dès à présent une muraille entre eux et lui.

— Approche, approchez tous deux. Je vous aime bien. Oh ! c'est bon de mourir comme cela ! Toi aussi, tu m'aimes, ma Cosette. Je savais bien que tu avais toujours de l'amitié pour ton vieux bonhomme. Comme tu es gentille de m'avoir mis ce coussin sous les reins ! Tu me pleureras un peu, n'est-ce pas ? Pas trop. Je ne veux pas que tu aies de vrais chagrins. Il faudra vous amuser beaucoup, mes enfants. J'écrivais tout à l'heure à Cosette. Elle trouvera ma lettre. C'est à elle que je lègue les deux chandeliers qui sont sur la cheminée. Ils sont en argent ; mais pour moi ils sont en or, ils sont en diamants ; ils changent les chandelles qu'on y met en cierges. Je ne sais pas si celui qui me les a donnés est content de moi là-haut. J'ai fait ce que j'ai pu. Mes enfants, vous n'oublierez pas que je suis un pauvre, vous me ferez enterrer dans le premier coin de terre venu sous une pierre pour marquer l'endroit. C'est là ma volonté. Pas de nom sur la pierre. Si Cosette veut venir un peu quelquefois, cela me fera plaisir. Vous aussi, monsieur Pontmercy. Il faut que je vous avoue que je ne vous ai pas toujours aimé ; je vous en demande pardon. Maintenant, elle et vous, vous n'êtes plus qu'un pour moi. Je vous suis très reconnaissant. Je sens que vous rendez Cosette heureuse. Si vous saviez, monsieur Pontmercy, ses belles joues roses, c'était ma joie ; quand je la voyais un peu pâle, j'étais triste. Il y a dans la commode un billet de cinq cents francs. Je n'y ai pas touché. C'est pour les

pauvres.  Cosette, vois-tu ta petite robe, là sur le lit? la
reconnais-tu?  Il n'y a pourtant que dix ans de cela.
Comme le temps passe!  Nous avons été bien heureux.
C'est fini.  Mes enfants, ne pleurez pas, je ne vais pas
5 très loin, je vous verrai de là, vous n'aurez qu'à regarder
quand il fera nuit, vous me verrez sourire.  Cosette, te
rappelles-tu Montfermeil?  Tu étais dans le bois, tu avais
bien peur; te rappelles-tu quand j'ai pris l'anse du seau
d'eau?  C'est la première fois que j'ai touché ta pauvre
10 petite main.  Elle était si froide!  Ah! vous aviez les
mains rouges dans ce temps-là, mademoiselle, vous les
avez bien blanches maintenant.  Ces Thénardier ont été
méchants.  Il faut leur pardonner.  Cosette, voici le
moment venu de te dire le nom de ta mère.  Elle s'ap-
15 pelait Fantine.  Retiens ce nom-là, Fantine.  Mets-toi à
genoux toutes les fois que tu le prononceras.  Elle a souffert.  Et t'a bien aimée.  Elle a eu en malheur tout ce
que tu as en bonheur.  Ce sont les partages de Dieu.  Il
est là-haut, il nous voit tous, et il sait ce qu'il fait au mi-
20 lieu de ses grandes étoiles.  Je vais donc m'en aller, mes
enfants.  Aimez-vous bien toujours.  Il n'y a guère autre
chose que cela dans le monde: s'aimer.  Vous penserez
quelquefois au pauvre vieux qui est mort ici.  O ma Cosette! ce n'est pas ma faute, va,[1] si je ne t'ai pas vue tous
25 ces temps-ci, cela me fendait le cœur; j'allais jusqu'au
coin de la rue, je devais faire un drôle d'effet aux gens
qui me voyaient passer, j'étais comme fou, une fois je suis
sorti sans chapeau.  Mes enfants, voici que je ne vois
plus très clair, j'avais encore des choses à dire, mais
30 c'est égal.  Pensez un peu à moi.  Vous êtes des êtres
bénis.  Je ne sais pas ce que j'ai, je vois de la lumière.  Approchez encore.  Je meurs heureux.  Donnez-

moi vos chères têtes bien-aimées, que je mette mes mains dessus.

Cosette et Marius tombèrent à genoux, éperdus, étouffés de larmes, chacun sur une des mains de Jean Valjean. Ces mains augustes ne remuaient plus. Il était renversé 5 en arrière, la lueur des deux chandeliers l'éclairait. Sa face blanche regardait le ciel, il laissait Cosette et Marius couvrir ses mains de baisers.

Il était mort.

La nuit était sans étoiles et profondément obscure. 10 Sans doute, dans l'ombre, quelque ange immense était debout, les ailes déployées, attendant l'âme.

Il y a, au cimetière du Père-Lachaise,[1] aux environs de la fosse commune,[2] loin du quartier élégant de cette ville des sépulcres, loin de tous ces tombeaux de fantaisie qui 15 étalent en présence de l'éternité les hideuses modes de la mort, dans un angle désert, le long d'un vieux mur, sous un grand if auquel grimpent les liserons, parmi les chiendents et les mousses, une pierre. Cette pierre n'est pas plus exempte que les autres des lèpres du temps, de la 20 moisissure, du lichen. L'eau la verdit, l'air la noircit. Elle n'est voisine d'aucun sentier, et l'on n'aime pas aller de ce côté-la, parce que l'herbe est haute et qu'on a tout de suite les pieds mouillés. Quand il y a un peu de soleil, les lézards y viennent. Il y a, tout autour, un frémisse- 25 ment de folles avoines.[3] Au printemps, les fauvettes chantent dans l'arbre.

Cette pierre est toute nue. On n'a songé en la taillant qu'au nécessaire de la tombe, et l'on n'a pris d'autre soin que de faire cette pierre assez longue et assez étroite pour 30 couvrir un homme.

On n'y lit aucun nom.

Seulement, voilà de cela bien des années déjà, une main y a écrit au crayon ces quatre vers, qui sont devenus peu à peu illisibles sous la pluie et la poussière, et qui 5 probablement sont aujourd'hui effacés :

Il dort. Quoique le sort fût pour lui bien étrange,
Il vivait. Il mourut quand il n'eut plus son ange.
La chose simplement d'elle-même arriva,
Comme la nuit se fait lorsque le jour s'en va.

## NOTES

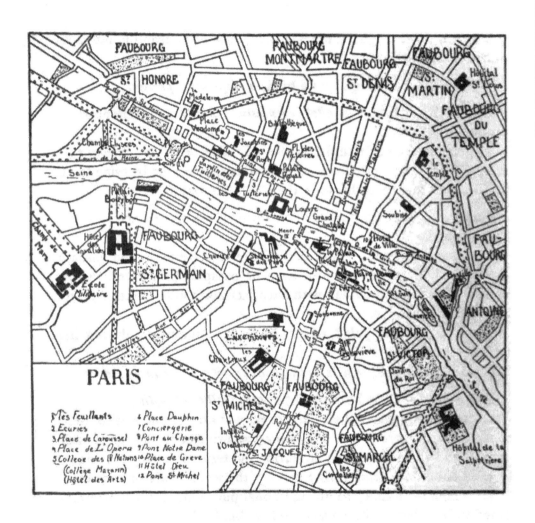

PARIS

1. Les Feuillants
2. Écuries
3. Place de Carousel
4. Place de L'Opéra
5. Collège des N Nations
   (Collège Mazarin)
   (Hôtel des Arts)
6. Place Dauphin
7. Conciergerie
8. Pont au Change
9. Pont Notre Dame
10. Place de Grève
11. Hôtel Dieu
12. Pont St Michel

# NOTES

Page 1. — 1. **Digne,** a town of about seven thousand inhabitants in south-eastern France.

Page 8. — 1. **quelqu'un de bien,** *a respectable person.*

Page 12. — 1. **mot à effet,** *emphatic remark:* one intended to produce an "effect."

2. **gens de sac et de corde,** *people who deserve to be drowned or hanged.* In France criminals were sometimes executed by tying them up in a sack and then throwing them into the water.

Page 14. — 1. **Pontarlier** is a town in eastern France near the Swiss boundary.

2. **passeport jaune.** Those who were released from the penitentiary or "*bagne*" were given a discharge or passport printed on yellow paper. Those not provided with such passports were liable to be re-arrested as runaways.

3. **masse,** *hoard,* "*pile,*" which he had accumulated during his imprisonment.

4. **ce n'est pas ça,** *that is not it, that is not what I intended.*

Page 16. — 1. **de bonne compagnie,** *well-bred, polite.*

2. **casaque rouge ;** *the red jacket* was put on prisoners who were regarded as dangerous. A ball (*boulet*) was riveted to the leg of each convict and was never taken off during the term of his imprisonment.

3. **la chiourme,** *chain-gang ;* strictly, the whole body of convicts.

4. **la double chaîne ;** as an additional punishment a ball was fastened to both legs. This was called *la double chaîne.*

Page 19. — 1. **la Brie** is the region east of Paris and north of the Seine.

Page 20. — 1. **en arrière de la mère,** *behind the mother's back,* without her knowledge.

2. homme de peine, *common laborer*.

3. à la lettre, *literally*.

4. les termes du Code étaient formels, *the language of the law was definite;* it did not allow the judge any option in the case.

**Page 21.** — 1. Montenotte is a village in northern Italy. Napoleon here gained a victory over the Austrians, April 12, 1796.

2. Bicêtre, a large hospital and asylum for the insane near Paris. It was customary in those days to collect the convicts from northern France in Paris, where they were formed into a "chain" to be taken to Toulon. The men were fastened in pairs to a long chain by means of an iron collar riveted on the neck. This piece of barbarity was not abolished until 1854.

3. Toulon is an important seaport and naval station in southern France.

**Page 22.** — 1. gardes-chiourme, *guards of the chain-gang*, usually soldiers.

**Page 23.** — 1. Grasse, a large town in southeastern France, noted for the manufacture of oil and perfumes, especially orange-flower water.

2. bloc, slang for *prison*.

**Page 25.** — 1. clavette, *pin*, or *bolt*.

**Page 26.** — 1. il prit son parti, *he made up his mind*.

**Page 28.** — 1. l'appui du rez-de-chaussée, *the window-sill*. The window was so near the ground that it was easy to step thus from the inside to the outside.

**Page 35.** — 1. Grenoble, a city in southeastern France. It is about eighty miles from Digne, nearly north.

2. Montreuil-sur-Mer is in northern France. It was once a seaport (hence the name "*sur mer*"), but owing to changes in the coastline, it is no longer one.

3. Montfermeil is a village a few miles east of Paris.

**Page 37.** — 1. Laffitte (1767–1844), a celebrated Parisian banker.

**Page 38.** — 1. pratiquait, he *practiced* (what he professed).

2. **Moniteur**, a celebrated newspaper which was long the official organ of the government.

**Page 48.** — 1. **adjudant-garde-chiourme**, *assistant chain-gang guard*.

**Page 49.** — 1. **Arras** (*s* sounded) is the *chef-lieu* (county seat) of the Department of Pas-de-Calais, in which Montreuil is situated.

2. **ne fais donc pas le sinvre**, *don't play off stupid* (or *ignorant*).

**Page 56.** — 1. **T. F. P.**, *Travaux Forcés à Perpétuité*, *hard labor for life*.

2. **saignée**, the place in the bend of the arm where persons were bled.

2. **Cannes**, a seaport in southern France. Napoleon landed here on his return from the island of Elba.

**Page 58.** — 1. **allez**, *surely*.

**Page 64.** — 1. **fauve**, *savage, fierce*.

**Page 66.** — 1. **à poigne-main**, *firmly*, lit., with closed hand.

2. **la maîtresse tringle**, *the principal bar* or *rod* (of the iron bedstead).

**Page 72.** — 1. **musoirs**, *piers*.

2. **empointure**, *upper corner*.

**Page 73.** — 1. **corvée du bagne**, *gang of convicts* (detailed to work on the ship).

**Page 77.** — 1. **si fait**, *yes, they did;* an emphatic affirmative.

**Page 87.** — 1. **sont-elles fagotées**, *aren't they badly dressed!* She really means "Aren't they fine!"

**Page 88.** — 1. **autant dire**, *so to speak, you might say*.

**Page 89.** — 1. **cela** is used contemptuously instead of *elle*.

**Page 91.** — 1. **le corps du délit** (*corpus delicti*), *evidence of the offense*.

**Page 92.** — 1. **pardi** (for *par Dieu*), *certainly*.

**Page 96.** — 1. **comme cela**, *so so*.

2. **petit monde**, *poor people*.

**Page 98.** — 1. **elle me ferait faute**, *I should miss her*.

**Page 99.** — 1. brassière, *vest* or *bodice*.

**Page 102.** — 1. **Livry** and **Bondy** are on the road from Montfer-meil to Paris.

2. à claire-voie, *thin, open*.

**Page 108.** — 1. le boulevard de l'Hôpital is in the southeastern part of Paris.

**Page 106.** — 1. bons d'Espagne, *Spanish bonds, investments*.

**Page 109.** — 1. Saint-Médard, a church on the south side of the Seine, not far from the Boulevard de l'Hôpital.

**Page 112.** — 1. un royaume pour une corde, an allusion to Shakspere's "My kingdom for a horse." See *Richard III*, V, 4.

**Page 118.** — 1. sans s'y prendre à deux fois pour rien, *without making any useless efforts*, lit., "without taking hold twice of anything."

2. pan coupé, a short wall filling in an angle where two walls meet.

**Page 116.** — 1. cloches, *covers* (to protect the plants from frost).

**Page 121.** — 1. mères vocales, *vocal mothers;* those who had a "voice" in the management of the convent.

**Page 128.** — 1. roulière, *a coarse jacket* or *blouse*.

**Page 125.** — 1. le boulevard du Temple is on the north side of the Seine, running southeast from the Château d'Eau. The Château d'Eau (so called on account of its large fountain) was a public square. It is now called "Place de la République."

**Page 126.** — 1. la Salpêtrière is a large hospital on the Boule-vard de l'Hôpital.

**Page 127.** — 1. la rue Boucherat and the other streets here men-tioned are in the region of the Boulevard du Temple.

**Page 128.** — 1. rossait, *scolded;* lit., "beat" or "belabored."

2. Bayonne, a seaport in southwestern France. Bayonets were first made here and derived their name from the place. The parts of France near the western end of the Pyrenees are called the Basque Pro-vinces.

3. **la croix,** *the Cross of the Legion of Honor*, given by Napoleon to those who had distinguished themselves in military or civil life. The order was instituted by Napoleon in 1802. The battle of Austerlitz (in Austria) was fought Dec. 2, 1805.

**Page 129.** — 1. See previous note.

2. **Vernon** is on the Seine about forty miles below Paris.

3. **les Cent Jours,** the period of Napoleon's reign after his return from Elba, March 20–June 28, 1815.

4. **s'étaient fait jour,** *had penetrated.* He had begun to see through them.

**Page 130.** — 1. **Saint-Sulpice,** one of the largest and richest churches in Paris. It is near the Palais du Luxembourg and in the heart of the old aristocratic district of Paris.

**Page 134.** — 1. **Moniteur,** see page 38, note 2.

**Page 137.** — 1. **manger de la vache enragée,** *to have a hard time.* *Vache enragée* is an animal that has been bitten by a mad dog and would be eaten only by those who were reduced to dire extremities.

**Page 140.** — 1. **Rousseau** was a "*restaurateur.*"

**Page 142.** — 1. **Sicambres,** a Teutonic tribe belonging to the confederation of the Franks. The name is frequently applied to Clovis and his companions.

**Page 143.** — 1. **margotons,** *girls.*

**Page 144.** — 1. **Champ de Mars** (Campus Martis), a large open space used for military parades and reviews; hence the name.

2. **Luxembourg,** i.e. *le Jardin du Luxembourg*, a magnificent garden or park on the south side of the Seine.

3. **la rue de l'Ouest** is about half a mile southwest of the "Jardin du Luxembourg."

**Page 146.** — 1. **émue,** *startling.*

**Page 152.** — 1. **Pétrarque,** *Petrarch* (1304–74), an Italian poet whose most famous works are his sonnets to "Laura."

2. **Dante** (1265–1321), the most famous poet of Italy and one of the most famous in the world. His great work is "The Divine Comedy." His lost love "Beatrice" was his guide through Paradise.

**Page 158.** — 1. **de service,** *on duty.*

**Page 157.** — 1. **dessu,** misspelt for *défu.*

2. **subjuguera.** This word is not correct here. He probably had *suggérera* in mind.

**Page 158.** — 1. **dans les temps,** *of former times.*

**Page 159.** — 1. **cognes,** slang for *police.*

2. The sentence might be completed somewhat thus: *pour vivre d'une telle vie.*

**Page 160.** — 1. **Notre-Dame** is the cathedral of Paris. It is a magnificent building, parts of which date from the twelfth century.

2. **orgue de Barbarie,** *hand-organ.* *Barbarie* is a corruption of *Berberi,* the name of a celebrated Italian maker of these instruments.

3. **je vas,** popular for *je vais.*

**Page 165.** — 1. **dépaillée,** *the bottom* or *seat broken out.*

**Page 166.** — 1. **Mlle Mars** (*Marss*), a celebrated actress (1779-1847).

**Page 170.** — 1. **la Bourbe,** a popular name for "l'Hôpital de la Maternité."

**Page 171.** — 1. **cartonnage,** *paper box making.*

**Page 172.** — 1. **toiles foraines,** *circus paintings*; such as are seen in front of "side-shows."

2. **fumiste,** *one who repairs chimneys.*

**Page 173.** — 1. **le pont d'Austerlitz** is a bridge across the Seine at the foot of the Boulevard de l'Hôpital.

**Page 174.** — 1. **à plein poing,** *with clenched fist.*

**Page 176.** — 1. **jocrisse,** *fool.*

**Page 177.** — 1. **couvertures d'hôpital,** *coarse blankets,* such as are used in almshouses.

**Page 180.** — 1. **homme de bureau,** *government official.*

**Page 182.** — 1. **Saint-Dominique-d'Enfer,** there is no such street in Paris now.

2. **maringotte,** *a kind of light wagon.*

**Page 184.** — 1. **empreintes monétaires,** *stamps, impressions* (on a coin).

Page 185. — 1. **escarper**, slang for *kill*.

Page 186. — 1. **fichons le camp**, *let us get out*.

Page 187. — 1. **railles**, slang for *police*.
2. **toqué**, *silly*.
3. **au doigt mouillé**, *with a wet finger;* a proceeding in which one child slightly wets a finger and then asks the others to guess which finger was wet.

Page 188. — 1. **à l'ombre**, *in prison*.

Page 191. — 1. **Gobelins** here means the part of Paris where the factory of the celebrated Gobelins tapestry is located. The women were doing their washing on floats in the river, a common sight in Paris.

Page 192. — 1. **bloc**, slang for *prison*.

Page 193. — 1. **esbrouffe**, *trouble, difficulty*.

Page 194. — 1. The **Faubourg Saint-Germain** is near the Seine on the south side. It was formerly the home of the old aristocracy. The " rue Plumet " is not in this district, but the " rue de Babylone," mentioned further on, is.

Page 195. — 1. **arrière-corps de logis**, *back building*.
2. **peu à effet**, *insignificant looking*. See also the note on page 12.

Page 197. — 1. **la rue de l'Homme-Armé** is in the old part of Paris, near the " Halles Centrales."
2. **prise d'eau**, *hydrant*.

Page 198. — 1. **le Comte de Lobau** was the commander of the National Guard.
2. **il n'avait pas d'état civil**, *he had no civil standing*. He was not registered as a citizen because he wished to conceal his identity.

Page 199. — 1. **faire un nez**, *drawing*, especially faces.

Page 201. — 1. **en tiers**, *as a third party*.

Page 205. — 1. **machin**, *thing;* the word is usually applied to something for which one knows no name. It might be rendered by " what do you call it ? "

2. **j'ai l'air de madame Chienfou,** *I look like a fright.* "Madame Chienfou" is applied specially to a woman whose hair is in disorder.

**Page 206.** — 1. **Mahomet,** an allusion to the remark attributed to Mahomet that if the mountain would not come to him, he would go to the mountain.

**Page 218.** — 1. **à je ne sais quoi d'ineffable,** *by something inexpressible.* "Je ne sais quoi" is often used as an indefinite pronoun to express something vague or indefinable.

**Page 221.** — 1. **Champ de Mars**; see note 1, page 144.

2. **rue de la Verrerie** (Glassmakers Street) is in the old part of the city, near the Hôtel de Ville.

**Page 222.** — 1. **flûte,** a kind of *cake* or *roll,* cylindrical in shape; hence the name.

**Page 223.** — 1. **rue de la Chanvrerie,** this street as well as all those mentioned in connection with the barricade are (or were) between the Hôtel de Ville and Halles Centrales. Some of them have disappeared, owing to improvements in the city.

**Page 227.** — 1. **Saint-Merry** is a church in the heart of the district above mentioned.

2. **la poule au shako**; when Marshal Bugeaud was commander of the French armies the front of the military cap was adorned with a copper figure representing the "*coq gaulois.*" This figure was jestingly called by the soldiers "*la poule.*" In the next line, *la banlieue* is used for *les troupes de la banlieue.* The song is a parody of the old song : "*Au clair de la Lune.*"

3. **Saint-Leu** is a church north of Saint-Merry.

**Page 228.** — 1. **Qui vive,** *who goes there?* A sentinel's challenge.

**Page 240.** — 1. **Porter**; the infinitive is sometimes used for the imperative.

**Page 245.** — 1. **voie de fait,** *act of violence, cruelty.*

**Page 247.** — 1. **les Archives,** a large building north of the Hôtel de Ville. The official name, "Archives Nationales," or "Archives d'État," indicates the use of the building.

2. **pourquoi faire,** *why?* lit., what do with?

**Page 248.** — 1. Monsieur Chose, *Mr. What's-your-name.*

2. briquet Fumade, a kind of *match* or apparatus for making light.

**Page 251.** — 1. Pièce de Huit, *eight-pounder.*

2. firent la manœuvre de force, *turned the gun quickly.*

**Page 253.** — 1. après, *what then? what of it?*

**Page 255.** — 1. Antée, *Antæus,* a giant who recovered his strength every time he touched the earth; see the fable of Antæus in classical mythology.

**Page 256.** — 1. la martingale refers to one of the cords with which Javert was bound. It was evidently a cord passing down over his breast like the martingale of a horse.

2. surin, slang for *knife.*

**Page 257.** — 1. remit de la roideur militaire entre ses épaules, *he stood up straight and squared his shoulders.*

**Page 258.** — 1. pas gymnastique, *double quick.*

**Page 264.** — 1. agents (*de police*).

2. égoutiers, *men who cared for the sewers.*

**Page 265.** — 1. égout de ceinture, *main sewer.*

**Page 267.** — 1. fontis, *caving in* or *sinking* of the foundation.

**Page 269.** — 1. This was near the present location of the " Pont de l'Alma."

**Page 270.** — 1. pesée, *prizing, forcing.*

2. part à deux, *share equally;* lit., " share for two."

**Page 272.** — 1. pantre, slang for *victim.*

**Page 273.** — 1. profondes, slang for *pockets.*

**Page 276.** — 1. Champs-Élysées, an avenue and park on the north bank of the Seine.

2. à plein poignet, *firmly:* see *à poigne-main,* page 66, and *à plein poing,* page 174.

**Page 277.** — 1. en cas, *in case* (of need).

**Page 278.** — 1. la rampe de l'abreuvoir, *slope of the embankment.*

The river bank was paved to the water's edge in order to serve as a watering-place for horses.

2. **hébétement**, *stupid astonishment*.

**Page 280.** — 1. **prenait jour**, *got its light*.

**Page 283.** — 1. **clubiste** means, simply, *clubbist*, or member of a club, but as the word was first used in France to designate a member of revolutionary clubs, it generally means a revolutionist.

2. **septembriseur**, *septembrist;* in September, 1792, hundreds of prisoners in Paris were massacred by the mob; a "septembriseur" means one who participated in these massacres or sympathized with the participants.

3. **le pont Notre-Dame** leads from the island in the Seine, on which the cathedral of Notre-Dame is situated, to the right bank. See map.

**Page 284.** — 1. **de plain pied**, *on a level, equality*.

**Page 289.** — 1. **tiers**, *third party*.

2. **pont au Change** is next below the *pont Notre-Dame*, and likewise leads to the right bank; see map. The *Pont-Neuf* crosses the Seine at the lower end of the island not far below the *pont au Change*.

**Page 290.** — 1. **instruction du procès**, *preparation for the trial*.

**Page 292.** — 1. **tirer parti**, *get some advantage*.

**Page 295.**— 1. **brassière**, see page 99, note.

**Page 299.** — 1. **escarpement**, *distance;* lit., "slope" or "hill."

**Page 800.** — 1. **faux**, *forgery*. If he had signed the name "Fauchelevent," by which he was known, it would have been a forgery, and he did not wish to sign his real name because he wished to remain unknown.

**Page 801.** — 1. **prendre acte**, *make a solemn declaration* (that he acknowledged Marius's statement).

**Page 808.** — 1. **hors de la vie**, lit., *out of life*. He was legally dead and so did not deserve any consideration.

**Page 804.** — 1. **Tuileries** here means *le Jardin des Tuileries*, a public park. The "Place Royale," now called "Place des Vosges," is a square in the quarter where M. Gillenormand lived.

**Page 308.** — 1. **la chaîne**, see page 21, note 2.

**Page 309.** — 1. **bec-de-cane**, *latch* or *knob;* so called from its shape.

**Page 311.** — 1. **descente de lit**, *rug*, usually in front of a bed; hence its name.

**Page 320.** — 1. **membrure**, *plate, rib, rim.*

**Page 321.** — 1. **alexandrine antique**, *old-fashioned Alexandrine.* The Alexandrine is the French heroic verse, used especially in tragedy.   It has twelve syllables and is so called because a very popular poem on Alexander the Great was written in this measure.

2. **le suicide de Javert**, see page 289, line 28.

**Page 324.** — 1. **épaté**, *dumfounded, amazed ;* lit., "flattened."

**Page 334.** — 1. **vu**, see *allez*, page 58, note.

**Page 335.** — 1. **Père-Lachaise**, the largest and most celebrated cemetery of Paris.

2. **la fosse commune** is the public burying-ground where those are buried who are too poor to purchase private plots.

3. **folles avoines**, *wild oats.*

# VOCABULARY

Since this is not a beginners' book, many familiar words, such as pronouns, prepositions and common adjectives and adverbs, have been omitted. Also, words that are alike or nearly alike in French and English, as well as such as regularly form part of every advanced student's vocabulary, have been included only when it appeared advisable to suggest other than the usual definitions.

## A

**abaisser** to lower

**abandon** *m.* abandonment, confidence

**abat-jour** *m.* shade

**abattre** to fell, knock down; s'— to fall, lower, pounce

**abîme** *m.* abyss

**abîmer** to plunge, be lost, sink

**aboiement** *m.* barking

**abord:** d'— at first, in the first place; au premier — at first sight

**aborder** to approach

**aboutir** to end

**aboyer** to bark

**abreuver** to overwhelm

**abri** *m.* shelter

**abriter** to shelter

**abrutir:** s'— to become stupid *or* brutish

**abrutissement** *m.* brutishness, stupidity

**abstenir:** s'— to abstain

**abus** *m.* abuse, abuse of authority

**acajou** *m.* mahogany

**accablement** *m.* fatigue, discouragement

**accabler** to overwhelm, crush, depress

**accès** *m.* attack

**accomplir** to perform; s'— to take place

**accouder:** s'— to lean on

**accourir** to come running

**accoutumer** to accustom

**accrocher** to hang, hook

**accroître** to increase

**accroupir** to crouch, squat

**acculer** to drive into a corner

**accusé** accused, prisoner at the bar

**acharner:** s'— sur to attack furiously

**achever** to finish

**acier** *m.* steel

**acquit** *m.* clearing, freeing

**âcre** sharp, acid

**acte** *m.* act, record

**adapter:** s'— to fit

**adosser:** s'— to put the back against

adresse *f.* dexterity
adresser to apply
affaiblir: s'— to grow weaker
affaiblissement *m.* weakness
affaire *f.* matter, business;
  avoir — à to have to do with
affairé busy
affaisser: s'— to sink, collapse
affamé hungry
affermir to strengthen
affoler: s'— to slide down
affranchir to free, absolve
affreux frightful
affubler to dress, rig out
affût *m.* watch
agenouiller: s'— to kneel
agent *m.* policeman
aggravation *m.* extension
agir to act; s'— de to be a
  question of
agiter to shake, excite, disturb
agneau *m.* lamb
agonie *f.* death agony
agoniser to die, perish
agrandir to enlarge
aguerrir to harden, train
aguets *m. pl.* watch
ahuri bewildered
aide *m.* assistant
aigle *m.* eagle
aigrement sharply
aigu sharp, shrill
aiguille *f.* needle
aiguiser to sharpen
aile *f.* wing
ailleurs elsewhere; d'— besides
aîné older, elder, oldest
airain *m.* brass, bronze
aisance *f.* ease, ease of manner
aise glad
aisé easy

aisselle *f.* armpit
ajuster to arrange, aim;
  s'— to be fixed
alerte *f.* alarm
aliénation: — mentale insanity
allée *f.* passage, walk
aller to go, be becoming;
  s'en — to go away;
  allons! come! go! get out!
alliance *f.* connection
allonger to lengthen, stretch
  out, give
allumer to light
allumette *f.* match, taper
allumeur *m.* lamplighter
allure *f.* gait, manner
alouette *f.* lark
altier proud
alvéole *m.* cell, socket
amant *m.* lover
amarrer to moor, tie up, fasten
amasser to collect
ambulance *f.* field hospital
ambulant itinerant
âme *f.* heart, mind, soul
améliorer to improve
amener to bring, draw
amertume *f.* bitterness, grief
aimable: à l'— amicably
amical friendly
amollir to soften
amonceler to pile up
amont: en — up stream
amortir to deaden
amourette *f.* love affair
amoureusement lovingly
anachorète *m.* hermit
ancre *f.* anchor
anéantissement *m.* prostration
ange *m.* angel
angoisse *f.* anguish, terror
ankylosé stiff

anneau *m.* ring

annonce *f.* announcement

annoter to make notes for

anse *f.* handle, bail

antichambre *f.* vestibule

apaiser to calm

aplanir to smooth out

aposter to station

apparition *f.* appearance, vision

appauvrir to impoverish

appel *m.* call, roll call

appliquer to apply, stick

apporter to bring, carry

apprendre to learn, teach

apprêt *m.* preparation

apprêter to prepare

approcher to bring near; s'— de to approach

approfondir to dive into

approvisionnement *m.* supplying

appui *m.* support, sill; à hauteur d'— breast high

appuyer to lean, rest, dwell, emphasize

âpreté *f.* harshness, rudeness

aqueduc *m.* channel

araignée *f.* spider

archange *m.* archangel

arche *f.* arch

archevêque *m.* archbishop

ardent fiery, red hot

arête *f.* edge

argenterie *f.* silver ware

argot *m.* slang

arme *f.* arm, weapon

armoire *f.* wardrobe, closet, box

aromate *m.* aromatic

arpent *m.* acre

arracher to snatch, draw out, tear off

arrestation *f.* arrest

arrêt *m.* decision, sentence; mettre en — to station

arrêter to arrest, stop, fix

arrivée *f.* arrival

arriver to come, happen

arrondir to round out

arrondissement *m.* district

artère *f.* artery

artilleur *m.* artilleryman

asile *m.* shelter, refuge

asperge *f.* asparagus

aspérité *f.* roughness, crack, dent

aspirer to breathe, inhale

assassinat, *m.* murder

assassiner to commit murder; assassiné *m.* victim

assaut *m.* attack

asseoir: s'— to sit down, be seated

assesseur *m.* assistant, associate

assez, enough, rather

assiégeant *m.* assailant

assiettée *f.* plateful

assise *f.* criminal court

assistant *m.* bystander

assister à to be present at, witness

assombrir to become dark *or* gloomy

assommer to knock down

assoupir: s'— to become drowsy

assourdir to muffle

assujettir to fasten

assuré steady

astre *m.* star

atelier *m.* workshop

âtre *m.* hearth, fireplace

attabler to seat at table

**attarder** to delay; **attardé** be-
lated
**atteindre** to attain, reach, attach
**attendant: en —** meanwhile
**attendri** affected, moved
**attendrissement** *m.* tenderness
**attendu que** seeing that, since
**attente** *f.* waiting, suspense
**atterrer** to overwhelm
**attirer** to attract, draw
**aube** *f.* dawn
**auberge** *f.* inn, tavern
**aubergiste** *m.* innkeeper
**audace** *f.* boldness
**au-dessous** below, under
**au-dessus** above, over
**au-devant** towards; **aller — de**
to go to meet
**audience** *f.* hearing, session
**auditoire** *m.* audience
**auguste** sublime, sacred
**aumône** *f.* alms
**aumônier** *m.* chaplain
**auparavant** before, previously
**auprès de** near, with, com-
pared with
**auréole** *f.* halo
**aurore** *f.* dawn
**austère** stern, harsh
**autant: d'— plus** so much the
more
**autel** *m.* altar
**auteur** *m.* author, inventor
**autrui** others
**aval: en —** down stream
**avaler** to swallow
**avant: très —** very deep
**avant-bras** *m.* forearm
**avarie** *f.* injury
**avenir** *m.* future
**aventure** *f.* adventure; **à l'—**
at random

**aventurer: s'—** to venture,
risk
**aventurier** *m.* adventurer
**avenu** happened, occurred
**averé** certain
**averse** *f.* shower
**avertir** to warn, notify
**avertissement** *m.* warning
**aveu** *m.* confession, occupation
**aveugler** to blind
**avidement** eagerly, greedily
**avis** *m.* opinion, notice
**avocat** *m.* attorney; **— général**
assistant attorney general
**avortement** *m.* failure, mis-
carriage
**avoué** *m.* lawyer

## B

**badaud** *m.* idler, loafer
**bagne** *m.* penitentiary
**bagnette** *f.* wand, ramrod,
switch
**bain** *m.* bath
**baiser** to kiss; *m.* kiss
**baisser** to lower, decline; **se —**
to stoop
**balafre** *m.* scar
**balafrer** to scar
**balai** *m.* broom
**balbutier** to stammer
**ballot** *m.* bale, bundle
**banal** trite
**banc** *m.* bench
**bancal** bandy-legged
**bande** *f.* band, bandage, strip,
troop
**bander** to bandage
**banlieue** *f.* suburbs
**banque** *f.* bank

**banquette** *f.* bench, seat, foot-path

**baraque** *f.* booth, hut (*for soldiers*)

**barbe** *f.* beard

**barbouillage** *m.* daub

**barbouiller** to smear

**barbu** bearded

**baril** *m.* cask, keg

**barrage** *m.* barrier, barricade

**barre** *f.* bar

**barreau** *m.* bar

**barrer** to bar, impede

**barrière** *f.* fence, wall

**bas** low, bottom; **à —** down; **en très — âge** when quite young; *m.* stocking

**bas-fond** *m.* lowest depth

**bassin** *m.* basin

**Bastille** *f. fortress in Paris before the French Revolution*

**bateleur** *m.* juggler

**bâtiment** *m.* building, vessel

**bâtisse** *f.* building

**bâton** *m.* stick, staff

**battant** *m.* leaf (*of a folding door*)

**battement** *m.* beating

**battre** to beat, strike; **se —** to fight; **— le pavé** to run the streets

**battue** *f.* beating (*for game*)

**bavard** talkative

**béant** gaping, open mouthed

**béatitude** *f.* bliss

**beau** fine, beautiful; **avoir —** to be in vain; **de plus belle** at one's best

**beau-père** *m.* father-in-law

**bec** *m.* beak, point; **— de gaz** gaslight

**bêche** *f.* spade

**bêcher** to spade, dig

**becqueter** to peck

**bégayement** *m.* stammering

**bégayer** to stammer

**bègue** stammering

**bélier** *m.* ram

**bénédicité** *m.* blessing, grace

**bénéfice** *m.* profit

**bénir** to bless

**berceau** *m.* cradle

**bercer** to rock

**berge** *f.* bank (*of a river*)

**besogne** *f.* work, business

**bétail** (*pl.* **bestiaux**) cattle

**bête** *f.* beast; *adj.* silly, stupid

**bétise** *f.* stupidity, nonsense

**bicoque** *f.* small house, hovel, shanty

**bien-aimé** well-beloved, darling

**bien-être** *m.* comfort, happiness

**bienfaisant** beneficent

**bienfait** *m.* benefit, favor

**bienfaiteur** *m.* benefactor

**bienveillance** *f.* kindness

**bigre!** zounds! the deuce!

**billard** *m.* billiards

**billet** *m.* note, banknote, ticket; **— doux** love letter

**bimbeloterie** *f.* toys; **boutique de —** toyshop

**bimbelotier** *m.* toydealer

**bis** brown

**biscaïen** *m.* grapeshot

**bise** *f.* cold wind

**bivouac** *m.* camp

**bizarre** strange

**blafard** pale, dim

**blanchâtre** pale

**blancheur** *f.* whiteness

**blanchir** to whiten, grow white; **— à la chaux** to whitewash

**blanchissage** *m.* washing

**blanchisseuse** *f.* washerwoman

**blême** wan, pallid, pale

**blessure** *f.* wound

**blottir** to crouch, squat

**bobo** *m.* slight injury

**bohémien** vagabond

**boire** to drink; — **sec** to drink wine without water

**boiter** to limp

**boiteux** limping, lame

**bond** *m.* bound, leap

**bonde** *f.* bunghole

**bondir** to leap, jump

**bonhomie** *f.* good-nature

**bonhomme** *m.* fellow, old fellow

**bonnement** simply

**bonnet** *m.* cap

**bord** *m.* edge, brink, brim; **à** — on board

**border** to border, flank

**borne,** *f.* curbstone

**borner** to limit, restrict

**botte** *f.* boot, bunch, bundle

**bouche** *f.* mouth, muzzle; — **à feu** cannon

**boucher** to stop up

**boucle** *f.* earring, curl, buckle

**boucler** to buckle

**bouclier** *m.* shield

**boue** *f.* mud

**bouffée** *f.* puff, whiff

**bouge** *m.* hovel, wretched lodging

**bougeoir** *m.* candlestick

**bouger** to budge, move

**bougie** *f.* wax candle

**bougon** grumbling

**bouillon** *m.* broth

**boulangerie** *f.* bakery

**boulet** *m.* ball, cannon ball

**bouleversement** *m.* overthrow, commotion

**bouleverser** to upset, agitate, disturb

**boulon** *m.* bolt, pin

**bouquin** *m.* old book

**bourbe** *f.* mud, mire

**bourg** *m.* town

**bourgeois** member of the middle class, citizen, "boss"; *f.* old woman

**bourrade** *f.* blow, cuff

**bourreau** *m.* executioner

**bourru** surly, morose

**bourse** *f.* purse

**bout** *m.* end, bit; **à** — **portant** point blank

**bouteille** *f.* bottle

**boutique** *f.* shop

**bouton** *m.* button, knob

**boutonner** to button

**bouvier** *m.* cowherd

**brailler** to bawl, howl

**braise** *f.* live coals

**branchement** *m.* branch

**branle-bas** *m.* clearing the deck for action

**branler** to shake

**bras** *m.* arm; — **dessus** — **dessous** arm in arm

**brasier** *m.* fire of red hot coals, brazier

**brassière** *f.* waist

**bravoure** *f.* bravery, courage

**brebis** *f.* sheep

**brèche** *f.* breach, hole

**bretelle** *f.* brace, suspender

**bribe** *f.* bit, snatch

**bricole** *f.* breast strap

**brigadier** *m.* chief

**brin** *m.* blade

**brique** *f.* brick

briquet *m.* steel (*for striking a light*); **battre le —** to strike a light

briser to break, crush

broc *m.* jug

brodequin *m.* laced boot, bootee

broder to embroider

brosser to brush

brouillard *m.* fog, mist

brouiller to tangle

broussaille *f.* bushes, thicket

bruire to roar, sing

brûlure *f.* burn

brume *f.* mist

brune *f.* dusk

brusque blunt, abrupt

bruyant noisy

bruyère *f.* heath, heather

bûche *f.* log, blockhead

buffet *m.* sideboard

buisson *m.* bush

bureau *m.* desk, office

buste *m.* breast

but *m.* object, aim

buvard *m.* blotter

buveur *m.* drinker

## C

cabaret *m.* inn, saloon

cabaretier *m.* saloon keeper

cabestan *m.* capstan

cabinet *m.* office, alcove, closet

cache-nez *m.* muffler

cachet *m.* seal

cacheter to seal; **pain à —** wafer

cachot *m.* cell, prison

cadenasser to padlock

caillou *m.* pebble

caisse *f.* office, treasury

calibre *m.* size; **de —** of regular size

calomniateur *m.* slanderer

calomnier to slander

calvaire *m.* calvary

camail *m.* hooded cloak

camisole *f.* jacket, vest

campagne *f.* country, campaign

canapé *m.* sofa

canevas *m.* canvas, design

canne *f.* cane

canon *m.* cannon, barrel (*of a gun*)

capitonner to upholster

capote hooded cloak

carafe *f.* water bottle

carcan *m.* iron collar

carré square

carreau *m.* pane, tile, tile floor

carreler to pave

carrick *m.* cloak

carrier *m.* quarryman

carte *f.* card, bill

cartouche *f.* cartridge

cas *m.* case, event

casaque *f.* jacket

caserne *f.* barracks

casque *m.* helmet

casser to break

casserole *f.* saucepan, pot

casse-tête *m.* club, mace

cauchemar *m.* nightmare

causer to cause, talk

cave *f.* cellar

ceinture *f.* belt, waist

ceinturon *m.* sword, hilt

céleste heavenly

cellier *m.* storeroom

cellule *f.* cell

cendre *f.* ashes

centenaire *m. and f.* centenarian

cerise *f.* cherry
cerveau *m.* brain
cesse *f.* ceasing, cessation
chacal *m.* jackal
chagrin *m.* grief, chagrin
chaîne *f.* chain, chain gang
chair *f.* flesh
chaise *f.* chair; — longue couch
châle *m.* shawl
chaleur *f.* heat, warmth
chambranle *m.* jamb, side
chambrée *f.* prison, dormitory
champ *m.* field; sur-le-— immediately
chance *f.* luck
chanceler to stagger, vacillate
chandelier *m.* candlestick
chandelle *f.* tallow candle
chant *m.* song, crow
charbon *m.* charcoal
charge *f.* burden, expense; femme de — housekeeper
charger to load, entrust
charmille *f.* hedge
charpie *f.* lint
charretier *m.* carter
charrette *f.* cart — à bras pushcart
chasse *f.* hunt, hunting
chasser to drive away, discharge
chat *m.* cat; —-tigre tiger cat
chataigner *m.* chestnut tree
châtain chestnut brown
château *m.* country house
châtier to punish
chatouilleux ticklish
chatte *f.* cat
chaudronnier *m.* coppersmith
chauffer to warm
chaume *m.* stubble

chaumière *f.* cottage, hut
chaussée *f.* roadway
chaux *f.* lime
chef *m.* chief, chief cook
chef-d'œuvre *m.* masterpiece
chemin *m.* way, road; rebrousser — to go back
cheminée *f.* chimney, mantel, fireplace
cheminer to proceed, walk
chemise *f.* shirt
chêne *m.* oak
chenil *m.* kennel
chercher to seek; aller — to get
chéri darling
chétif thin, paltry, wretched
chevet *m.* head (*of a bed*)
chevron *m.* coping, top
chevrotine *f.* buckshot
chicaner to cheat
chiendent *m.* couch grass
chiffon *m.* rag, scrap
chiffonier *m.* rag picker
chiffre *m.* figure
chimère *f.* idle fancy
chirurgie *f.* surgery
chirurgien *m.* surgeon
choc *m.* shock, stroke, collision
chœur *m.* choir, chorus
choisi select, choice
choix *m.* choice
chômage *m.* idleness, lack of work
chose *f.* thing; M. — Mr. What's-your-name
chou *m.* cabbage
chouette *f.* owl
chouquet *m.* cap (*of a mast*)
chuchotement *m.* whisper
chuchoter to whisper
chut! hush!

chute *f.* fall, end
cible *f.* target
cicatrice *f.* scar
cierge *m.* taper, wax candle
cil *m.* eyelash
cintre *m.* semicircle
cire *f.* wax
ciseau *m.* chisel; *pl.* scissors
citerne *f.* cistern
clair clear, bright
clairon *m.* bugle, trumpet
clairsemé rare, few
clapotement *m.* splash
clapoter to splash
claquer to snap, crack, chatter
clarine *f.* little bell
clarté *f.* light, flash
clavette *f.* peg, pin
clavicule *f.* collar bone
clavier *m.* keyboard
clef *f.* key
clignement *m.* wink
cligner to wink
clin *m.* wink
cliquetis *m.* rattling
cloaque *m.* sewer
cloche *f.* large bell
clocher *m.* church steeple
clochette *f.* small bell
cloison *f.* partition
cloître *m.* cloister, convent
clos closed; à nuit — after dark
cocarde *f.* cockade, rosette
cocher *m.* coachman
cochère: porte — carriage entrance
coffrer to jail, jug
cogne *m.* "cop"
cognée *f.* poleax
cogner to strike

coiffer to put on (*the head*); coiffé wearing
coin *m.* corner
col *m.* neck, collar
colère *f.* anger
coller to stick
collet *m.* collar
colline *f.* hill
colloque *m.* dialog
colombe *f.* dove
colosse *m.* colossus
colporteur *m.* peddler
comble *m.* top, extreme; pour — to crown all
combler to fill up, overwhelm
commerce *m.* business, trade
commère *f.* gossip, old woman
commissionnaire *m.* porter
commode convenient; — *f.* bureau
communauté *f.* society
complaisance *f.* kindness
complice *m.* accomplice
complot *m.* plot
comporter to behave, conduct
composer to settle
comprimer to compress
compromettre to compromise
compte *m.* account
compter to count
comte *m.* Count   [stand
concevoir to imagine, under-
condamner to sentence, find guilty
conduire to lead, guide, take, behave
conduit *m.* pipe, flue
confiance *f.* confidence, trust
confier to confide, entrust
congédier to send away
connaissance *f.* consciousness, knowledge

**conscience** *f.* consciousness; **avoir —** to be conscious

**conseil** *m.* council, counsel, advice

**conseiller** to advise

**conseiller** *m.* counselor; **— assesseur** associate judge

**considérer** to look at; **considéré** esteemed

**consommateur** *m.* consumer

**consommer** to accomplish

**constater** to prove, verify, declare, make sure

**construire** to build

**contenir** to restrain

**contester** to dispute, deny

**contigu** adjacent

**contraindre** to compel, restrain

**contrainte** *f.* constraint

**contrarier** to provoke

**contrée** *f.* region

**convaincre** to convince

**convenance** *f.* politeness

**convenir** to suit, agree upon

**convive** *m. and f.* guest

**coq** *m.* cock

**coquin** *m.* rascal, rogue

**corbeau** *m.* raven, crow

**corde** *f.* rope

**cordon** *m.* string, ribbon

**corne** *f.* horn

**cornée** *f.* cornea

**corniche** *f.* cornice

**corps** *m.* body; **— à —** hand to hand

**correctionnel: affaire —** le misdemeanor

**corrompre** to corrupt, bribe

**corset** *m.* waist (*of a dress*)

**corvée** *f.* gang, squad

**côte** *f.* rib, coast, side

**côté** *m.* side, direction

**coton** *m.* cotton

**cou** *m.* neck, throat

**couchant** *m.* west, sunset, setting

**coucher** to lay, sleep, set; **se —** lie down; **— en joue** to aim at

**coude** *m.* elbow, angle

**coudre** to sew, stitch

**coulant** *m.* slide

**couler** to run, flow

**couloir** *m.* passage

**coup** *m.* blow, stroke, gust; **— sur —** one after the other; **à — sûr** surely; **— de feu** shot; **— de main** helping hand; **— d'œil** glance; **— de tête** sudden fancy; **fusil à deux —s** double barreled gun

**coupable** guilty, criminal

**coupure** *f.* cut, opening, gap

**cour** *f.* court, yard

**couramment** fluently

**courbe** *f.* curve

**courber** to curve, bend, bow

**couronne** *f.* crown, wreath

**courroie** *f.* strap

**cours** *m.* course (*lectures*)

**course** *f.* running, trip, errand; **pas de —** double quick

**courte-paille: tirer à la —** to draw cuts

**coussin** *m.* cushion

**coûter** to cost

**coûteux** costly

**coutil** *m.* ticking

**coutume** *f.* habit

**couvent** *m.* convent

**couver** to brood over

**couvercle** *m.* cover, lid

**couvert** *m.* cover (*at table*); **mettre le —** to set the table

couverture *f.* cover, blanket
cracher to spit
craintif afraid, timid
crampon *m.* hook, spur
crâne *m.* skull
crapaud *m.* toad
craquer to crack, creak
crayonner to write (*with a pencil*)
créancier *m.* creditor
créer to create
crémaillère *f.* pothook
crêpe *m.* crape
crépusculaire (*of the*) twilight
crépuscule *m.* twilight
crête *f.* crest, top
creuser to dig, hollow out; se — la cervelle to rack one's brains
creuset *m.* crucible
creux hollow
crevasse *f.* crack
crever to burst, break
criard glaring, loud (*of colors*)
cribler to riddle
cric *m.* jack
crinière *f.* mane
crisper to clench, fasten
croc *m.* hook
crocheter to force
croisée *f.* window
croiser to cross, fold; — la bayonette to fix bayonets
croître to grow, increase
croix *f.* cross
Croquemitaine bogeyman
crosse *f.* butt (*of a gun*)
crouler to fall down
croûte *f.* crust
cruche *f.* pitcher
cuiller *f.* spoon
cuir *m.* leather

cuire to cook
cuisine *f.* kitchen
cuisse *f.* thigh
cuivre *m.* copper
culbuter to overthrow
cul-de-sac *m.* blind alley
culotte *f.* breeches
culotter to color
culte *m.* worship
curé *m.* priest
cygne *m.* swan
cynisme *m.* cynicism

## D

daigner to condescend
dalle *f.* flagstone
daller to pave
damas *m.* damask
dame! zounds! by thunder!
damier *m.* checker board
damné one who is damned
davantage more, farther
débarquement *m.* landing
débarquer to land, arrive
débarrasser to relieve
débattre to struggle
débine *f.* ruin, poverty
déborder to overflow
débaucher to come out
déboucler to unbuckle
début *m.* beginning
déchaîner to unchain
décharge *f.* discharge
décharger to unload
décharné emaciated, lean
déchausser to bare, uncover
déchéance *f.* fall, decadence
déchiffrer to decipher
déchiqueter to slash, mangle
déchirer to tear; déchirant heartrending

déchirure *f.* rent

décombres *m. pl.* rubbish

déconsidérer to bring into disrepute

découdre to rip

découper to carve; se — to stand out

décourager to discourage

décrocher to unhook, take down

décroiser to uncross

décroître to decrease

dédain *m.* disdain

dédire to contradict; s'en — to take it back

défaillance *f.* weakness, swoon

défaillir to faint, weaken

défaire to undo, open; se — to dispose

défaut *m.* fault

défendre to defend, forbid

défenseur *m.* counsel for the defense

défiance *f.* suspicion

défier to be suspicious

défigurer to disfigure

défilé *m.* passing, passage

défoncer to burst, break in

déformer: se — to lose shape

dégagement *m.* release, flow

dégager to free; se — to show, stand out

dégarnir to strip

dégoût *m.* disgust

degré *m.* degree, step

déguenillé ragged

déguisement *m.* disguise

déguiser to disguise

déjouer to foil, thwart

délabré dilapidated, tattered, ragged

délai *m.* respite, delay

délices *f. pl.* delight

délier to untie

délire *m.* delirium

délit *m.* offence, crime; en flagrant — in the very act

démanteler to dismantle

démasquer to unmask

démêler to disentangle

déménagement *m.* moving

déménager to move away

démettre to dislocate

demeure *f.* dwelling

demeurer to live, remain

demi: à —e voix in an undertone

demi-jour *m.* twilight

demi-mot *m.* insinuation

démission *f.* resignation

demi-tour *m.* half turn

dénaturer to pervert

dénoncer to report, inform against

dénonciation *f.* report

dénouement *f.* end, result

dénouer to untie, undo

dentelle *f.* lace

dénûment *m.* poverty, distress

dépaillé bottomless, seatless

dépasser to pass, surpass

dépaver to unpave

dépense *f.* expense, bill, expenditure

dépenser to spend

dépit *m.* spite

dépiter to vex

déplacer to move, displace

déplaire to displease

déplier to unfold

déployer to spread out

déposer to put, place, testify

dépôt *m.* deposit, trust

**dépouiller** to take off, rob, plunder

**dépourvu: au —** unawares

**déranger** to disturb, remove; **se —** to get disorderly, be irregular

**dernièrement** lately

**dérober** to steal, hide; **se —** to give way; **à la dérobée** stealthily

**dérouler** to unroll

**déroute** *f.* flight

**désespérément** in desperation, hopelessly

**déshabiller** to undress

**désigner** to point out

**désoler** to grieve; **désolé** sorry, grieved

**désormais** hereafter, after that

**dessécher** to dry up

**desservir** to care for, attend to

**dessin** *m.* figure, drawing

**dessiner: se .—** to show, appear

**dessus: bras — bras dessous** arm in arm

**destiner** to intend

**destituer** to dismiss

**destitution** *f.* dismissal

**détacher** to take away

**détenir** to retain, keep back, hold back

**détente** *f.* trigger

**détonation** *f.* report

**détourner** to turn aside

**détremper** to soak

**détresse** *f.* distress

**détromper** to undeceive

**dette** *f.* debt

**deuil** *m.* mourning

**dévaliser** to rob

**dévanture** *f.* front

**dévider** to wind, roll up

**dévier** to deviate

**deviner** to guess, conjecture

**dévisser** to unscrew

**dévoiler** to reveal

**devoir** must, ought, to owe; *m.* duty; **se mettre en —** to set about

**dévouement** *m.* self-sacrifice

**diantre!** the deuce!

**dicter** to dictate

**différence** *f.* quarrel, dispute

**difforme** ugly, misshapen

**digue** *f.* dike

**dilater** to spread out

**diminuer** to lessen

**diriger** to direct; **se —** to go

**discrétion: à —** at pleasure, freely

**disloquer** to break, pull apart

**disparition** *f.* disappearance

**dispenser** to excuse

**disposer** to arrange, prepare

**dissimuler** to conceal

**dissoudre** to dissolve

**distrait** absorbed, diverted, heedless

**distribuer** to arrange

**dogue** *m.* bulldog

**domicilié** resident

**dominer** to overlook, command a view

**dompter** to subdue

**dortoir** *m.* dormitory

**dos** *m.* back

**dossier** *m.* back

**doublure** *f.* lining

**douçâtre** sweetish

**douceur** *f.* gentleness, kindness

**douleur** *f.* pain, grief

**douloureux** sorrowful, painful

**douter** to doubt; **se — de** to suspect

**drap** *m.* cloth, sheet

**drapeau** *m.* flag, colors

**draper** to cover, wear mourning

**dresser** to raise, straighten up, set up, train

**drogue** *f.* drug

**droit: école de —** law school

**drôle** odd, funny; *m.* rascal, rogue

**drôlesse** *f.* hussy

**dur** hard, harsh

**durée** *f.* duration, length

**durer** to last

### E

**ébattre: s'—** to move about

**ébaucher** to sketch

**éblouir** to dazzle

**éblouissement** *m.* giddiness, splendor

**ébranlement** *m.* shaking, moving

**ébranler** to shake

**ébréché** nicked, notched

**écarlate** scarlet

**écart: à l'—** aside

**écartement** *m.* separation, spreading

**écarter** to put aside; **s'—** to stand aside, go away

**échafaud** *m.* scaffold, gallows

**échafaudage** *m.* scaffolding

**échalote** *f.* shallot (*kind of onion*)

**échapper** to escape, run away

**écharpe** *f.* scarf, sling

**échauffer** to warm, animate

**échelle** *f.* ladder

**échelon** *m.* rung

**écheveau** *m.* skein

**échoppe** *f.* stall

**échouer** to strand

**éclabousser** to splash

**éclair** *m.* lightning, flash

**éclaircir** to thin out

**éclairer** to light, light up, enlighten

**éclat** *m.* fragment, burst

**éclater** to burst, break out; **éclatant** brilliant, piercing

**éclipser: s'—** to vanish

**écloppé** crippled

**éclore** to come forth

**écolier** *m.* schoolboy

**écorce** *f.* bark

**écorcher** to skin, scratch

**écouler** to run, pass off; **s'—** to elapse

**écrasement** *m.* crushing

**écraser** to crush, overwhelm

**écrêter** to knock off the top

**écrit** *m.* writing

**écriteau** *m.* poster, notice

**écritoire** *f.* inkstand

**écriture** *f.* writing

**écrivain** *m.* writer

**écrouer** to register

**écrouler** to fall, crumble

**écu** *m.* dollar, crown

**écueil** *m.* reef, rock

**écuelle** *f.* bowl

**écume** *f.* foam

**écumer** to froth, foam

**écurie** *f.* stable

**écussoner** to bud

**effacement** *m.* disappearance

**effacer** to efface, blot out; **s'—** to withdraw

**effarement** *m.* fright

**effarer** to frighten

effaroucher to scare, stir up

effet *m.* effect, fact

effleurer to graze, touch

effondrement *m.* sinking, digging, collapse

efforcer: s'— to try

effraction *f.* breaking-in

effrayer to frighten; effrayant frightful

effréné unbridled

effroi *m.* fright, terror

effroyable frightful

égal equal, all the same, uniform

égarement *m.* bewilderment, frenzy

égaré wild, bewildered

égayer to brighten up

égeulé with broken spout

égorger to slaughter

égout *m.* sewer

égoutier *m.* sewer man

égratigner to scratch

élancer: s'— to spring, rush out

élargir to enlarge

élargissement *m.* widening

élégiaque plaintive

élever to raise; s'— to rise; élevé cultivated

éloignement *m.* distance, aversion

éloigner: s'— to go away, withdraw; éloigné distant

emballer to wrap up

embarcation *f.* boat

embarras *m.* embarrassment, trouble

embaumement *m.* embalming

enbaumer to perfume; embaumé sweet-smelling

embellir to become more beautiful

emblée: d'— at once

emboîter to fit in

embourbé stuck in the mud

embranchement *m.* branch

embrasement *m.* conflagration

embrasser to kiss, take in

embuscade *f.* ambush

embusquer to ambush, place in

émeute *f.* riot, disturbance

émietter to crumble

emmaillotter to wrap up

emménagement *m.* moving

emmener to take away

emmitoufler to wrap up

émondage *m.* pruning

émonder to prune

émondeur *m.* pruner

émouvoir to move

empaqueter to pack up

emparer to seize, take possession

empêcher to prevent, keep from

empiéter to encroach

empirer to grow worse

emplir to fill

emploi *m.* employment, use

empoigner to grasp

emportement *m.* transport

emporter to take, carry away; s'— to get excited; l'— to prevail

empourprer to make purple

empreindre to imprint, stamp

empreinte *f.* stamp

empressement *m.* eagerness, haste

empresser: s'— to hasten

emprunter to borrow

encadrer to frame

enceinte *f.* enclosure

enchaînement *m.* succession, joining

enchaîner to chain, bind
enchantement *m.* happiness
enclore to enclose
enclos *m.* enclosure
enclume *f.* anvil
encolure *f.* back, shoulders
encombrement *m.* jam, crowding
encombrer to obstruct
encrier *m.* inkstand
endormir: s'— to fall asleep
endosser to put on
endurcissement *m.* hardness
énergique bold, strong, energetic
enfanter to beget, produce
enfantin childish
enfer *m.* hell
enfermer to shut up, lock up
enfoncement *m.* recess
enfoncer to drive in; s'— to sink in, bury
enfuir: s'— to flee
engager to catch; s'— to enter, begin
engendrer to produce
engloutir to engulf, bury
engloutissement *m.* swallowing up
engorgement *m.* stoppage
engourdir to benumb, deaden
enhardir to become bold
énigme *f.* puzzle
enivrement *m.* intoxication
enivrer to intoxicate
enjambée *f.* stride
enjamber to step over
enlever to take, take away, raise, capture
enluminer to color
ennuyer to weary, bore
enquête *f.* investigation

enraciner to root, fasten
enregistrer to record
enrichir to enrich
enrouer to make hoarse; enroué hoarse
ensanglanté bloody
enseigne *f.* sign, signboard
enseigner to teach
ensuivre: s'— to result, follow
entasser to pile up
entendre to hear, understand; bien entendu of course
enterrement *m.* burial
enterrer to bury
entourer to surround
entraîner to drag, draw
entraver to fetter, hinder
entre-bâillement *m.* opening
entre-bâillé half-open
entrecouper to interrupt
entre-croiser to cross and re-cross
entre-dire: s'— to say to each other
entrée *f.* entrance
entrefaites: sur ces — meanwhile
entreprendre to attempt
entreprise *f.* business, contract
entretenir to entertain
entretien *m.* support
entrevoir to see dimly
entrevue *f.* meeting
entr'ouvrir to partly open
envahissement *m.* approach, encroachment
enveloppe *f.* covering
envelopper to wrap up
enverguer to furl, fasten
envie *f.* longing, desire, envy
environ: les —s the vicinity
environner to surround

envoler: s'— to fly away

épaisseur *m.* thickness, mass, density

épaissir: s'— to thicken, increase

épanchement *m.* freedom, happiness

épanouir to open, bloom; épanoui cheerful, smiling

épanouissement *m.* beam, opening, cheerfulness

épargner to spare

épars scattered

épaule *f.* shoulder

épeler to spell

éperdu bewildered, frantic

épieu *m.* hunting spear

épine *f.* thorn

épître *f.* epistle

éponge *f.* sponge

époque *f.* time

épouvante *f.* terror

épouvanter to terrify

épreuve *f.* trial, proof, test

éprouver to feel

épuisement *m.* exhaustion

épuiser to exhaust

équilibre *m.* balance

équipage *m.* crew (*of a ship*)

ériger to erect, elevate

errer to wander

escadron *m.* squadron, troop

escalade *f.* scaling, climbing

escalader to scale, climb over

escalier *m.* stair

escamoteur *m.* juggler

escarpement *m.* slope, bank, precipice

escarpé steep, rugged

escarpolette *f.* swing

esclavage *m.* slavery

escouade *f.* squad

espacer to space

espérer to hope for, expect

espiègle mischievous

espion *m.* spy

esprit *m.* mind, wits, spirit; — de vin alcohol

esquisser to sketch

esquiver: s'— to slip away

essai *m.* trial, attempt

essoufflé out of breath

essuyer to wipe, endure

estropié crippled

étage *m.* story, floor

étaler to display, spread out

étang *m.* pond

état *m.* state, condition, business; homme d'— statesman

étau *m.* vise

éteindre to extinguish, put out; s'— to die, go out

étendre to extend, stretch out, spread

éternellement continuously

éterniser: s'— to last forever

étinceler to sparkle

étoffe *f.* stuff, material

étoile *f.* star; à la belle — in the open

étonner to astonish; s'— to be astonished

étouffement *m.* suffocation

étouffer to stifle, choke

étourdissement *m.* bewilderment

étrangler to strangle

étreindre to grasp, clasp

étreinte *f.* grasp

étroit narrow, hard

étroitement *m.* closely

étui case, small box

eustache *m.* cheap pocket knife

évader: s'— to escape

évanouir: s'— to faint, vanish
évanouissement *m.* swoon
évasé hollow, deep
évasion *f.* escape
évêché *m.* bishop's house
éveil *m.* alarm, warning, hint
éveiller to arouse, wake up, awake
événement *m.* event, "things"
évêque *m.* bishop
évocation *f.* calling up
exagéré extravagant
exaspérer to anger
excluer to exclude
exécuter to sacrifice
exercer to practise, exercise
exhausser to raise
exiger to require, demand
exposé *m.* statement
exprès on purpose
exprimer to express
exquis exquisite
extase *f.* ecstasy
exténuer to weaken, exhaust
extraire to take out

## F

fabrication *f.* manufacture
fabrique *f.* factory
fâcher to make angry, grieve; se — to get angry
fâcheux disagreeable
façon *f.* manner, sort; d'une — quelconque somehow or other
factieux *m.* insurgent
faction *f.* service, sentry duty
faculté *f.* power, ability
fade insipid
faiblir to weaken
faïence *f.* earthenware

faillir to fail, err, come near
faillite *f.* failure; faire — to fail
fainéant idler
fait *m.* fact, deed, matter
falaise *f.* cliff
falloir to be necessary, must
faner to fade
fanfare *f.* trumpet blast
fange *f.* mud, mire
fangeux muddy
fantôme *m.* phantom
farce *f.* trick; faire une — to play a trick
farceur *m.* joker, rogue
fardeau *m.* burden
farouche fierce, shy, sullen
fatigue *f.* hard work
faubourg *m.* suburb
faucher to mow
faucon *m.* falcon, hawk
faute *f.* fault, mistake; — de for want of
fauteuil *m.* armchair
fauve wild
fauvette *f.* warbler
favori *m.* side whiskers
fébrile feverish
fée *f.* fairy
feindre to pretend
femme *f.* woman, wife; — de chambre housemaid; — de ménage housekeeper
fendre to split, break
fenêtre *f.* window
fente *f.* crack, streak
ferme firm; *f.* farm
fermé closed, reserved
fermière *f.* farmer's wife
ferraille *f.* scrap iron
ferrer to fasten, link up; ferré iron-shod

feu *m.* fire; — follet *m.* will-o'-the-wisp

feuille *f.* leaf, sheet

feuilleter to turn over (*leaves of a book*)

fiacre *m.* cab, carriage

ficelle *f.* string, twine

fichtre! the deuce!

fichu *m.* light shawl *or* cape

fiente *f.* dung

fierté *f.* pride

fièvre *f.* fever

fiévreux feverish

figer to congeal

figure *f.* face

figurer to appear; se — to imagine

fil *m.* thread

filandre *f.* air-thread, gossamer

filature *f.* spinning mill

filer to pay out, unwind

filet *m.* thread, streak

finesse *f.* delicacy, smallness

fixe fixed, staring, steady

flagrant: en — délit in the very act

flairer to scent, smell

flambeau *m.* torch, candlestick

flamber to blaze up

flamboiement *m.* blazing

flamboyer to flame, glitter

flanc, *m.* side

flaque *f.* puddle

fléchir to bend, give way

fléchissement *m.* giving way

fleuve *m.* river

florissant flourishing

flot *m.* flood, jet

flotter to float

foi *f.* faith, confidence

foire *f.* fair

folâtre playful, gay

folie *f.* madness, insanity, folly

follet: feu — will-o'-the-wisp

fonction *f.* duty

fond *m.* bottom, back, background, depths, heart

fonder to found

fondre to melt

fondrière *f.* mudhole

fontaine *f.* spring, cistern

for intérieur *m.* conscience

forçat *m.* convict

force *f.* strength; — de l'âge vigor of manhood; *adj.* much, many

forcené furious

formel positive, definite

fort strong, very, much

fosse *f.* pit, grave

fossé *m.* ditch

foudre *f.* lightning

foudroyant crushing

foudroyé thunderstruck

fouet *m.* whip

fouetter to whip, beat

fouille *f.* digging, search

fouiller to search, reach in

foule *f.* crowd, multitude

four *m.* oven

fourbe *m.* impostor

fourbu worn out

fourche *f.* fork, pitchfork

fourchette *f.* fork

fourmiller to swarm

fournaise *f.* furnace

fourneau *m.* stove, range

fourré *m.* thicket

fourreau *m.* sheath

fourrer to put, thrust

fourvoyer to go astray

frais *m. pl.* expenses; *adj.* fresh, cool, new

franchement frankly
franchir to cross, get over
frappement *m.* knocking, blow
frayeur *f.* fright, terror
fredonner to hum
frégate *f.* frigate
frémir to shudder, tremble
frémissement *m.* shudder, trembling
frénétique frantic
frisson *m.* shudder
frissoner to shiver, tremble
froideur *f.* coldness, coolness
froisser to rustle, ruffle, offend
fromage *m.* cheese
froncement *m.* frowning, turning up
fronde *f.* sling
front *m.* forehead
fronton *m.* pediment, top
frotter to rub
fuir to flee, fly
fuite *f.* flight
fumée *f.* smoke; noir de — lampblack
fumier *m.* dungheap
funèbre sad, mournful
fureter to rummage, hunt
furtivement stealthily
fusil *m.* gun; — à deux coups double barreled gun
fusiller to shoot, shoot at
futaine *f.* fustian

## G

gabier *m.* topman
gâche *f.* staple
gagne-pain *m.* breadwinner
gagner to gain, reach, earn, overcome
gaîment merrily

gaîté *f.* glee; de — de cœur deliberately
galère *f.* *old word for* bagne
galerie *f.* passage
galérien *m.* *old word for* forçat
galetas *m.* garret
galette *f.* cake, tuft
ganache *f.* fool
ganse *f.* cord, braid, band
gant *m.* glove
garde *f.* guard; prendre — to pay attention
garder to guard, keep; se — de to take care not to
gare! look out (for)!
gargote *f.* saloon
gargotier *m.* saloonkeeper
garnement *m.* rascal
garnir to furnish
garrotter to bind
gauche left, awkward; *f.* left hand
gaver to stuff
gaz *m.* gas
gazon *m.* sod, turf
gazouillement *m.* cooing, chattering
gazouiller to babble, coo, chatter
géant *m.* giant
geler to freeze
gémissement *m.* groan
gendarme *m.* military policeman
gendarmerie *f.* military police
gêne *f.* embarrassment
gêner to trouble, embarrass, incommode; gênant troublesome
Gênes Genoa (*city in northern Italy*)
génie *m.* genius, spirit

genouillère *f.* kneeband
genre *m.* kind, sort
geôle jail
germer to sprout, spring up
géronte *m.* silly old man
gésir to lie, recline
geste *m.* gesture
giberne *f.* cartridge box
gibet *m.* gibbet, gallows
gibier *m.* game
gifle *f.* slap, box on the ears
gigantesque gigantic
gigot *m.* leg of mutton
gilet *m.* waistcoat
gîte *m.* lodging, shelter
glace *f.* ice, mirror
glacer to chill, freeze; glacé icy
glissement *m.* gliding, running
glisser to slip, slide, glide
gomme *f.* gum; — laque
  shellac
gond *m.* hinge
gonflement *m.* puffing up
gonfler to swell, puff up
gorge *f.* throat
gorgée *f.* swallow
gosier *m.* throat
gouffre *m.* abyss
gourdin *m.* cudgel, club
gousset *m.* pocket
goût *m.* taste, liking
goutte *f.* drop
grabat *m.* cot, mean bed
grâce *f.* pardon, favor, thanks;
  par — for mercy's sake
gracieusement kindly, prettily
grade *m.* rank
graisse *f.* grease, fat
grand: en — on a large scale
grandeur *f.* greatness, size,
  highness
grandir to grow, grow up

gras fat, greasy
gratter to scratch, scrape
gratuitement gratis
gravats *m. pl.* stones, rubbish
graver to engrave, print
graveur *m.* engraver
gravir to climb up *or* over
gré *m.* liking
gredin *m.* scoundrel
gréement *m.* rigging
greffier *m.* clerk of the court
grêle *f.* hail
grelot *m.* bell
grelotter to shiver
grenier *m.* attic
grièvement severely
griffe *f.* claw
grille *f.* grating, iron fence, gate
grimace *f.* wry face
grimper to climb
grincement *m.* grating, creak-
  ing
grognon grumbling, disagreeable
grommeler to grumble, growl
grondement *m.* growling, rumbling
gronder to scold, rumble
grondeur scolding
gros big, heavy, rough, coarse
grossier rude, coarse
grotte *f.* grotto, den
guenille *f.* rag
guéridon *m.* small table, stand
guet *m.* watch, watching; —
  -apens *m.* ambush, trap
guetter to watch, spy
guetteur *m.* spy
gueux *m.* beggar, scoundrel
guichet *m.* small window
guichetier *m.* turnkey
guise *f.* manner, way.

# H

[Apostrophe denotes an aspirate]

**habileté** *f.* skill
**habillement** *m.* clothing
**habiller** to dress
**habit** *m.* coat, dress; *pl.* clothes
**habitant** *m.*, —e *f.* inhabitant
**habiter** to live in, inhabit
**habitué** accustomed
**'haie** hedge
**'haillon** *m.* rag, tatter
**'haine** *f.* hate, hatred
**'haïr** to hate
**'hâle** *m.* sunburn, tan
**'hâlé** tanned, sunburnt
**haleine** *f.* breath
**'haler** to haul, pull
**'haleter** to pant, gasp
**'halle** *f.* market hall; **Halles Centrales** *the great public market of Paris*
**'hanche** *f.* hip
**'hangar** *m.* shed (*for carts*)
**'hanter** to haunt
**'happe-chair** *m.* grasp-all, "hog"
**'harasser** to wear out
**'hardes** *f. pl.* clothes
**'hardi** bold, fearless
**'hasard** *m.* chance, accident; **au —** at random
**'hasarder** to risk
**'hâter: se —** to hasten
**'haubans** *m. pl.* shrouds, rigging
**'hausse-col** *m.* gorget, neckpiece
**'haussement** *m.* raising
**'hausser** to raise
**'hautain** haughty
**'hauteur** *f.* height
**'hâve** pale, wan
**'havresac** *m.* knapsack

**herbe** *f.* grass, plant
**'herisser** to bristle, stand up
**heure** *f.* hour; **de bonne —** early; **tout à l'—** in a short time, just now; **à la bonne —** all right
**'heurter** to strike, clash, knock
**hiatus** *m.* opening
**'hibou** *m.* owl
**'hideux** hideous
**hirondelle** *f.* swallow
**'hisser** to hoist
**'hochement** *m.* shake, toss
**'hocher** to shake
**'honnêteté** *f.* honesty
**'honte** *f.* shame, disgrace
**hôpital** *m.* almshouse
**horloge** *f.* clock
**'hors (de)** out of, aside from, beside
**hospitalier** hospitable
**hôte** *m.* host, guest, landlord
**hôtelier** *m.* landlord
**hôtellerie** *f.* inn, hostelry
**'hourvari** *m.* uproar, shouting
**huile** *f.* oil
**huissier** *m.* usher, tipstaff
**humaniser: s'—** to become humanized
**'hune** *f.* top, masthead
**'hunier** *m.* top sail; **grand —** main topsail
**'hurler** to howl, groan
**'hutte** *f.* hut
**hyène** *f.* hyena

# I

**impérieusement** urgently, absolutely
**impitoyable** pitiless
**impliquer** to involve, include

**importer** to matter
**importun** disagreeable
**importuner** to bother
**imprenable** impregnable
**imprévu** unexpected
**imprimer** to print, give
**imprimerie** *f.* printing office
**imprimeur** *m.* printer
**improviste:** à l'— unexpectedly
**impulsion** *f.* impulse
**impunément** with impunity
**inabordable** unapproachable
**inaperçu** unperceived
**inattendu** unexpected
**incarnat** *m.* flesh color, pink
**incendie** *m.* fire
**incliner** to incline, bend, lean
**incommodité** *f.* inconvenience
**inconvenance** *f.* impropriety
**incroyable** incredible
**inculte** uncultivated
**indéchiffrable** unintelligible
**indécis** indefinite
**indéfiniment** aimlessly
**indéfinissable** undefinable
**indéscriptible** indescribable
**index** *m.* forefinger
**indicible** unutterable
**indienne** *f.* calico
**indigne** unworthy
**indigner** to make indignant; **indigné** indignant
**indiquer** to point out
**inespéré** unexpected
**inexprimable** inexpressible
**infailliblement** surely
**infâme** infamous; *m.* wretch
**infect** foul, reeking
**infiltrer:** s'— to trickle in
**informe** shapeless
**informer:** s'— to inquire

**infortune** *f.* misfortune
**infortuné** unfortunate
**infranchissable** insurmountable
**inhabité** uninhabited
**injure** *f.* cross word, insult
**innocent** *m.* simpleton
**inonder** to flood, bathe
**inouï** unheard-of
**inquiet** anxious, uneasy
**inquiétant** alarming
**inquiéter** to worry, disturb
**inquiétude** *f.* uneasiness
**insensé** mad, foolish
**insensiblement** gradually
**insignifiant** insignificant, of no importance
**insondable** unfathomable
**insouciance** *f.* carelessness
**instruction:** juge d'— examining magistrate
**insu:** à son — without one's knowledge
**insurgé** *m.* insurgent
**interdit** speechless
**interpeller** to question
**intriguer** to puzzle
**inutilité** *f.* uselessness
**inverse** opposite
**invraisemblable** improbable
**irriter** to disturb
**isolement** *m.* isolation
**isolément** separately
**item** *used for emphasis* "I repeat"
**ivresse** intoxication

# J

**jadis** formerly
**jaillir** to burst out, flash
**jais** *m.* jet

**jaloux** jealous

**jambe** f. leg; **à toutes —s** at full speed

**jarret** m. leg, kneejoint

**jaser** to chatter, talk

**jaunâtre** yellowish

**jaunir** to turn yellow

**jetée** f. pier

**jeter** to throw, cast, utter

**jeu** m. game, sport

**jeûne** f. fasting

**jobard** m. fool

**joindre** to add, clasp

**joliment** thoroughly

**joue** f. cheek; **coucher en —** to aim at

**jouer** to play, feign, act

**joujou** m. plaything, toy

**jour** m. day, daylight

**judiciaire** legal

**juge** m. judge; **— d'instruction** examining magistrate

**juger** to judge, think; **se —** to be tried

**jupe** f. skirt

**jupon** m. petticoat

**juré** m. juror

**jurer** to swear

**juste** just, right, righteous; **au —** exactly

**justice** f. court, law

### L

**là** there; **— bas** yonder; **de —** from that

**lâche** coward, cowardly

**lâcher** to let go, release, fire

**lâcheté** f. cowardly act

**laideur** f. ugliness

**laine** f. wool

**lambeau** m. shred, strip

**lame** f. blade, plate, layer

**lampion** m. large lamp

**lancer** to throw, hurl

**laquais** m. lackey, errand boy

**laque: gomme —** shellac

**lard** m. bacon

**large** broad, wide; **de long en —** to and fro

**larme** f. tear

**larve** f. specter

**las** tired

**latte** f. lath

**laveuse** f. washerwoman

**lecteur** m. reader

**lecture** f. reading

**legs** m. legacy

**léguer** to bequeathe

**lenteur** f. slowness

**lèpre** f. leprosy

**lésion** f. injury

**leste** nimble, quick, rapid

**levée** f. embankment

**lever** to raise; **se —** to rise, get up; **— du jour** daybreak

**levier** m. lever

**lèvre** f. lip

**lézard** m. lizard

**liaison** f. intimacy

**liard** m. farthing

**liasse** f. bundle

**libératrice** f. liberator

**lien** m. bond, fetter

**lier** to bind, fetter

**lieu** m. place; **donner — à** to cause

**lieue** f. league

**ligne** f. line

**linge** m. linen, cloth

**liseron** m. bindweed

**lisière** f. border, edge

lisser to smooth

livre *m.* book; *f.* pound

livrer to give up

locataire *m. f.* tenant; — principal renter (*one who has sublet an apartment*)

loge *f.* lodge, small room

logement *m.* lodging

loger to lodge

logette *f.* small house

logis *m.* house

loi *f.* law; faire — to become the rule

lointain distant

loisir *m.* leisure

long long; de — en large to and fro; *m.* length

longer to run along

longueur *f.* length

loque *f.* rag

loquet *m.* lock, latch

lors then, at the time

louche suspicious-looking

loucher to squint

louis *m. old French coin worth about* 20 *francs*

loup *m.* wolf; au pas de — stealthily

lourd heavy

loyer *m.* rent

lubie *f.* whim

lucarne *f.* garret window

lucidité *f.* clearness, flash

lueur *f.* flash, light, glimmer

lugubre sad, mournful

luire to glitter

lumière *f.* light

lunettes *f. pl.* spectacles

lustré glossy

lutte *f.* struggle

lutter to struggle

luxe *m.* luxury

## M

machinal mechanical

mâchoire *f.* jaw

maçonner to build

maçonnerie *f.* masonry

magiquement by magic

maigre meagre, thin

maillot *m.* swaddling clothes, baby in swaddling clothes

main *f.* hand; à — armée by force; — -d'œuvre wages, labor, workmanship

maire *m.* mayor

mairie *f.* mayor's office, town hall

maison *f.* house; — de ville, — commune town hall

maître *m.* master, proprietor

mal *m.* evil, bad, harm; faire — à to hurt

mâle manly

malentendu *m.* misunderstanding

malfaiteur *m.* evildoer, criminal

malice *f.* mischief, roguishness

malin mischievous, sly

malle *f.* trunk

malmener to maltreat

malpropreté *f.* slovenliness

malsain unhealthy

maltraiter to maltreat

malveillant evil, wicked

manche *f.* sleeve; *m.* handle

manège *m.* maneuver

manier to handle

manière *f.* way, affection, manner

manille *f.* iron ring (*for attaching convicts to chain*)

manœuvre *m.* laborer

**manquer** to lack, miss, be missing; — **de** to come near, fail

**mansarde** *f.* garret, attic room

**mansardé** of a mansard, with attics, dormer

**mansuétude** *f.* kindness

**manteau** *m.* mantle, cloak

**maraude** *f.* theft

**marâtre** *f.* stepmother

**marbre** *m.* marble

**marche** *f.* walk, step, gait

**marchepied** *m.* foot rope

**mare** *f.* pool

**marge** *f.* margin

**marguillier** *m.* church warden

**mariée** *f.* bride

**marier** to marry

**marmite** *f.* pot

**marmiton** *m.* scullion

**marmotte** *f.* marmot

**maroufle** *m.* rascal

**marquer** to indicate

**marquise** *f.* marchioness

**marronier** *m.* chestnut tree

**marteau** *m.* hammer

**marteler** to beat, hammer

**martinet** *m.* switch, whip

**martyre** *m.* martyrdom

**masquer** to hide

**masser** to collect

**massif** *m.* mass

**massue** *f.* club, bludgeon

**masure** *f.* hovel, old house

**matelas** *m.* mattress

**matelot** *m.* sailor

**matière** *f.* material; — **première** raw material

**matines** *f. pl.* matins, morning prayers

**maussade** sulky, disagreeable

**mécanique** *f.* machine

**méchanceté** *f.* meanness, spite

**mèche** *f.* wick

**méconnaissable** unrecognizable

**méfier: se** — to distrust, be on guard

**mêlée** *f.* conflict, fight

**mêler** to mix, mingle

**melonnière** *f.* melon bed

**membre** *m.* limb

**mémoire** *f.* memory; *m.* memoir, bill

**ménage** *m.* housekeeping, household, family; **femme de** — housekeeper

**ménager** to reserve, spare

**mendiant** *m.* beggar

**mensonge** *m.* lie

**menteur** lying, liar

**mentir** to lie

**menton** *m.* chin

**menu** small, trifling

**méprendre: se** — to be mistaken

**méprise** *f.* mistake, misapprehension

**mépriser** to despise; **méprisant** contemptuous

**merlin** *m.* poleax

**merveille** *f.* marvel

**messe** *f.* mass

**mesure** *f.* measure; **à** — **que** in proportion as

**mesurer** to measure; **mesuré** deliberate

**mésuser** to misuse, abuse

**métier** *m.* trade

**mettre** to put, dress; **se** — **à** to begin

**meuble** *m.* piece of furniture; *pl.* furniture

**meubler** to furnish

meule *f.* millstone, haystack

meurtre *m.* murder

meurtrier *m.* murderer

meurtrir to bruise, make sore

meute *f.* pack of hounds

mi mid; à — -chemin halfway, midway

miaulement *m.* howling

mignon darling

migraine *f.* headache

milieu *m.* middle, medium

mille-pieds *m.* centipede

minable shabby

mince thin

mine *f.* mien, look, appearance

mineur *m.* miner

mirage *m.* optical illusion

miroitement *m.* glitter

mise *f.* setting, way of dressing

misérable wretched; *m. and f.* wretch

misère *f.* misery, poverty, wretchedness

mitraille *f.* grapeshot

mobile movable

mobilier *m.* furniture

mode *f.* manner, style, fashion

mœurs *f. pl.* manners, customs

moineau *m.* sparrow

moins: à — de unless

moisir to mold

moisissure *f.* mold

moisson *f.* harvest

moissonneur *m.* harvester

moiteur *f.* dampness

môme *m.* brat, child

monceau *m.* heap

monnaie *f.* change, coin

monseigneur *m.* mylord

montant *m.* upright, post

monter to mount, rise

montrer to show, teach, shake

moquer to laugh at

morale *f.* lecture, lesson

mordre to bite

morne sad, gloomy

motte *f.* clod, lump, piece

mouchard *m.* spy, detective

mouche *f.* fly

moucher to snuff; se — to blow the nose

mouchoir *m.* handkerchief

mouillage *m.* anchorage

mouiller to wet, anchor

mousqueterie *f.* musketry

mousse *f.* moss

moussu mossy

mousseline *f.* muslin

mouton *m.* sheep, mutton

mouvement *m.* movement, impulse

moyen average, medium; *m.* means

moyennant for, by means of

munir to supply, provide

munition *f.* ammunition

muraille *f.* wall

murer to wall up

## N

nage *f.* swimming

naïf artless

nain *m.* dwarf

naissance *f.* birth, beginning

naître to be born, arise

naïveté *f.* simplicity

nappe *f.* tablecloth

narine *f.* nostril

natal native, of birth

natif native

natte *f.* plait, tress

naturel *m.* simplicity

**naufrage** *m.* wreck, shipwreck
**navire** *m.* vessel
**navrer** to hurt, distress; **navré** heartbroken
**néanmoins** nevertheless
**négrier** *m.* slave dealer
**net** neat, clean
**nettement** plainly, abruptly
**nez** *m.* nose
**niche** *f.* den, kennel
**nid,** *m.* nest
**nier** to deny
**nimbe** *m.* halo, glory
**nippes** *f. pl.* clothes
**niveau** *m.* level
**noces** *f. pl.* wedding
**nocturne** nocturnal
**Noël** *m.* Christmas
**nœud** *m.* knot
**noir** black, dark; — **de fumée** lamp black
**noirâtre** blackish
**noirceur** *f.* blackness, darkness, meanness, slander
**noircir** blacken
**nom** *m.* name; **petit** — first name
**nombreux** numerous
**nomination** *f.* appointment
**nommer** to name, call, appoint; **à point nommé** at the proper time
**Norvège** *f.* Norway
**notaire** *m.* notary
**noueux** knotty
**nourrice** *f.* nurse
**nourrir** to feed, support
**nourriture** *f.* food
**nouveau** new; **de** — again; — **venu** newcomer; — **-né** newborn child
**nouvellement** recently

**noyer** to drown
**nu** naked, bare
**nuage** *m.* cloud
**nuance** *f.* shade, gradation
**nuancer** to shade, tint
**nuée** *f.* cloud, flock
**nuire** to injure
**nullement** by no means
**nullité** *f.* flaw, nullity
**numéroter** to number
**nuque** *f.* back of the neck

## O

**obligeant** polite
**obséder** to beset, possess
**occuper** to concern, busy oneself; **occupé** busy
**ocre** *m.* ochre
**offenser** to affront, sin against
**oisif** lazy; *m.* idler
**ombre** *f.* shade, shadow
**ombrelle** *f.* parasol
**onduler** to undulate
**ongle** *m.* finger nail
**opacité** *f.* darkness
**opérer** to make, bring about
**opiniâtre** obstinate
**opposé** opposite
**or** now, but
**or** *m.* gold
**orage** *m.* storm
**oratoire** *m.* oratory, chapel
**ordonner** to order
**oreille** *f.* ear
**oreiller** *m.* pillow
**orfraie** *f.* osprey, sea eagle
**orgueil** *m.* pride
**orme** *m.* elm
**orner** to adorn
**ornière** *f.* rut
**orphelin** *m.* orphan

os *m.* bone

osciller to waver

osier *m.* willow

osselet *m.* knuckle-bone, "jack"

ossifier to ossify, become stiff

ôter to take off *or* away

ouate *f.* wadding

ouater to wad, pad

oubli *m.* oblivion

ouï-dire *m.* hearsay

ouragan *m.* hurricane

outil *m.* tool

outre besides

ouverture *f.* opening

ouvert open; peu — reserved

ouvrier *m.* worker

oxydé rusty

# P

paille *f.* straw

pain *m.* bread, loaf; — à cacheter wafer

paisible peaceful, calm

pâleur *f.* pallor, paleness

palier *m.* landing

pâlir to become pale

palper to feel

palpiter to quiver, tremble

pan *m.* flap, skirt, patch, part

pandour *m.* brutal man

panoplie *f.* armor

panser to dress (*wounds*)

pantalon *m.* trousers

pantoufle *f.* slipper

papeterie *f.* letter paper, stationery

papillon *m.* butterfly

pâquerette *f.* Easter daisy

paquet *m.* pack, package, bundle

par through, by; — ci — là now and then; —-dessous from under, below; —-dessus over

parapluie *m.* umbrella

paratonnerre *m.* lightning rod

paravent *m.* screen

parcourir to pass over *or* through

pardessus *m.* overcoat

pardieu! zounds! by thunder!

pareil like, similar, equal

parer to parry, ward off, adorn

paresse *f.* laziness, idleness

parfois sometimes

parier to bet

parlementer to parley

paroi *f.* wall, partition

paroisse *f.* parish, parish church

parquet *m.* floor

part *f.* part, side; quelque — somewhere; de — et d'autre on both sides; de — en — from side to side, through and through

partage *m.* portion, distribution

partager to share, divide

parti *m.* party, side, decision; prendre son — to make up one's mind; tirer — to take advantage

participe *m.* participle

particularité *f.* peculiarity

particulier peculiar, private

partie *f.* part, party, game

parvenir to reach, come, succeed

pas *m.* step, pace; — de vis thread (*of a screw*)

passager *m.* transient

passe-partout *m.* masterkey

passer to pass; — de to do without; passant *m.* passer-by, traveler

passereau *m.* sparrow

patrouille *f.* patrol, squad

patte *f.* paw, foot

pâturage *m.* pasture

paupière *f.* eyelid

pavé *m.* pavement, paving stone

pavillon *m.* summer house

peau *f.* skin

péché *m.* sin

pécher to sin

pécheur *m.* sinner

pêcheur *m.* fisherman

pédant pedantic, stiff

peindre to paint, depict

peine *f.* pain, difficulty, trouble; à — scarcely

peinture *f.* painting

pêle-mêle helter-skelter

pelisse *f.* fur-trimmed cloak

peloton *m.* company, squad

pelotonner to crowd, crouch, cower

peluche *f.* plush

pénalité *f.* penal law

pencher: se — to bend, lean

pendre to hang

pêne *m.* bolt

pénétrer to enter, invade, see through

pénible hard, painful, difficult

pénombre *f.* dim light

pension *f.* board, boarding

pensionnaire *m. f.* boarder

pensionnat *m.* boarding school

pente *f.* slope, propensity

percer to pierce, wear through

percevoir to notice

perche *f.* pole

perdre to lose, ruin, destroy, wane

perdrix *f.* partridge

péripétie *f.* catastrophe, vicissitude

perler to stand in drops

perquisition *f.* search

perron *m.* steps and platform

persienne *f.* blind, shutter

perte *f.* loss

pesanteur *f.* weight

peser to weigh, rest; pesant heavy

petit: en — on a small scale

petitesse *f.* smallness

peuple *m.* common people

peuplier *m.* poplar

pic: à — perpendicularly

pièce *f.* piece, room, play; tout d'une — stiffly

piège *m.* trap

pignon *m.* gable

pilier *m.* pillar

piller to plunder, "swipe"

pilotis *m.* piling

pin *m.* pine tree

pinceau *m.* pencil, brush

pincement *m.* pinching

pincer to pinch

piquer to prick, sting

piste *f.* trace, track

pistole *f. old gold coin worth about* 10 *francs*

pistolet *m.* pistol

placard *m.* closet

place *f.* room, square

placement *m.* investment

plafond *m.* ceiling

plaie *f.* wound

plain level, flat; de — pied on a level

plaindre to pity; se — to complain

plainte *f.* complaint

plan *m.* plan, plane

planche *f.* plank, board, shelf

plancher *m.* floor

planté planted (*with trees*)

plat *m.* dish, portion

plat flat

plate-bande *f.* flower bed

plâtras *m.* old plaster, rubbish

plâtre *m.* plaster; en — plastered

pleinement entirely

plénitude *f.* fullness

pleurer to weep

pleureur tearful

pleuvoir to rain

pli *m.* fold, crease, wrinkle

plier to fold, bend

plisser to crease, wrinkle

plomb *m.* lead

plonger to plunge, sink, thrust

ployer to bend

plumeau *m.* feather duster

pluvial rain, of rain

poids *m.* weight

poignant acute, sharp

poignée *f.* handful, hand

poignet *m.* wrist

poil *m.* hair

poindre to dawn

poing *m.* fist, hand

point *m.* point, place; à —, à — nommé at the proper time, in the nick of time

pois *m.* pea; petits — green peas

poissonier *m.* fish dealer

poitrine *f.* chest, breast

poivre *m.* pepper

poli polite, polished

polisson *m.* rogue

poltronnerie *f.* cowardice

pomme *f.* apple, knob

porte *f.* door, gate; — cochère carriage entrance

portefaix *m.* street porter

porte-fenêtre *f.* French window

portefeuille *m.* pocketbook

porter to carry, wear; mieux portant better

porteur *m.* bearer

portée *f.* reach; à — de voix within hearing

portier *m.*, -ière *f.* porter, doorkeeper

portière *f.* carriage door

poser to place, rest, put down

poster to station

pot *m.* pitcher

poteau *m.* post

potence *f.* gallows, post, support (*in form of gallows*)

poterie *f.* pottery

pouce *m.* thumb, inch

poucettes *f. pl.* handcuffs

poulet *m.* chicken, fowl

pouls *m.* pulse

pourpre purple

poursuite *f.* pursuit

poursuivre to pursue, continue

pourvoir to provide

pousse *f.* shoot, sprout

pousser to push, grow, utter

poussière *f.* dust

poussif asthmatic

poutre *m.* beam

pouvoir *m.* power

pratiquer to make

précipitamment hurriedly

précipiter to throw, thrust down; se — to rush in; précipité hasty

**précisément** just then

**préfecture** *f.* office of the prefect

**préfet** *m.* prefect

**premier** first; **au —** on the second floor

**prénom** *m.* first name

**prés (de)** near, with; **à peu —** almost

**presser** to urge, be urgent; **pressé** urgent, in haste

**pression** *f.* impulse

**prêter** to lend; **— l'oreille** to listen

**prétexter** to feign, pretend

**prétoire** *m.* courtroom

**prêtre** *m.* priest

**preuve** *f.* proof

**prévenir** to warn

**prévoir** to foresee, provide for

**prière** *f.* prayer

**prieure** *f.* prioress

**prise** *f.* hold; **aux —s** in a struggle; **lâcher —** to give up

**prix** *m.* price, value

**procédé** *m.* process

**procès** *m.* lawsuit; **— -verbal** report

**proche** near; **de — en —** gradually

**prodiguer** to lavish

**produire** to produce, cause

**produit** *m.* product, proceeds

**proférer** to utter

**profondeur** *f.* depth

**proie** *f.* prey

**promener** to lead, turn; **se —** to walk

**promeneur** *m.* walker, pedestrian

**promettre** to promise

**propice** propitious, suitable

**propos** *m.* object; **à —** proper, by the way

**propre** neat, own, peculiar; *m.* peculiarity

**propreté** *f.* neatness

**prosterner** to prostrate

**protéger** to protect

**protestation** *f.* protest

**prouver** to prove

**provisoirement** temporarily

**provoquer** to call for, demand

**prunelle** *f.* eyeball, eye

**puce** *f.* flea

**puiser** to draw, dip up

**puissance** *f.* power, strength

**puits** *m.* well

## Q

**quai** *m.* quay, embankment

**quant à** as for

**quarantaine** *f.* about forty

**quart** *m.* quarter; **officier de —** officer on watch

**quasi** almost

**quatuor** *m.* quartet

**quelconque** whatever; **une personne —** some person or other

**quérir** to seek, look for

**question** *f.* torture

**quêter** to search, hunt

**quiconque** whoever

**quille** *f.* keel

**quinte** *f.* fit, attack

**quinzaine** *f.* about fifteen, fortnight

**quitte** clear; **être —** to get off

**quitter** to leave, let go, take off

**quoi** which, what; **de —** wherewith; **— que** whatever; **je ne sais —** something

**quotidien** daily

# R

**rabattre** to lower, turn down

**raccourcir** to shorten

**raconter** to relate

**rade** *f.* roadstead

**radier** *m.* floor, bottom

**raffermir** to tighten; **se —** to get strength

**raisonnement** *m.* reasoning

**râle** *m.* death rattle, groan

**ralentir** to slacken

**ralentissement** *m.* slackening

**râler** to groan, cry hoarsely

**ramasser** to pick up

**ramier** *m.* wood dove

**ramoner** to sweep (*chimneys*)

**rampe** *f.* slope, stairway

**ramper** to creep, crawl

**rancune** *f.* grudge

**ranger** to arrange

**ranimer** to cheer up

**râpé** shabby, threadbare

**rapiécer** to patch

**rapport** *m.* relation, affinity

**rapprochement** *m.* conciliation

**rapprocher** to draw together; **se — de** to approach

**rare** few

**ras** short, close

**raser** to graze, pass close to

**rassembler** to collect

**rasseoir: se —** to sit down again

**rasséréner** to calm

**rassurer** to reassure

**rattacher** to tie, fasten

**rattrapper** to catch, overtake

**rature** *f.* erasure

**rauque** harsh, hoarse

**ravage** *m.* damage

**ravir** to delight; **ravissant** charming

**ravissement** *m.* rapture, delight

**ravitaillement** *m.* fresh supply of strength

**rayer** to streak

**rayon** *m.* ray, beam

**rayonnement** *m.* radiance, gleam

**rayonner** to beam, shine; **rayonnant** radiant

**rebelle** refractory

**rebord** *m.* ledge, sill

**reboutonner** to rebutton

**rebousser chemin** to go back

**rebuter** to disgust

**recette** *f.* recipe

**recevoir** to receive, admit; **se faire — avocat** to be admitted to the bar

**réchaud** *m.* brazier, pan (*for charcoal*)

**réchauffer** to warm

**rechausser** to put on shoes and stockings again

**recherche** *f.* search

**rechigné** crabbed

**récit** *m.* tale, story

**réclamer** to claim, protest

**recoin** *m.* corner, nook

**reconduire** to escort

**reconnaissable** recognizable

**reconnaissance** *f.* gratitude

**reconnaître** to recognize, realize; **reconnaissant** grateful

**recourber** to bend back

recrier: se — to cry out

reçu *m.* receipt

recueillir to collect, pick up, note, remember, receive

recul *m.* recoil

reculer to draw back, recoil; reculé remote

redevenir to become again

redingote *f.* frock coat, over-coat

redire to say again

redoublement *m.* increase

redoubler to increase

redoutable terrible

redoute *f.* redoubt

redouter to fear

redresser to straighten, correct

réduire to reduce

refaire to make again

refermer to close again

réfléchir to reflect, think; ré-fléchi thoughtful

reflet *m.* reflection

refléter to reflect

refluer to flow back, fall back

reformer to form again

refoudroyer to astound again

refouler to drive back

refroidir to cool, chill

refroidissement *m.* coolness, indifference

réfugier: se — to take refuge

regarder to look, look at, watch, concern

régler to settle

rehausser to raise

rein *m.* back

rejoindre to rejoin, meet

réjouir to cheer, rejoice

relâcher to release

relever to notice, lift, raise

religieuse *f.* nun

relire to read again

reluire to shine, glitter

remanier to make over, change

remarquer to notice

rembourser to pay

rembruni gloomy, sad

rembrunissement *m.* sadness

remercier to thank

remettre to put back, put on again, give, hand; se — to begin again

remonter to come *or* go up again

remplacer to replace

remplir to fill, fulfill

remporter to take away, win

remuement *m.* stirring, moving

remuer to move

renaître to be born again, re-vive

rencogner to corner, hide

rendormir to go to sleep again

renfoncement *m.* recess

renfort *m.* reinforcement

renommée *f.* fame, renown

renouer to tie up, wind up

rente *f.* income

rentier *m.* "capitalist," one living on his income

renverse: à la — backwards

renverser to upset, overturn, reverse

renvoyer to send back *or* away

repaire *m.* den

répandre to spread

reparaître to reappear

repartir to start again, leave, reply

repas *m.* meal

repasser to pass again

repentir *m.* repentance

**replier** to fold back

**réplique** *f.* answer, reply

**reposer** to rest, replace

**repousser** to push back, repulse

**reprendre** to take again, take back reply, correct, continue, remark

**représenter** to present again

**réprimer** to repress

**repris (de justice)** *m.* convict

**reprises: à plusieurs —** several times

**requérir** to demand (*a conviction*)

**réseau** *m.* net, network

**résine** *f.* rosin

**résonner** to resound

**résoudre** to resolve; **se —** to make up one's mind

**respirable** vital

**respirer** to breathe

**resplendir** to shine brightly

**ressaisir** to recover

**ressemblant** like, likely

**ressentir** to feel

**ressort** *m.* spring

**reste** *m.* trace, remnant; **au —, du —** besides

**résumer** to sum up

**rétablir** to restore

**retenir** to retain, hold, engage

**retentir** to resound, ring

**retirer** to draw, take, withdraw

**retour** *m.* return; **de —** back

**retourner** to turn around, turn inside out

**retranchement** *m.* barricade

**retrancher** to intrench, cut off

**retrouver** to find again

**réunir** to get *or* be together

**revanche** *f.* revenge

**réveiller** to wake up

**réveillon** *m.* Christmas eve supper

**rêver** to dream, muse

**réverbération** *f.* reflection

**réverbère** *m.* street lamp

**réverbérer** to reflect

**révérence** *f.* bow

**revers** *m.* back, slope, back-handed stroke

**revêtir** to clothe, dress, put on

**rêveur** dreaming, musing; *m.* dreamer

**revivre** to revive, be revived

**rez-de-chaussée** *m.* ground floor

**ricaner** to sneer

**ricochet** *m.* rebound, glance

**ride** *f.* wrinkle

**rideau** *m.* curtain

**ridé** wrinkled

**rigueur: à la —** if necessary

**riposter** to reply

**rive** *f.* bank

**river** to rivet

**roche** *f.* rock, stone

**rocher** *m.* rock

**rôder** to roam, prowl

**rôdeur** *m.* prowler, tramp

**roide** stiff

**roideur** *f.* stiffness

**roidir** to stiffen

**roman** *m.* story

**ronde** *f.* round, patrol

**ronfler** to snore

**ronger** to gnaw

**rose** rose, rosy, pink

**rosée** *f.* dew

**rotule** *f.* kneecap

**rouage** *m.* wheels, gears

**roue** *f.* wheel

**rougeâtre** reddish

rouille *f.* rust
rouiller to rust
rouleau *m.* roll
roulement *m.* rumbling
roulier *m.* carter, wàgoner
rouvrir to reopen
roux reddish brown
royaume *m.* kingdom
ruban *m.* ribbon
rude rough, hard
ruelle *f.* alley
ruer: se — to rush
rugissement *m.* roar, howl
ruisseau *m.* stream, gutter
ruisseler to drip
rumeur *f.* uproar
rusé crafty, cunning

## S

sable *m.* sand
sablier *m.* hour glass
sabot *m.* wooden shoe
sabreur *m.* swashbuckler
sac *m.* sack, bag
sacripant *m.* rascal
saigner *to* bleed
saillie *f.* projection
saillir to stand out
sain healthy, sound
sainteté *f.* holiness, sainthood
saisissable comprehensible
saisissement *m.* shock, grip, surprise
sale dirty
salon *m.* parlor, "best people"
saltimbanque *m.* juggler
salut *m.* salute, bow, safety
sang *m.* blood; faire de mauvais — to vex
sanglant bloody

sangle *f.* strap; lit de — cotbed
sangloter to sob
santé *f.* health
sapeur *m.* sapper
sauf safe; — à only to, excepting
sauter to jump, fly up; faire — to blow up, throw up
sauvageon *m.* seedling, wilding
sauve-qui-peut *m.* stampede, rout
sauver to save; se — to run away
sauvetage *m.* rescue
sauveur *m.* rescuer, savior
savant *m.* scholar
savetier *m.* cobbler
saveur *f.* taste, savor
Savoyard *m.* native of Savoy
scander to scan
scélérat *m.* villain, scoundrel
sceller to seal, enclose, fasten
scie *f.* saw
scier to saw
scruter to examine
séant *m.* seat; il se dressa sur son — he sat up
seau *m.* pail, bucket
sec dry; boire — to drink wine without water
sèchement drily, harshly
sécher to dry
secouer to shake, shake off
secourir to aid
secours *m.* aid
secousse *f.* jerk, shock, shaking
seigle *m.* rye
sein *m.* bosom
sel *m.* salt
semblant *m.* pretense

semer to sow

semestre *m.* half year's income, proceeds

sens *m.* sense, meaning, direction

senteur *f.* odor, perfume

sentier *m.* path

sentir to feel, perceive, smell

serein calm

sergent *m.* sergeant; — de ville policeman

sérieux: au — seriously

serment *m.* oath

serpenter to creep like a serpent, wind

serrement *m.* anguish, heaviness

serrer to clasp, press, put away; se — to press, crowd

serrure *f.* lock

serrurier *m.* locksmith

serviette *f.* napkin, towel

seuil *m.* threshold

shako *m.* shako (*military cap*)

si so, if; — fait yes indeed

siècle *m.* century

siège *m.* seat

siffler to whistle

signer to sign

sinon except

sitôt as soon, as soon as

sobre frugal, economical

soigneusement carefully

soit so be it; —...— either . . . or

soixantaine *f.* about sixty

sol *m.* ground

solde *f.* pay

soleil *m.* sun, sunshine

solennel solemn

solennité *f.* solemnity

soline *f.* joist, rafter

sombrer to sink

somme *f.* sum; en — finally

sommet *m.* top

son *m.* sound

sonde *f.* plummet, probe

songer to dream, think

songerie *f.* dreaming, musing

sonner to ring, strike

sonnette *f.* bell

sordide ugly, dirty

sort *m.* lot, fate; tirer au — to draw lots

sortie *f.* going out, exit

sot stupid, silly

sou *m.* sou; gros — two-sou piece

soubresaut *m.* start

souci *m.* care, anxiety

soucier: se — to care

soucieux anxious

souder to solder, weld

souffle *m.* breath

souffler to blow, blow out

soufflet *m.* bellows

souffleter to slap, insult

souffrance *f.* suffering

souhaiter to wish for

souiller to soil, dirty

soulagement *m.* relief

soulager to relieve

soulèvement *m.* commotion

soulever to raise, lift

soumettre to submit, subject

soupçon *m.* suspicion

soupçonner to suspect

souper to eat supper; *m.* supper

soupirail *m.* air hole, inlet

soupirer to sigh

souplesse *f.* suppleness

source *f.* spring, well

sourcil *m.* eyebrow

**sourd** deaf, muffled, hollow;
   lanterne —e dark lantern
**souricière** f. mouse trap
**sourire** to smile; m. smile
**souris** f. mouse
**sousjacent** underlying
**soustraire** to withdraw; **se —**
   au travail to avoid work
**soutane** f. cassock
**soutenir** to support, hold up
**souterrain** m. underground
   passage
**soutien** m. support
**souverainement** majestically
**souveraineté** f. supremacy
**spectacle** m. show, play
**squelette** m. skeleton
**stationner** to stand
**stupéfait** amazed
**subir** to undergo, submit
**subitement** suddenly
**sueur** f. sweat, perspiration
**suffire** to suffice
**suif** m. tallow
**suite** f. result; **à leur —** after
   them; **à la — de** after
**sujet** m. subject, object
**superposer** to place one above
   the other
**suppléant** m. assistant
**suppléer** to replace
**supplice** m. punishment
**supplier** to entreat
**surgir** to rise, arise
**sur-le-champ** at once
**surlendemain** m. second day
   after
**surmonter** to rise above, be on
**surnommer** to surname, nick-
   name
**surplus: au —** besides
**surprendre** to surprise

**sursaut: en —** with a start
**surveillance** f. watch; **en —**
   under watch
**surveiller** to watch, look after
**survenir** to come up, arrive
**suspect** suspicious

## T

**tablier** m. apron
**tache** f. stain, spot
**tâcher** to try
**taie** f. pillowcase
**taillader** to cut, slash
**taille** f. size, stature
**tailler** to cut, hew
**taillis** m. copse, bushes
**talon** m. heel
**talus** m. slope, embankment
**tambour** m. drum, drummer
**tandis que** while, whereas
**tempe** f. temple (*of the head*)
**tempêter** to storm, bluster
**tenaille** f. pincers
**tenailler** to torture
**tendre** to stretch, stretch out,
   hand, give
**tendresse** f. love, affection,
   liking
**ténèbres** f. pl. darkness
**ténébreux** dark, obscure
**tenir** to hold, keep; **— à** to
   insist upon, be fond of; **se**
   **—** to behave; **tiens! tenez!**
   here! wait! see!
**tentative** f. attempt
**tenter** to tempt, attempt, try
**térébenthine** f. turpentine
**terme** m. quarter (*rent*)
**terminer** to end, settle
**terrasser** to throw down, strike
   down

terreux wan, cadaverous

tesson *m.* potsherd, broken glass

tiède warm, mild

tilleul *m.* linden tree

timbrer to stamp

tir *m.* fire, shooting

tiraillement *m.* twitching

tirailler to skirmish, fire irregularly

tirailleur *m.* skirmisher

tirer to draw, pull, push, get out, fire

tireur *m.* rifleman

tison *m.* firebrand, live coal

toile *f.* cloth, canvas, linen

toiture *f.* roof, roofing

tôle *f.* sheet iron

tombe *f.* tomb, grave

tombeau *m.* tomb

tombée *f.* fall

ton *m.* accent, tone of voice

tondre to shear, clip

tonnerre *m.* thunder, thunderbolt

toqué crazy

tordre to wring, twist, struggle

torse *m.* body, chest, figure

torsion *f.* twist, twisting

tort wrong; à — wrongly

tortueux crooked

toucher to touch, draw (*money*)

touffe *f.* tuft, clump

toujours always, anyhow

tour *m.* turn; *f.* tower

tourbillon *m.* whirlwind, whirlpool

tournant *m.* turn

tourniquet *m.* reel

tousser to cough

toux *f.* cough, coughing

traduire to translate, express, bring

trahir to betray

trahison *f.* treason

train *m.* noise, excitement; en — de in the act of

traîner to drag, drawl, lie

traite *f.* draft

traitement *m.* treatment, salary

traître treacherous; en — treacherously

trajet *m.* trip, passage

tranchant *m.* edge

tranche *f.* slice, edge

trancher to cut off

trapèze *m.* trapezium

trappe *f.* trap door

trapu thickset, broad

traquer to hunt

travers: à — through

traverse *f.* crosspiece

traverser to cross through, pierce

tremblement *m.* trembling; — de terre earthquake

tremper to dip

trentaine *f.* about thirty

trépasser to die, pass away

trésor *m.* treasure

tressaillement *m.* start, trembling

tressaillir to start, tremble

tribord *m.* starboard

tribunal *m.* court, judge's seat

tricot *m.* knitting

tricoter to knit

trique *f* cudgel

trou *m.* hole

trouer to pierce, tear

trousse *f.* case of instruments

trouvaille *f.* finding, discovery

truffe *f.* truffle

truite *f.* trout

**trumeau** *m.* pier (*space between windows*)

**tutoiement** *m.* (*from* **tutoyer**) addressing by **tu** instead of **vous**

## U

**ultérieur** later, subsequent
**uniquement** solely, only
**unisson** *m.* tune, accord
**user** to wear, wear out
**usine** *f.* factory

## V

**vacarme** *m.* uproar, noise
**vaciller** to waver, tremble
**va-et-vient** *m.* going and coming, oscillation
**vaguement** loosely
**vaillamment** boldly
**vainqueur** *m.* conqueror
**vaisseau** *m.* vessel, ship
**valoir** to be worth; — **mieux** to be better
**va-nu-pieds** *m.* ragamuffin, tramp
**vase** *f.* mud
**vaurien** *m.* good-for-nothing
**vautour** *m.* vulture
**vedette** *f.* scout, sentinel
**végéter** to vegetate
**veille** *f.* eve, day *or* evening before
**veiller** to watch, attend
**veine** *f.* vein, wave, streak
**velléité** *f.* slight desire
**velours** *m.* velvet, corduroy
**velu** hairy
**vénérer** to revere
**vente** *f.* sale

**ventre** *m.* belly, stomach
**verbaliser** to write, report
**verdâtre** greenish
**verdir** to turn green
**verger** *m.* orchard
**vergue** *f.* yard (*of a ship*)
**vérité** *f.* truth
**vermeil** rosy, bright red
**vermoulu** wormeaten
**verroterie** *f.* glass trinkets
**verrou** *m.* bolt
**verrouiller** to bolt
**vers** *m.* verse, line
**versant** *m.* slope
**verser** to pour out, shed
**vertigineusement** dizzily
**vertu** *f.* virtue, goodness
**vêtement** *m.* garment, suit, clothing
**veuve** *f.* widow
**viager** *m.* life annuity
**vibrant** sonorous
**vide** empty, void; *m.* space
**vieillir** to grow old
**vieillot** oldish, rather old
**vielle** *f.* hurdy-gurdy
**vierge** *f.* virgin
**vigne** *f.* vine
**vindicte** *f.* vengeance
**vingtaine** *f.* score
**violer** to trespass on
**vipère** *f.* snake
**virer** to turn back
**viril** manly, bold
**vis** *f.* screw; **pas de** — thread
**visage** *m.* face
**viscosité** *f.* sliminess
**viser** to aim at
**visière** *f.* visor
**visqueux** slimy
**visser** to screw
**vitre** *m.* window, glass, pane

**vitreux** glassy

**vivement** quickly, keenly, vigorously

**vociférer** to scold

**vœu** *m.* vow, wish

**voie** *f.* way; — douloureuse *via dolorosa*, the path of sorrows

**voile** *m.* veil; *f.* sail

**voiler** to veil, cover

**voirie** *f.* highway

**voisiner** to visit

**voiturier** *m.* carrier, wagoner

**vol** *m.* theft, robbery, flight; — **avec effraction** burglary

**volaille** *f.* fowl

**volée** *f.* flock

**voler** to rob, steal; fly

**volet** *m.* shutter

**voleter** to flutter, flit about

**volonté** *f.* wish, will; **de bonne** — of his own free will

**volupté** *f.* extreme pleasure

**vouloir** to wish, want, — **dire** to mean; **en** — **à** to have a grudge against, be angry with; **veuillez** please

**voûte** *f.* vault, arch

**voûté** arched, bent, stooping

**vue** *f.* view, sight

## Z

**zélé** officious, zealous

CPSIA information can be obtained
at www.ICGtesting.com
Printed in the USA
LVHW100056051219
639508LV00009B/246/P